UMA HISTÓRIA DAS EMOÇÕES HUMANAS

UMA HISTÓRIA DAS EMOÇÕES HUMANAS

Como nossos sentimentos construíram o mundo que conhecemos

RICHARD FIRTH-GODBEHERE

Tradução
Eduardo Rieche

1ª edição

Rio de Janeiro | 2022

TÍTULO ORIGINAL	COPIDESQUE
A Human History of Emotion	Bruna de Freitas Vital
DESIGN DE CAPA	REVISÃO
Juliana Misumi	Eduardo Carneiro

CIP-BRASIL. CATALOGAÇÃO NA PUBLICAÇÃO
SINDICATO NACIONAL DOS EDITORES DE LIVROS, RJ

F558h   Firth-Godbehere, Richard

Uma história das emoções humanas : como nossos sentimentos construíram o mundo que conhecemos / Richard Firth-Godbehere ; tradução Eduardo Rieche. - 1. ed. - Rio de Janeiro : BestSeller, 2022.

Tradução de: *A Human History of Emotion*
Inclui índice
ISBN 978-65-5712-150-4

1.Emoções - Psicologia. I. Rieche, Eduardo. II. Título

22-76603

CDD: 152.4
CDU: 159.942

Gabriela Faray Ferreira Lopes – Bibliotecária – CRB-7/6643

Copyright © 2020 por Richard Firth-Godbehere

Copyright da tradução © 2022 by Editora Best Seller Ltda.

This translation of *A Human History of Emotion* is
published by arrangement with Dr. Richard Firth-Godbehere.

Todos os direitos reservados. Proibida a reprodução,
no todo ou em parte, sem autorização prévia por escrito da editora,
sejam quais forem os meios empregados.

Direitos exclusivos de publicação em língua portuguesa para o Brasil
adquiridos pela
Editora Best Seller Ltda.
Rua Argentina, 171, parte, São Cristóvão
Rio de Janeiro, RJ – 20921-380
que se reserva a propriedade literária desta tradução

Impresso no Brasil
ISBN 978-65-5712-150-4

Seja um leitor preferencial Record.
Cadastre-se no site www.record.com.br e receba informações
sobre nossos lançamentos e nossas promoções.

Atendimento e venda direta ao leitor:
sac@record.com.br

Este livro é dedicado aos meus dois pais, já falecidos,
Raymond Godbehere e Roger Hart.
Acho que vocês se divertiriam com isso.

Sumário

Introdução: Como você se sente? 11
1. A demonstração das virtudes no período clássico 20
2. Desejos indianos 39
3. As paixões paulinas 60
4. Amor do cruzado 84
5. O que os otomanos temiam 105
6. As abomináveis caças às bruxas 127
7. Um desejo de doce liberdade 147
8. Tornando-se emotivo 164
9. A vergonha em flores de cerejeira 182
10. A ira de uma rainha africana 200
11. Neuroses de guerra 221
12. A humilhação do dragão 240
13. O amor e a (terra) mãe 259
14. O confronto das grandes emoções 280
15. Humanos sonham com ovelhas elétricas? 298
Epílogo: Os últimos sentimentos? 321
Agradecimentos 327
Leitura adicional sugerida (para começar) 329
Notas 331

Uma história
das emoções humanas

Introdução

Como você se sente?

Minha gata passa grande parte do tempo expressando sua raiva. A maneira mais comum de demonstrar essa raiva é balançando e perseguindo o próprio rabo enquanto mia, rosna e sibila. Um observador externo poderia pensar que ela simplesmente odeia o próprio rabo, mas garanto que é uma demonstração de mau humor, e que o alvo sou eu. Ela faz isso quando lhe dou comida com meia hora de atraso, ou quando me sento no lugar dela no sofá, ou quando cometo o crime hediondo de permitir que chova. É óbvio que Zazzy está longe de ser o único animal de estimação a expressar sua fúria diante da desobediência de seu tutor. Qualquer pessoa que tenha um gato, cachorro, coelho, cobra ou outro bichinho que seja sabe que os animais de estimação sentem emoções e as expressam sempre que possível. Eles podem se mostrar zangados, exigentes e amorosos — muitas vezes, tudo isso ao mesmo tempo. As emoções parecem fluir através dos nossos companheiros animais tão livremente quanto fluem através de nós mesmos.

Mas eis aqui a diferença: os animais de estimação não sentem emoções. E antes que alguém comece a pegar em armas e a esbravejar MEU GATO ME AMA, não são apenas os animais de estimação. Os seres humanos também não sentem emoções. As emoções são apenas um punhado de sentimentos que os ocidentais de língua inglesa colocaram em uma caixinha há cerca de duzentos anos. As emoções são uma ideia moderna — uma construção cultural. A noção de que os sentimentos são algo que acontece dentro do cérebro foi inventada no início do século XIX.[1]

De acordo com a linguista Anna Wierzbicka, há uma única palavra relacionada aos sentimentos que pode ser traduzida diretamente de um idioma para outro: *sentir*.[2] Mas o que somos capazes de *sentir* vai muito além do que normalmente é considerado emoção: dor física, fome, calor ou frio, e a sensação de tocar em algo. Só na língua inglesa, vários termos foram utilizados em vários momentos da história para descrever certos tipos de sentimentos. Tivemos *temperamentos* (a forma como os sentimentos das pessoas influenciam seu comportamento), *paixões* (sensações experimentadas primeiro no corpo e que afetam a alma) e *sentimentos* (sensações que vivenciamos quando vemos algo bonito ou alguém agindo de forma imoral). Já deixamos a maioria dessas ideias históricas para trás, substituindo-as por um único termo genérico que descreve certo tipo de sentimento processado no cérebro: *emoção*. O problema é que é difícil definir quais os tipos de sentimentos que constituem ou não as emoções. Existem quase tantas definições de emoções quanto pessoas que as estudam. Algumas incluem fome e dor física; outras, não. O conceito de "emoções" não é verdadeiro e a noção de "paixões" não é falsa. "Emoção" é apenas uma nova caixinha. Uma caixinha com bordas mal aparadas, eu deveria acrescentar. A questão, então, é: se a emoção, na verdade, é apenas uma vaga construção moderna, por onde devemos começar ao escrever um livro sobre isso?

O que é a emoção?

O maior problema em tentar responder à pergunta "O que é a emoção?" equivale a mais ou menos tentar responder à pergunta "O que é o azul?". Podemos apontar alguns dados científicos sobre a refração da luz e os comprimentos de onda, mas o fato é que o azul significa muitas coisas para muitas pessoas. Algumas culturas, como o povo himba, da Namíbia, não reconhecem o azul como uma cor. Os himbas pensam o azul como

Introdução: Como você se sente?

um tipo de verde, um dos muitos verdes que lhes permitem estabelecer diferenças entre os tons sutis das folhas das selvas e os das pastagens nas quais vivem. Saber distinguir uma folha verde-azulada saudável de uma folha verde-amarela venenosa pode significar a diferença entre a vida e a morte.[3]

Se preparássemos um teste de cores e pedíssemos aos membros do povo himba que colocassem os objetos que se parecessem com a cor da grama em uma pilha, e objetos que se parecessem com a cor do céu em outra, obteríamos uma pilha com muitos verdes e outra com muitos azuis. Compreensivelmente, isso poderia nos levar a pensar que os conceitos de verde e azul são universais. Mas se, em vez disso, lhes pedíssemos que separassem os objetos entre uma pilha azul e uma pilha verde, talvez observássemos uma grande quantidade de coisas azuis no que um ocidental provavelmente teria posto na pilha verde. Então, de uma maneira igualmente compreensível, pensaríamos que a percepção da cor é culturalmente construída.[4]

Do mesmo modo, poderíamos tirar fotos de pessoas fazendo expressões faciais com base nas emoções da maneira como as entendemos e, em seguida, perguntar o equivalente a "De que cor é o céu?". Por exemplo, poderíamos perguntar: "Que cara você faria ao comer algo estragado?" Então, quando o povo apontasse para a imagem de um "rosto boquiaberto" (a expressão voltada para baixo, a boca ligeiramente aberta, o nariz enrugado e os olhos apertados, que muitos no Ocidente associam ao nojo), teríamos um fundamento para alegar que a repulsa é universal. Como alternativa, poderíamos tirar fotos de várias expressões faciais e pedir a um grupo de pessoas que as separasse entre uma pilha de "nojo" e uma pilha de "raiva". Talvez nos surpreendêssemos ao encontrar a expressão boquiaberta na pilha da raiva, junto de expressões de surpresa, raiva, medo e confusão. Se isso acontecesse, poderíamos nos convencer de que as emoções são culturalmente construídas. A questão é: qual desses métodos é o correto? Depende da criação ou da natureza? Bem, como costuma acontecer quando se trata de perguntas excludentes como essa, a resposta, provavelmente, é sim.

Entrarei nesse assunto com muito mais detalhes ao longo do livro, mas, no momento, basta dizer que tanto a cultura quanto a biologia são importantes. Nossa educação e nossa cultura nos ensinam como devemos nos comportar quando sentimos algo. Mas nossos sentimentos, por si só, podem indicar uma origem evolutiva. Da mesma forma que o entendimento do povo himba sobre a cor verde difere do meu, o contexto, o idioma e outros fatores culturais desempenham todos um papel relevante na maneira como um ser humano compreende as emoções. Todos nós podemos sentir coisas semelhantes, mas a maneira como entendemos e expressamos esses sentimentos muda de tempos em tempos e de cultura para cultura. A história das emoções e este livro residem nessas diferenças importantes.

Qual é a história das emoções?

Estou fincando a minha bandeira firmemente em uma área disciplinar em expansão, denominada história das emoções. É um campo que tenta compreender como as pessoas entendiam seus sentimentos no passado. Alguns estudos abrangem grandes períodos de tempo, examinando a longa história do medo humano.[5] Outros são bastante específicos, explorando as maneiras como as emoções eram entendidas em pequenas áreas geográficas durante períodos específicos — por exemplo, um estudo dos regimes emocionais em operação durante a Revolução Francesa[6] (discutirei acerca dos regimes emocionais em breve).

A história das emoções é uma disciplina que suscitou centenas de teorias e ideias, e está tendo um impacto cada vez maior na maneira como entendemos o passado. Mas a maior parte do trabalho nessa área tem sido vista como de nicho e acadêmico — não é o tipo de coisa que alguém gostaria de ler enquanto relaxa à beira-mar. Escrevi este

Introdução: Como você se sente?

livro porque tenho a missão de compartilhar o maravilhoso mundo da história das emoções com o maior número de pessoas que eu consiga; para permitir que o maior número de pessoas possível compartilhe o entusiasmo e a perspectiva oferecidos por essa nova forma de compreender as épocas passadas; e para proporcionar uma nova maneira de as pessoas verem o mundo, particularmente o seu passado.

Existem centenas de meios de estudar as emoções pela perspectiva histórica. É possível descrever as histórias materiais de objetos que contam histórias emocionais, como cartas perfumadas, artefatos religiosos e brinquedos de criança.[7] É possível examinar como os nomes das emoções foram alterados ao longo do tempo e como as palavras para descrever as emoções mudaram de significado. Por exemplo, antigamente a palavra em inglês para *repulsa* era usada apenas para "coisas que têm gosto ruim". Hoje em dia, ela se refere a uma aversão a qualquer coisa repulsiva — de frutas mofadas a mau comportamento.[8] Às vezes, a história das emoções é um pouco como o campo da história intelectual ou da história das ideias e da ciência, pois se esforça para descobrir o que as pessoas pensavam quando se referiam a sentimentos e como elas entendiam as emoções dentro do contexto de suas épocas e culturas. Existem muitas maneiras de explorar esse campo, mas existem algumas estruturas às quais nós, historiadores das emoções, continuamos retornando, independentemente da subárea.

A primeira delas é a que mencionei acima: os *regimes emocionais*. Esse termo, cunhado pelo historiador William Reddy, denota os comportamentos emocionais esperados que nos são impostos pela sociedade em que vivemos. Esses regimes tentam explicar as maneiras pelas quais as emoções são expressas em determinado conjunto de circunstâncias.[9] Por exemplo, em geral, espera-se que um comissário de bordo seja educado e cortês com os passageiros da primeira classe, não importa quão rudes eles sejam. O próprio trabalho lhe impõe um regime emocional que logo se torna parte de sua natureza: uma serenidade cordial e uma paciência infinita.

Intimamente ligado aos regimes emocionais encontramos algo denominado *trabalho emocional*. Esse termo se expandiu para significar quase tudo, desde meramente ser bem-educado até ser a pessoa na casa (geralmente uma mulher) que realiza tarefas relacionadas às emoções, como enviar cartões de aniversário e mantê-la limpa para impressionar os vizinhos que venham fazer uma visita. Inicialmente, porém, suas raízes se encontram no pensamento marxista. O termo foi cunhado pela socióloga Arlie Hochschild. Ela descreveu o trabalho emocional como a necessidade de "induzir ou suprimir sentimentos para manter a aparência exterior que produza nos outros o estado mental adequado".[10] Talvez isso possa soar um pouco como um regime emocional. A diferença, como afirmou outro sociólogo, Dmitri Shalin, é que o trabalho emocional é "o significado do excedente emocional sistematicamente extraído pelo estado [ou pelo regime emocional] dos seus membros". Voltando ao nosso comissário de bordo, o regime emocional é o que o mantém sorrindo, mesmo quando o passageiro é rude. O trabalho emocional é o esforço necessário para que ele continue sorrindo, mesmo que, no fundo, queira gritar com esse passageiro. Em outras palavras, o trabalho emocional é o esforço necessário para permanecer dentro de um regime emocional. O trabalho emocional existe porque os regimes emocionais atuam de cima para baixo, impostos por algum tipo de autoridade superior, geralmente o Estado, mas, por vezes, religiões, crenças filosóficas ou códigos morais aos quais fomos forçados a aderir durante nossa criação.

Considerando-se que o trabalho emocional pode ser física e mentalmente exaustivo, é difícil permanecer fiel a um regime emocional. As pessoas precisam acessar espaços onde possam extravasar suas emoções. William Reddy cunhou o termo *refúgios emocionais* para descrevê-los. O bar do hotel que o comissário de bordo frequenta para desabafar com os colegas sobre o homem rude da primeira classe pode ser um desses refúgios. Esses refúgios podem ser motores para a

Introdução: Como você se sente?

revolução, especialmente quando os sentimentos reprimidos se tornam o combustível para mudanças no regime emocional.

Mas a maneira como expressamos nossas emoções nem sempre é imposta de cima para baixo. Às vezes, ela surge das próprias pessoas e da cultura. Essas regras emocionais de baixo para cima são conhecidas pelos historiadores das emoções como *comunidades emocionais*, uma ideia sugerida originalmente pela historiadora Barbara Rosenwein.[11] Refere-se às correntes de sentimentos compartilhados que mantêm uma comunidade unida. Se alguém já visitou os próprios sogros por uma hora ou mais aparentemente interminável, sabe o que quero dizer. As maneiras como eles se expressam podem ser bastante diferentes daquelas com as quais a pessoa está acostumada. Por exemplo, a minha família é muito escandalosa. Nós, e isso inclui minha mãe, gostamos de piadas ácidas, histórias bobas, provocar levemente um ao outro e, pelo fato de sermos uma família em sua maioria formada por acadêmicos, engatar em conversas eruditas da maneira mais descompromissada possível. Eu nem sonharia em impor esse tipo de comportamento à família da minha esposa. Isso porque cada família formou sua própria comunidade emocional, suas regras de comportamento e expressão.

Temos a mesma sensação quando viajamos para outros países. Na verdade, não precisamos viajar para muito longe. Já estive em concertos em Barnsley, Inglaterra, nos quais o público permaneceu impassível e imóvel durante toda a apresentação. Mas depois que a música parou, formou-se uma fila de pessoas prontas para interagir com a banda, comprar cervejas para os integrantes e cumprimentá-los pela excelência. A comunidade emocional específica da cidade é aquela em que uma masculinidade estoica — independentemente do gênero — nega o tipo de expressão apaixonada que se observa em apresentações em outros lugares, mesmo em cidades a poucos quilômetros de distância.

As pessoas podem fazer parte de mais de uma comunidade ou regime emocional. Por exemplo, a tolerância de nosso comissário de bordo com

relação ao regime emocional de seu trabalho não se estende, necessariamente, ao grupo de torcedores de futebol ao qual ele pertence. Enquanto
ele está de pé nas arquibancadas em meio aos colegas e torcedores do
Manchester United, o homem que demonstra paciência aparentemente
infinita no trabalho pode se mostrar selvagem e rude com um fã do time
adversário. Enquanto está assistindo ao jogo, ele está vivendo em uma
comunidade emocional e está liberto do regime emocional que rege sua
conduta no trabalho. Ele é livre para expressar suas emoções de acordo
com o que esta comunidade específica acha melhor.

Isso me leva a outro aspecto central deste livro. Ao longo da história, certas emoções poderosas atuaram como uma força motriz
para a mudança. Em muitas ocasiões, o desejo, a repulsa, o amor, o
medo e, às vezes, a raiva pareceram dominar as culturas, levando as
pessoas a fazerem coisas capazes de mudar tudo. Vou explorar como
essas emoções — e as concepções sempre dinâmicas que as pessoas
têm delas — desempenharam um papel na formação do mundo. No
processo, veremos como a experiência das pessoas com o desejo, a
repulsa, o amor, o medo e a raiva no passado era diferente da maneira
como vivenciamos tais emoções hoje em dia.

O que se segue é um abrangente percurso pelas diversas maneiras
com as quais as pessoas entenderam seus sentimentos ao longo dos
tempos, e isso ajudará a ilustrar como os sentimentos mudaram o
mundo de formas que até hoje ainda ecoam. Cobriremos tudo, desde os
antigos gregos à inteligência artificial, viajando da costa da Gâmbia às
ilhas do Japão, ao poder do Império Otomano e à ascensão dos Estados
Unidos. Vamos, inclusive, vislumbrar o que é possível para o futuro.

A história nos mostra que as emoções são poderosas — que elas,
tanto quanto qualquer tecnologia, movimento político ou pensador,
moldaram o mundo. Elas lançaram as bases das religiões, das inves-
tigações filosóficas e da busca por conhecimento e riqueza. Mas elas
também podem ser uma força maligna, capaz de destruir mundos por
meio da guerra, da ganância e da desconfiança. Cada um dos capítulos

Introdução: Como você se sente?

a seguir enfoca um tempo e um lugar específicos, mas, considerados em conjunto, fornecem uma narrativa de como as emoções moldaram o mundo em que vivemos hoje em toda a sua complexidade, assombro e diversidade. Espero que, ao fim, você esteja de acordo, e nunca mais pense nas emoções da mesma maneira.

Um

A demonstração das virtudes no período clássico

Vamos começar com algumas grandes ideias. A história está cheia de ideias sobre as emoções — o que são, de onde vieram, como devem ser expressas e controladas. Elas ajudaram a formar as religiões e as filosofias com as quais convivemos até hoje. Em muitos casos, as noções sobre sentimentos tiveram impacto suficiente para moldar a história. Mas antes de chegarmos aos capítulos sobre a Índia Antiga, à era do Novo Testamento e aos conceitos sobre santos e profetas, vou começar do início, ou, pelo menos, do início que conhecemos, que deu origem a algumas das primeiras ideias já registradas sobre as emoções. Isso significa que, como costuma ser o caso, precisamos viajar de volta à Grécia Antiga.

Platão e Sócrates

Aproximadamente 399 anos antes de Jesus nascer, um homem com pouco mais de 20 anos estava adoecido, deitado na cama.[1] Seu físico robusto era bem conhecido em Atenas; tal atributo o ajudara a se tornar um lutador bastante famoso. Talvez ele tenha até competido em algum dos Jogos Olímpicos. A maioria de nós o conhece pelo apelido, Largo, ou, para usar a versão do grego antigo, Platão.[2]

Platão não era apenas fisicamente intimidador; ele também era um gigante intelectual. Mais tarde em sua vida, fundou uma escola tão importante que seu nome, Academia, continua a ser usado para descrever lugares destinados à aprendizagem. Em sua Academia, Platão escreveu obras de filosofia. Mas ele não escreveu textos longos, e sim uma série de debates que ficaram conhecidos como "diálogos". Em todos, exceto em um deles, o principal orador era seu antigo tutor, Sócrates, a quem ele amava profundamente.

Nunca é demais realçar a importância desses diálogos. Mais de dois milênios depois, o filósofo e matemático Alfred North Whitehead descreveu toda a filosofia que veio depois deles como "uma série de notas de rodapé sobre Platão".[3] Contudo, sem os acontecimentos daquele dia profundamente comovente em que Platão estava acamado, em 399 a.C., e sem os acontecimentos prévios que levaram a tal situação, ele poderia ter sido apenas mais um entre as centenas de grandes pensadores que se perderam no tempo. Pois no mesmo dia em que Platão estava cuidando de sua doença, o professor de Platão, Sócrates, estava sendo executado. Os sentimentos de Platão a respeito disso eram, digamos, complexos.

Sentindo-se platônico

Os gregos chamavam as emoções de *pathē*, que significa "vivenciar" ou "sofrer". Para determinar se se tratava de uma coisa ou de outra, era preciso saber quais *pathē* a pessoa estava vivenciando (ou sofrendo). Platão acreditava que *pathē* eram distúrbios em nossa alma, oscilações causadas por acontecimentos externos ou sensações que nos desequilibram e perturbam nossa tranquilidade. Mas, para Platão, a alma era mais do que apenas aquela parte nossa que não pode ser chamada de carne.

A alma era importante para Platão porque era a parte humana de uma ideia central em sua filosofia. Ele não acreditava que o mundo que avistamos ao nosso redor é tudo aquilo que existe. Em sua concepção, todas as coisas, de seres humanos a árvores e cadeiras, eram apenas uma versão imperfeita do que ele chamava de cosmo inteligente (*kósmos noetós*), mais conhecido como formas. Ele acreditava que todos nascemos com um conhecimento inerente dessas formas perfeitas. É por isso que podemos reconhecer que dois objetos diferentes, digamos, um banquinho de taverna e um trono, são, fundamentalmente, cadeiras. Ambos configuram uma forma relembrada de uma cadeira perfeita. Platão comparou nossa experiência da realidade com a experiência de pessoas que vivem em uma caverna, vendo sombras de acontecimentos externos projetadas em uma parede. O que pensamos ser real é apenas uma sombra. Segundo Platão, nossa alma é a realidade — nossa forma perfeita dançando à luz do Sol na entrada da caverna. Nosso corpo é apenas a sombra projetada. Quando sentimos *pathē*, trata-se do resultado de algo que está perturbando nossa alma, causando sensações em nosso corpo e fazendo as sombras se distorcerem inesperadamente. O que deixava Platão confuso era entender como as pessoas poderiam sentir duas emoções diferentes ao mesmo tempo. Como alguém poderia se sentir simultaneamente apavorado e corajoso, desejando lutar e, ao mesmo tempo, também fugir, tais quais, por exemplo, os soldados em uma batalha? A resposta a que ele chegou foi que há mais de uma parte em nossa alma.

Ele raciocinou que, levando-se em conta que os animais têm alma, mas não são capazes de pensar de maneiras complexas, deve existir um tipo de alma para os animais e outro tipo de alma para os humanos e deuses. A alma divina era pura razão, e não poderia ser perturbada diretamente pelas *pathē*. Ele chamou essa alma de *lógos*.[4]

Lógos é uma palavra difícil de traduzir. Significa "pensamento" ou "palavra", ou até a capacidade de transformar palavras em pensamentos. Mais importante do que isso, ela tem um elemento divino. Uma ilustração útil desse conceito aparece em João 1:1, no Novo Testamen-

A demonstração das virtudes no período clássico

to. Escrito originalmente em grego, diz (na versão King James): "No princípio era o Verbo [*lógos*], e o Verbo [*lógos*] estava com Deus, e o Verbo [*lógos*] era Deus." Se alguma vez alguém já se perguntou como Deus pode ser descrito como um verbo, talvez esteja interpretando (compreensivelmente) essa passagem de maneira um tanto literal. Aqui Deus está, na verdade, sendo descrito como um pensamento, uma alma de razão pura, uma capacidade de saber as coisas. Esse era o *lógos* de Platão — uma espécie de alma capaz de raciocinar, saber, compreender.

Platão chamou a alma que os animais possuem de *epithumêtikon*, uma palavra que significa "desejoso" ou "apetitoso".[5] Quando essa alma é perturbada pelas *pathē*, ela cria os impulsos básicos que nos conduzem pela vida cotidiana: prazer, dor, o desejo por comida e sexo, o desejo de evitar coisas prejudiciais, e assim por diante. Pelo fato de os humanos serem em parte animais, mas obviamente capazes de raciocínio, conhecimento e compreensão mais complexos, Platão supunha que devemos possuir tanto o *lógos* racional quanto o *epithumêtikon* irracional.

No entanto, Platão também pensava que deve haver mais uma parte na nossa alma. Os seres humanos são capazes de sentir o que é bom e mau e agir em conformidade com isso, sem ter de refletir a respeito. A lógica pura não é responsável por isso, tampouco nossos apetites animais; portanto, deve existir uma terceira parte da alma. Ele chamava essa terceira parte da alma de *thumoeides*, ou *thymos* — a "alma espirituosa".[6] *Thymos* pode ser traduzido por "raiva", e é nessa parte da alma que encontramos os sentimentos que fazem as coisas acontecerem. Assim como o *epithumêtikon*, o *thymos* pode ser perturbado diretamente pelas *pathē*. Quando o *thymos* é perturbado, ele cria raiva, obviamente. Mas esse tipo de perturbação também pode causar *pathē* da "esperança", que nos leva a fazer as coisas porque

23

achamos que elas podem ser possíveis, mesmo que sejam difíceis. Ela pode dar origem ao sentimento do "medo", que nos ajuda a fugir de situações perigosas que não conseguimos evitar. Ou pode nos induzir a vivenciar ou ser influenciado pela "coragem", que nos leva a fazer coisas mesmo quando estamos com medo. Mas, e Platão achava isso muito importante, os objetivos que a alma espirituosa almeja não são, necessariamente, voltados para o bem maior. Essas *pathē*, assim como a alma animal, fazem com que queiramos buscar automaticamente o prazer ou evitar a dor, sem pensar muito. Esse impulso livre de razão em direção ao prazer é chamado de *boulesis*. A *boulesis* não é algo virtuoso, pois, às vezes, fazer a coisa certa é doloroso e fazer coisas ruins pode nos dar algum prazer.

Para ser verdadeiramente virtuoso, é preciso buscar um tipo de bem que provém do *lógos* — o *eros*. O *eros* não tem a ver com prazer pessoal, mas com o bem maior. Para agir virtuosamente, não podemos, simplesmente, deixar nossas *pathē* nos guiar. É preciso aprender a pensar no que é realmente melhor; avaliar, julgar. Devemos parar e pensar: "Essa é realmente a coisa certa a fazer?" Não se pode, simplesmente, fazê-la usando como pretexto o fato de ela nos trazer bons sentimentos. A coisa certa a fazer pode até nos deixar mal, afastando-nos da *boulesis*. Mas ainda é a coisa certa a fazer. Isso é o *eros*. A distinção entre *boulesis* e *eros* é um componente vital do regime emocional que Platão construiu para seus leitores e seguidores, podendo ser aplicada até mesmo quando alguém que eles amavam estava prestes a ser executado. Platão usou a história da morte de Sócrates como um exemplo do poder de *eros* diante da *boulesis*. Mas para chegar a essa história, precisamos antes compreender por que Sócrates foi morto.

O julgamento de Sócrates

Sócrates foi condenado por impiedade e corrupção de jovens e, embora não seja exatamente por isso que muitos atenienses queriam vê-lo

A demonstração das virtudes no período clássico

morto, é difícil provar que ele não tivesse culpa. Certamente, ele era culpado por corromper os jovens. A tática de Sócrates, que ficou conhecida como método socrático, envolvia fazer perguntas aos jovens sobre as crenças de cada um. Às vezes, o questionamento desafiava as autoridades, noções amplamente defendidas de justiça e até mesmo os próprios deuses. Conforme os interlocutores de Sócrates respondiam, ele fazia mais perguntas, encorajando-os a um autodesafio ainda maior e a que refinassem suas ideias. Por fim, o método socrático terminava frequentemente com esses homens se convencendo de que Sócrates estava certo sobre tudo, inclusive sobre suas ideias ímpias.

Na época, Atenas estava apenas começando a se recuperar de um século de guerra e opressão. Depois de uma longa guerra com os persas seguida por uma amarga guerra civil com Esparta, durante a qual Sócrates se tornara um soldado respeitado e condecorado, os espartanos suspenderam a famosa democracia de Atenas e instalaram os Trinta Tiranos em seu lugar. Mas os atenienses, frustrados com esse governo recém-imposto, logo se rebelaram. Eles levaram menos de um ano para expulsar os Trinta Tiranos e prender as pessoas suspeitas de ajudá-los.

Sócrates foi um dos presos. Sua maior ofensa não era a impiedade ou a corrupção dos jovens: era a questão de quem, exatamente, ele vinha corrompendo, uma vez que muitos deles eram pessoas poderosas, influentes e profundamente odiadas. Dentre elas, Alcibíades, um general militar proeminente que se alternava continuamente entre os exércitos ateniense e espartano, dependendo de qual lhe parecesse mais favorável. O público de Sócrates também incluía membros dos Trinta Tiranos e as famílias que os apoiavam. Uma dessas pessoas era Crítias, um dos mais poderosos dos Trinta.[7] Outra era o filho da sobrinha de Crítias, Perictíone: um jovem lutador chamado Platão.

Que a prisão de Sócrates teve motivações políticas, não restam dúvidas. Ele, porém, também era culpado das acusações que lhe foram feitas. Depois de ser condenado, Sócrates pediu que, em vez de uma sentença de morte, as autoridades lhe fornecessem refeições gratuitas pelo resto da vida, em troca de seus serviços à cidade. Como se pode imaginar, isso não foi visto com bons olhos, e ele foi sentenciado à morte por envenenamento.

A morte de Sócrates

A sentença de morte foi executada quando Sócrates bebeu voluntariamente um frasco de cicuta. De acordo com o relato de Platão — que ele afirma ter obtido de outro aluno de Sócrates que realmente estava lá, Fédon —, quando as pessoas que estavam com Sócrates o viram beber o veneno, começaram a chorar. Sócrates ficou irritado, e perguntou: "O que é isso, (...) estranhos companheiros? Se mandei as mulheres embora, foi sobretudo para evitar semelhante cena, pois, segundo me disseram, é em paz e com bons augúrios que se deve morrer. Portanto, fiquem calmos e controlem-se."[8] O pesar daquelas pessoas nascia da tristeza e da necessidade de encontrar uma maneira de mudar uma situação dolorosa. Mas Platão acreditava que, como homens, e tratava-se exclusivamente de homens, eles deveriam se controlar. Ele não via problema no fato de as mulheres chorarem, baterem no peito e rasgarem as túnicas. Mas o caso dos homens era diferente. Era um choro egoísta. Estava relacionado à aversão egoísta à dor emocional e ao que *desejavam* que fosse bom, e não ao que *era* bom.

Após essa reprimenda, os homens que estavam presentes pararam imediatamente de chorar. Conter o choro pela morte do amigo deve ter significado investir grande quantidade de trabalho emocional. Ainda assim, eles se sentiram envergonhados por tal comportamento e perceberam que não estavam chorando por Sócrates (Sócrates, ao que parecia, estava contente), mas, sim, pelo "infortúnio de serem privados de um grande companheiro".[9] Em outras palavras, o choro não era *virtuoso* — era egoísta e, portanto, ia contra o regime emocional prescrito por Sócrates e Platão.

Há outra parte no relato de Platão sobre a morte de Sócrates que demonstra perfeitamente sua crença em manter as *pathē* sob controle em nome de um bem maior.[10] De acordo com Platão, foi oferecida a Sócrates a chance de escapar.[11] Fugir teria parecido a coisa certa a fazer. Sua alma espirituosa teria sido totalmente a favor disso — deixar de morrer é, sem dúvida, algo bom em um nível individual. No entanto, ele havia sido julgado e considerado culpado e ponto final. Burlar a lei seria errado, um gesto não virtuoso. O Sócrates de Platão acreditava que ceder aos próprios sentimentos seria o mesmo que se afastar da justiça, um ato que o levaria para longe do *eros* e em direção à *boulesis*. Isso não poderia acontecer no regime emocional de Platão.

De acordo com Platão, as palavras finais de Sócrates foram: "Críton, devemos um galo a Asclépio; lembre-se de pagar a minha dívida."[12] Tem havido muito debate sobre o significado dessa frase. Asclépio era o deus da cura; certamente Sócrates não achava que seria curado de uma dose fatal de veneno. Alguns acreditam que Sócrates apenas balbuciava incoerentemente enquanto o veneno se alastrava.[13] O filósofo alemão Friedrich Nietzsche defendia que ele estava afirmando que "a vida é uma doença", e mostrava-se feliz por estar sendo curado dela.[14] Alguns sustentam que Sócrates estaria pensando em seu jovem amigo Platão, o qual, devemos lembrar, estava supostamente acamado.[15] É muito provável que nunca saberemos com certeza. Mas acho que Sócrates estivesse talvez agradecendo a Asclépio por curar a cidade a qual ele tanto amava. Talvez ele soubesse que sua execução funcionaria como uma libertação emocional, uma catarse, e que, no fim das contas, serviria ao bem maior de Atenas. Foi o ato mais virtuoso possível. O maior exemplo possível do *eros*. Para Platão, os sentimentos tinham de ser controlados em prol de um bem maior, de modo que essa explicação se encaixa. Platão estava usando a morte do amigo para contar a todos nós como o maior homem que ele já conhecera poderia refrear seus desejos e se concentrar em *eros*, até mesmo no momento de sua execução.

O único outro relato que temos sobre a morte de Sócrates vem de um soldado e seguidor do filósofo conhecido como Xenofonte. Ele escreveu que Sócrates estava feliz por morrer, porque, embora ainda fosse intelectualmente aguçado aos 70 anos de idade, temia que logo deixasse de ser.[16] O Sócrates de Xenofonte era um homem de mente muito mais prática comparado com o de Platão, gastando a mesma quantidade de tempo para oferecer conselhos e para argumentar. Talvez o relato de Xenofonte esteja mais próximo da verdade. Mas os escritos de Platão não são sobre a verdade; ele não está nos apresentando fatos. Ele está nos ensinando uma lição sobre como os extremamente virtuosos podem controlar suas emoções em nome de um bem maior e como devemos seguir esse exemplo. Ele está estabelecendo um regime emocional: um conjunto de regras para sentir e expressar sentimentos que, segundo ele, todos deveríamos obedecer.

Assim sendo, qual era o regime emocional de Platão? Para tentar ser o mais breve possível, era a crença de que o bem maior não é ceder às *pathē* — aquelas perturbações da alma que impulsionam o apetite e a raiva. Tampouco devemos fazer o que achamos que é certo só porque parece certo. Devemos usar nosso *lógos* para encontrar o bem maior, o *eros*, em todas as coisas e agir sempre de modo a alcançá-lo. Mesmo que nos leve à morte.

Muitas pessoas aderiram firmemente ao regime de Platão. Algumas pessoas o transformaram em outra coisa — o estoicismo —, um regime próprio que veremos mais adiante neste livro. Outros, como um jovem seguidor de Platão que atendia pelo nome de Aristóteles, rejeitaram o regime emocional de Platão quase que por completo depois de chegar a conclusões próprias.

Grandes esperanças

Aproximadamente em 334 a.C., em torno de 65 anos após a execução de Sócrates, um jovem estava sentado em uma tenda lendo uma importante carta. De acordo com o biógrafo grego Plutarco, que, deve se ressaltar, baseou sua descrição em uma análise de estátuas, esse rapaz tinha estatura pequena, mas era musculoso e forte. O rosto rosa-avermelhado estava bem barbeado, o que era incomum para a época, e assentado sobre um pescoço inclinado. Na maior parte do tempo, a cabeça pendia para um dos lados, fazendo com que os olhos, um de cor azul e o outro castanho, parecessem estar sempre olhando para cima, em direção a alguma coisa. É essa imperfeição física que dá algum crédito à descrição de Plutarco.[17] A melhor interpretação moderna sobre o motivo pelo qual o pescoço dele se inclinava daquela forma é que ele era portador de algum tipo de doença física, como torcicolo muscular ou ocular congênitos.[18]Mas nem a altura, nem a juventude, nem o queixo barbeado e tampouco os problemas no pescoço impediram que Alexandre se tornasse "grande". Por volta de 334 a.C., quando Alexandre estava com apenas 22 anos de idade, ele já havia libertado os gregos, que ainda estavam sob o jugo das forças persas, cerca de setenta anos após o fim da Guerra do Peloponeso. Mas Alexandre queria ir além. Ele queria invadir a própria Pérsia. Ele se posicionou na fronteira entre seu reino e a Ásia e atirou uma lança. Se caísse na Pérsia, partiria para conquistá-la. Se não, não prosseguiria. Depois de ver a ponta da lança perfurar o solo persa, ele declarou que os deuses estavam lhe oferecendo a Pérsia como um presente, e ele o aceitaria.

De acordo com um relato escrito por um homem a quem nós, historiadores, chamamos de Pseudo-Calístenes, a carta que Alexandre estava lendo havia sido enviada por um furioso rei Dario III da Pérsia. Era uma carta cheia de alardes e ameaças. Dario alegava que não era apenas um rei, mas também um deus, um deus muito rico, que considerava Alexandre um "servo" que deveria ir para casa e "permanecer no colo da mãe [dele], (...) pois, na [sua] idade, a pessoa ainda precisa de treinamento, cuidados e alimentação no colo."[19] Tratava-se de uma advertência nada sutil. Um líder menos capacitado poderia ter voltado atrás, preocupado com a possibilidade de seus subordinados descobrirem o poder do homem que os enfrentaria, caso eles marchassem em sua direção. Mas Alexandre era inteligente. Ele havia sido instruído por um homem cuja obra é tão crucial para o estudo da filosofia que até hoje ainda é analisada e debatida, apesar do fato de seus livros terem se perdido na história, tendo deixado apenas suas anotações de aula. O tutor e ex-aluno de Platão: Aristóteles.

As afeições de Aristóteles

Se toda a filosofia ocidental resume-se apenas a uma série de notas de rodapé sobre Platão, as notas escritas pelo antigo professor de Alexandre, Aristóteles, eram mais completas do que a maioria delas. Aristóteles era muito mais prático do que Platão. Enquanto Platão — que muitas vezes preferia apenas ficar sentado refletindo — gostava de conversar com os amigos, Aristóteles preferia medir e observar o mundo. Essa diferença de opinião colocava Platão e Aristóteles em certo desacordo. Por fim, em 348 a.C., Aristóteles acabou se desligando da Academia de Platão. Suas razões para fazer isso não são explícitas. Talvez ele tenha aprendido tudo o que podia na escola. Talvez tenha sido porque não se dava bem com o sucessor de Platão, Espeusipo. Pode ter sido porque os atenienses eram um pouco xenófobos diante de macedônios como Aristóteles. Em todo caso, depois de passar algum tempo viajando, ele voltou para casa e conseguiu um emprego como diretor da escola do Templo das Ninfas em Mieza, na Macedônia. Foi ali que deu aulas para um adolescente chamado Alexandre. Parece provável

A demonstração das virtudes no período clássico

que as emoções fizessem parte do currículo. Se Aristóteles fosse bem-sucedido, qualquer jovem poderoso aprenderia como manipulá-las. Para ensinar o jovem aluno a respeito das emoções, provavelmente ele começaria com a entidade que, de acordo com ele e Platão, sustenta e produz nossos sentimentos — a alma.

À primeira vista, as teorias da alma de Aristóteles e Platão são muito semelhantes. Ambos viam a alma como dividida em três partes e ambos achavam que cada parte tinha um conjunto diferente de poderes. Os dois pensavam que a razão estava localizada em uma seção particular da alma que só existia em seres humanos e deuses. Mas Platão acreditava que a alma era algo externo e controlava o corpo ensombreado. Aristóteles, não.

As três partes da alma de Aristóteles se baseavam no que ele observara. Ele havia constatado que plantas, animais e humanos estavam todos vivos, e assim ele chegara à conclusão de que todos deveriam ter algum tipo de alma ou força vital. Ele conseguia perceber que as plantas se reproduzem e crescem como seres humanos e animais, mas elas não "sentem" emoções nem se movem muito. A alma de uma planta deve ser simples, raciocinou ele, uma alma "vegetativa". Ele também observou que os animais fazem tudo o que as plantas fazem, mas também experimentam sensações e se movem, exatamente como os seres humanos. Portanto, eles devem ter uma parte sensível da alma. O que os animais não conseguem fazer é filosofar e pensar sobre a natureza das almas — eles apenas reagem. Aristóteles concluiu que eles deveriam ser desprovidos da parte racional da alma, que produz o pensamento. Essas três partes funcionam como uma hierarquia. As plantas possuem apenas almas vegetativas. Se adicionarmos uma alma sensível a elas, teremos um animal. Finalmente, se adicionarmos uma alma racional a um animal, estaremos diante de um ser humano.

Aristóteles não achava que essas almas eram nosso verdadeiro eu, nem que nosso corpo era apenas um reflexo ensombreado na parede de uma caverna, como pensava Platão. Ele acreditava que um corpo sem alma era apenas um amontoado de coisas — carne sem vida que logo se tornaria pó. Da mesma forma, afirmou ele, a alma precisa estar *"em* um corpo".[20] Uma alma sem um corpo deixaria de existir. O corpo e a alma criam vida juntos. Quanto maior for o número de partes que uma alma possui, mais complexa é a forma de vida. Se ela for capaz de se reproduzir e crescer, foi moldada por uma alma vegetativa. Se também for capaz de sentir, perceber as coisas e reagir, foi moldada, além disso, por uma alma sensível. Se for capaz de pensar, foi moldada, além disso, por uma alma racional.[21] De forma similar, uma alma não pode existir sem um corpo. A vida precisa de ambos.

Aristóteles não concordava com a ideia de Platão de que todas as partes da alma eram capazes de sentir. Para Aristóteles, apenas a parte sensível poderia ser perturbada e sentir as *pathē*, porque essa é a parte que controla as coisas que causam esses distúrbios — os sentidos externos da visão, do olfato, do tato, do paladar e da audição. Aristóteles pensava que as coisas funcionavam do seguinte modo: nossos sentidos captam algo no mundo exterior; talvez estejamos diante de um leão. Avistar o perigo perturba nossa alma sensível, engendrando *pathē*, talvez por conta do medo. Então, podemos fugir imediatamente, sem nenhuma interferência de nossa alma racional. Ou nossa alma racional pode intervir para nos lembrar de que estamos em um zoológico e, portanto, o leão não poderá nos machucar. Esse padrão é o mesmo com todos os sentidos, que agem como um elo entre o mundo externo e nossos sentimentos internos.[22]

Uma das diferenças mais significativas entre Platão e Aristóteles é que o último não achava que as emoções precisavam ser suprimidas em nome de um bem maior — pelo menos, não da maneira elevada, quase espiritual, que Platão fazia. Se alguém tivesse de controlar as próprias emoções, pensava Aristóteles, deveria ser para usá-las em um estilo de debate chamado retórica. A retórica é a arte da persuasão, e, em seu cerne, situa-se algo chamado *páthos*, ou a capacidade de extrair os sentimentos das pessoas com quem estamos interagindo. É um tipo de argumentação ao qual políticos e advogados ainda recorrem hoje em dia, talvez com demasiada frequência.

A retórica não significa ignorar completamente os fatos. Na verdade, no livro de Aristóteles (ou melhor, em suas notas) sobre o assunto — sem surpresa, intitulado *Retórica* —, ele estimula repetidamente seus leitores a tomar conhecimento de tudo o que puderem sobre os tópicos que pretendem debater. Mas os fatos devem ser apresentados por meio de uma série de artifícios emocionais, desenvolvidos para conquistar emocional e intelectualmente os interlocutores.

O que torna *Retórica* útil para nós é que Aristóteles gasta uma boa quantidade de tempo detalhando certas emoções (Platão também faz isso, mas de maneira menos sistemática). Especificamente, trata-se das *pathē* úteis para o *páthos*. Ele as discute como pares de opostos no livro 2 da *Retórica*. Mas antes de chegar lá, ele termina o livro 1 com as duas emoções primárias que, segundo ele, seriam a origem de todas as outras.

- A primeira é o prazer, que ele define como "um movimento pelo qual a alma como um todo regressa conscientemente ao seu estado natural de ser" — em outras palavras, uma alma imperturbável. O prazer está associado aos sentimentos que ajudam a alma a voltar a ser imperturbável.[23]
- A segunda é a dor — o oposto do prazer, ou uma alma perturbada. A dor está associada aos sentimentos que, antes de tudo, causam as oscilações.[24]

A capacidade de manipular o prazer e a dor dos outros é o que forja um bom retórico. De certa forma, era isso que Sócrates costumava fazer. Se lermos os diálogos de Platão, veremos que os intermináveis interrogatórios de Sócrates provocavam reações intensas e dolorosas — na maioria das vezes, provocava raiva. Talvez seja por isso que a raiva tenha sido a primeira *pathē* específica sobre a qual Aristóteles escreveu.

A lista de pares emocionais de Aristóteles úteis para a retórica é:

- cólera/calma;[25]
- amizade/inimizade (ou amor/ódio);[26]
- temor/confiança (esta última é descrita como "a ausência ou o afastamento de tudo aquilo que é temível: pode ser devido à presença latente daquilo que inspira confiança ou à ausência do que causa temor");[27]
- vergonha/imprudência;[28]
- amabilidade/indelicadeza;[29*]
- compaixão/indignação;[30] e
- inveja/emulação (esta última é descrita como uma espécie de inveja boa — sentir-se satisfeito quando alguém obteve ou realizou algo).[31]

De acordo com Aristóteles, a capacidade de expressar esses sentimentos e de manipulá-los em nosso oponente ajuda muito a vencer uma discussão. Seria necessário dominá-los, tanto em si mesmo quanto nos outros, para se tornar um debatedor com a habilidade de Sócrates. É preciso apenas tomar cuidado com quem se debate; isso pode causar problemas futuros.

Retórica para Alexandre

Saber que Alexandre havia estudado com Aristóteles e assimilado suas opiniões sobre as emoções e a retórica nos dá uma ideia de como, provavelmente, ele avaliou a carta que recebeu de Dario. Este ficara furioso com a hipótese de Alexandre tentar invadir suas terras. Alexandre estava ciente de que qualquer resposta àquela carta que não fosse "Tudo bem, vou retroceder" o colocaria em apuros. Ou, pelo menos, ele esperava que isso acontecesse. Pois parece que ele estava justamente à procura de problemas. Disso e de um império como o mundo nunca havia visto antes. E ele iria alcançar as duas coisas.

Diz-se que Alexandre leu a zombeteira e insultuosa carta de Dario para seus soldados, e isso, aparentemente, preocupou alguns deles. Afinal, os gregos tinham uma longa e brutal história de guerra com os persas. Mas Alexandre valeu-se da sabedoria de seu antigo mestre e discursou para suas tropas: "Por que vocês ficaram assustados com essas palavras? (...) O mandachuva, Dario, não sendo capaz de fazer nada com suas ações, finge ser alguém em seus escritos, assim como os cães fazem quando latem."[32] Dario estava tentando assustar Alexandre e suas tropas. O problema, para Dario, era que Alexandre sabia do que ele e seu exército eram capazes. Talvez Aristóteles tivesse ensinado a seu antigo aluno que "quando estamos convencidos de possuir as qualidades pelas quais zombam de nós, não nos importamos com a zombaria".[33] "A ausência do que causa temor" era a definição de confiança de Aristóteles, e Alexandre a exalava.

Compreender seu público também é essencial para a retórica. Aristóteles afirmou que "também deve ser levada em consideração a natureza de [seu] público ao fazer um discurso elogioso; pois, como Sócrates costumava dizer, 'não é difícil elogiar os atenienses diante dos próprios atenienses'".[34] Talvez com isso em mente, Alexandre salientou às suas tropas que a carta continha evidências da imensa riqueza de

Dario e que, portanto, seus homens poderiam esperar compartilhar o espólio quando o derrotassem. Os combatentes reunidos gostaram bastante dessa ideia. Alexandre substituiu o medo de suas tropas pela mesma confiança e desejo que ele estava sentindo, exatamente como havia sido treinado a fazer.

Depois que seus homens se acalmaram, não restava nada que Alexandre pudesse fazer, a não ser responder por escrito.

É uma vergonha imensurável que um rei tão grandioso quanto Dario, que é apoiado por forças tão poderosas e compartilha o trono dos deuses, [caia] sob a humilde e abjeta servidão de um único homem, Alexandre.[35]

Alexandre, então, ordenou que seus homens crucificassem os mensageiros persas, que, muito compreensivelmente, estavam "em pânico". Contudo, ele nunca pretendera realmente assassiná-los. Depois de vê-los se humilhar, Alexandre os libertou e lhes disse:

Agora vocês estão apavorados e com medo de serem espancados até a morte, e imploram para não morrer; então, estou libertando vocês. Pois o meu desejo não é matá-los, mas, antes, mostrar a diferença entre o rei dos gregos e aquele seu tirano bárbaro.[36]

Dario cometeu um erro; Alexandre havia sido bem instruído. Ele sabia como manipular os sentimentos das pessoas. Ele seria capaz de inspirar bravura em seus subordinados zombando das tentativas de intimidação do seu adversário. Além disso, ele deu uma lição sobre a maneira correta de aterrorizar os inimigos: brincar com o desejo de um homem de permanecer vivo antes de libertá-lo do perigo mortal tem um poder imenso. Os mensageiros regressaram e foram dizer a Dario que Alexandre era um grande homem.

A demonstração das virtudes no período clássico

Quase dez anos depois, Alexandre estava perto do rio Ganges, no norte da Índia. Ele conquistara o Egito e grande parte das terras entre a Grécia e o Himalaia, incluído o reino de Dario, exatamente como os deuses haviam prometido. Mas suas tropas já estavam cansadas demais. Elas sentiam falta do lar e da família, e se recusavam a continuar lutando. Elas queriam voltar para casa. Alexandre sonhava com o que poderia estar além, com outros tesouros que ele poderia contemplar. Mas lá, perto do Ganges, relutantemente, ele concordou em voltar para a Grécia. Seu império havia atingido o limite.

Não foi tão ruim assim voltar para casa. Alexandre poderia conversar com seu antigo tutor, Aristóteles, e ler alguns dos diálogos que ele vinha escrevendo em sua nova escola, o Liceu.

Sentindo-se filosófico

Platão e Aristóteles são dois dos maiores nomes da filosofia grega antiga. As emoções eram de vital importância para ambos, embora, como em tantas outras coisas, eles discordassem não apenas sobre como elas funcionavam, mas também sobre como deveriam ser usadas. Para Platão, os sentimentos poderiam nos elevar a um bem maior ou nos condenar a prazeres perigosos e de curto prazo. Aristóteles pensava que as emoções brotavam de uma parte da alma que compartilhamos com os animais, as quais seriam úteis nas discussões ou negociações com um inimigo. Ambos acreditavam que as emoções poderiam ser manipuladas pela razão, ou o *lógos*. Platão sustentava que as emoções deveriam ser direcionadas para algo elevado, algo espiritual, enquanto Aristóteles as encarava de maneira prática e realista, como uma ferramenta para fazer as coisas. Quase todas as divergências entre esses dois homens podem ser resumidas à ênfase de Platão no espiritual *versus* o foco pragmático de Aristóteles em aplicações no mundo real. Seus pontos de vista sobre as emoções certamente não são diferentes.

As ideias de Platão e Aristóteles sobre as emoções e a alma formaram a pedra angular do pensamento e da política ocidentais por quase dois mil anos. Um ou outro, ou ambos, influenciou todos os filósofos que os seguiram, bem como civilizações, movimentos políticos e crenças religiosas. As teorias das emoções que Platão e Aristóteles conceberam ajudaram a estabelecer as culturas e as crenças de todo o mundo ocidental. Não acredita em mim? Continue lendo, e você verá com que frequência suas ideias básicas surgem e ressurgem. Eles ajudaram milhões de pessoas em todo o mundo a se entenderem, e foi apenas no século XVII que alguém os desafiou seriamente.

Desnecessário dizer que os antigos gregos não foram os únicos que influenciaram as teorias sobre as emoções, e tampouco Platão ou Aristóteles foram as únicas pessoas a ter um impacto global significativo tentando explicar o que são as emoções e o que deveríamos fazer a respeito delas. Na Índia Antiga, quase ao mesmo tempo em que Sócrates se confrontava com sua execução, estava ocorrendo outro debate sobre os sentimentos, um debate que também parece ter inspirado quase todos os pensadores que vieram depois dele, do litoral da China aos limites da Cristandade. Então, vamos seguir para as mesmas províncias do norte da Índia de onde Alexandre regressou — o lugar onde a conversão em um nível emocional de um imperador teve um profundo efeito na história.

Dois

Desejos indianos

O rei Chandashoka era um homem cruel e violento; sua brutalidade adquirira má fama em toda a Índia. De acordo com algumas lendas, ele era tão mau que havia feito uma visita ao inferno para aprender as formas mais cruéis de torturar as pessoas. Chandashoka herdara seu modesto reino, o Império Máuria, por volta de 265 a.C., e imediatamente começou a expandir as fronteiras de seu reinado. Em pouco tempo, seu império já se estendia por todo o subcontinente indiano, desde o que hoje é o Afeganistão até o que hoje é Bangladesh. Após oito anos, porém, havia uma pequena e perturbadora região na costa da Índia Oriental que ele ainda não havia encontrado uma maneira de subjugar: Kalinga.

Quando Chandashoka marchou sobre Kalinga, os acontecimentos não saíram conforme o planejado. A guerra foi longa e brutal. Morte, mutilação e carnificina passaram a cercá-lo em todas as direções; o solo foi manchado de sangue. As batalhas anteriores já haviam matado milhares de indivíduos; em alguns casos, dezenas de milhares. Dessa vez, mais de cem mil pessoas foram massacradas e muitas mais morreram de doenças e fome provocadas pelos combates. Outras 150 mil pessoas tiveram de abandonar suas casas. Chandashoka testemunhou uma caravana de refugiados desesperados e aterrorizados, sendo forçados a caminhar por centenas de quilômetros. Durante a batalha e após seu término, ele foi exposto a males que fizeram o inferno parecer o paraíso. E, se as lendas sobre o que aconteceu em seguida forem apenas parcialmente verdadeiras, aquela experiência fez com que ele passasse por uma das conversões espirituais mais profundas da história. Por essa razão, o mundo não se lembra dele como Chandashoka (Ashoka, o Monstro, ou Ashoka, o Cruel). Na Índia, ele ficou conhecido como rei Piyadasi (aquele que trata todos com carinho) e Devanampriya (adorado pelos deuses). Ele é comumente conhecido como Ashoka, o Grande.

A conversão de Ashoka ocorreu porque o objeto de seus *desejos* mudou e isso não era pouca coisa. Concepções sobre o desejo e o que se deveria fazer com ele estão na base da maioria das antigas religiões indianas, mas cada uma entende o desejo de uma forma um pouco diferente. Qualquer mudança nos desejos e nas vontades de Ashoka, provavelmente, afetaria de modo dramático a maneira como ele vivia a vida e as coisas em que acreditava. Mas, no que se refere aos sentimentos, o desejo é algo inusitado e complexo. Portanto, antes de prosseguirmos, deixe-me tentar desvendar algumas ideias contemporâneas sobre o desejo que podem nos ajudar a entender melhor as forças que mudaram a vida de Ashoka e, por consequência, a vida de seus súditos.

Desejos gratificantes

Imagine-se em uma praia, o sol aquecendo a pele, uma brisa fresca regulando a temperatura, as ondas quebrando suavemente na orla. Você se recosta, sentindo a areia escorregando entre os dedos dos pés enquanto o estresse da vida diária vai diminuindo. Você se sente calmo e se sente feliz. Mas, ao olhar para o mar, percebe a barbatana de um enorme tubarão-branco. A calma e a felicidade dão lugar ao medo e ao pânico, pois só você parece ter notado o perigo. Você sente um desejo profundo e visceral de contar aquilo a alguém, o que o força a sair de seu espaço idílico e correr até o salva-vidas, que soa o alarme e evacua a costa antes que qualquer dano possa ser causado. E então você se sente aliviado.

De todos os sentimentos que você experimentou, notou qual foi o mais estranho? A maioria desses sentimentos — felicidade, calma, medo, pânico e alívio — foi causada pelo mundo ao seu redor afetando seus sentidos. Você se sentiu relaxado e feliz por causa do calor do sol, do roçar da areia, do som do oceano. Sentiu medo e pânico porque seus olhos detectaram o tubarão e sentiu alívio ao constatar que todos estavam seguros. Mas o desejo que você experimentou foi diferente. Mesmo que a visão do tubarão tenha despertado a vontade de contar aquilo a alguém, foi o desejo de impedir que as pessoas se ferissem que o fez correr até o salva-vidas. Você poderia ter sentido medo e continuado assistindo, paralisado de terror, enquanto alguém se machucava. Poderia ter entrado em pânico e agitado os braços, sem colaborar muito para resolver a situação. Há um milhão de coisas que você poderia ter feito, mas, em vez disso, sentiu o desejo de contar a alguém sobre o aparecimento do tubarão — um desejo de que as pessoas ficassem seguras. Em outras palavras, enquanto a maioria dos sentimentos é "do mundo para o cérebro" — isto é, sentimos algo no mundo, e isso produz sentimentos dentro de nós —, o desejo é do "cérebro para o mundo". Sentimos desejo, e então fazemos algo.

Existem muitos tipos de desejo. Ele pode ser intrínseco, ou seja, um desejo em benefício próprio, como querer um sorvete ou um bom carro. Ou, talvez, queiramos compartilhar nossa admiração por um assunto com outras pessoas. O desejo também pode ser instrumental: um desejo de fazer alguma coisa que levará a outra coisa. Por exemplo, podemos desejar ganhar dinheiro para comprar um sorvete de casquinha. Podemos querer comprar flores para fazer feliz a pessoa que amamos, ou até querer escrever um livro para que outras pessoas possam ficar tão entusiasmadas com a história das emoções quanto nós. Os desejos podem ser fortes ou fracos, dependendo de quanto almejamos algo. Eles também podem ser recorrentes, isto é, podem atormentar nossa mente. Desejos de sermos aprovados em uma prova e de escapar de uma situação difícil se enquadram nessa categoria. Eles também podem ser permanentes: desejos permanentes, como o de viver até uma idade avançada, persistem no fundo de nossa mente.

Cada um desses subconjuntos de desejo também pode ser, como afirma o filósofo Harry Frankfurt, tanto desejos de primeira ordem (o desejo de ter um objeto ou de que surja um acontecimento) quanto desejos de segunda ordem, o desejo de desejar.[1] O seu desejo de contar a um salva-vidas sobre o aparecimento de um tubarão seria um desejo instrumental de primeira ordem: você deseja fazer alguma coisa que leve a outra coisa (contar ao salva-vidas para que ele possa retirar as pessoas da água) e para que algo aconteça (que vidas sejam salvas). Embora os desejos possam ser explicados em termos de ordens e tipos, há uma maneira de entendê-los que, em minha opinião, funciona melhor. Essa forma de entender o desejo foi proposta pelo filósofo Timothy Schroeder. Ele conseguiu conjugar as muitas ideias filosóficas e científicas sobre querer e desejar no que ele chama de as três faces do desejo.[2]

O primeiro é o desejo motivacional: o desejo de sair da inércia e realizar ações. O segundo é o desejo hedônico: o desejo de sentir prazer e evitar a dor. Por fim, há o desejo de aprender: aquele desejo de aprender, pela experiência, o que será bom para nós e o que não será. Logicamente, esses três desejos não existem no vazio. O desejo motivacional de passar em um teste de direção pressupõe um desejo hedônico pelo prazer oriundo do ato de dirigir sozinho e o desejo de aprender até se tornar um motorista experiente.

Schroeder também identifica dois elementos unificadores do desejo: a recompensa e a punição. Aprender a esquiar é uma recompensa. Não aprender a esquiar e ser ridicularizado (ou quebrar o pescoço) é uma punição. A recompensa e a punição são o que ligam o desejo não apenas aos pensamentos, mas também a outras emoções, entre elas, algumas das mais primitivas que possuímos. A partir daqui, usarei principalmente a estrutura de Schroeder para analisar os vários tipos de desejo.

A propósito, quando uso a palavra *desejo*, também quero me referir às coisas que são encontradas sob esse verbete em um dicionário de sinônimos — necessidade, vontade, apetite, anseio, gana, anelo, pretensão, aspiração, impulso, e assim por diante —, em parte porque isso me impede de complicar as coisas desnecessariamente, mas principalmente porque, ao longo da história, as pessoas tampouco estabeleceram diferenças entre seus desejos e suas necessidades com muita frequência. Ao contrário, elas apresentavam vários tipos sutis de desejo, mas nem mesmo um moderno dicionário de sinônimos será de muita utilidade nesse caso. Deixe-me explicar.

Desejos hindus

Ashoka foi criado no norte da Índia, onde a cultura hindu era dominante. É importante observar que *hindu* é um termo um tanto contestado. Neste livro, uso as palavras *hindu* e *hinduísmo* deliberadamente. Para começar, as pessoas que seguem o que hoje reconhecemos como hinduísmo não se autodenominavam hindus até os britânicos aparecerem, no século XVII. De modo ainda mais confuso, não existe uma única religião hindu, e nunca existiu. Uma historiadora da religião hindu, a professora June McDaniel, argumenta que existem hinduísmos diferentes, elencando seis correntes principais. Outra indologista e especialista em sânscrito, a professora Wendy Doniger, escreve que cada adepto da fé hindu, ou das fés hindus, "ampara-se, mais ou menos simultaneamente, em uma caixinha de diferentes crenças, recorrendo a uma crença em determinada ocasião e a outra crença em outras situações".[3] Apesar dessa maravilhosa variedade de crenças, algumas ideias são vagamente compartilhadas por todas as linhagens do hinduísmo. Uma delas é a compreensão dos tipos de desejo.

Em muitas escrituras hindus, existem quatro tipos de desejo ou objetivos (*purusharthas*). O mais importante deles é o caminho de cada pessoa, ou *dharma*. O *dharma* é tanto um desejo motivacional quanto um desejo de aprender. Seu papel é manter as pessoas no caminho correto e virtuoso, permitir que cresçam e aprendam, e atuar como um freio a quaisquer desejos hedônicos que elas possam sentir. Um dos melhores exemplos de *dharma* vem do Bhagavad Gītā, ou canção divina, que faz parte do Mahabharata, uma obra que descreve uma guerra na região de Kurukshetra — uma guerra religiosa que pode ou não ter acontecido entre duas poderosas famílias.[4]

O Bhagavad Gītā começa quando um príncipe de um dos lados, o príncipe Arjuna, está enfrentando a batalha final. Ele pede ao cocheiro que se aproxime do inimigo para que ele possa ter uma visão adequada, e fica horrorizado ao identificar membros de sua família no exército adversário. Arjuna não quer matar seus parentes, e assim ele se pergunta se pode se ausentar da batalha evocando a virtude divina da não violência (*ahimsa*). A excelente notícia para Arjuna é que seu cocheiro, além de ser fantástico no serviço que desempenha, assustadoramente bonito, espetacularmente inteligente e extremamente gentil, por acaso é Krishna, a encarnação viva de Deus. Como podemos imaginar, Deus é um grande conselheiro.

Krishna explica a Arjuna que a não violência é algo bom, realmente bom, mas melhor ainda é seguir nosso *dharma*, nosso caminho verdadeiro. Seguir nosso caminho é ser altruísta. É preciso ignorar os *bhavas* que tentam nos afastar dele. Os *bhavas* são complexos. A palavra *bhava* pode significar "existente" e "que está sendo criado" — vida e nascimento. Também pode se referir a um estado de espírito, sentimento ou hábito. E pode significar todas essas coisas ao mesmo tempo. A ideia é que existimos porque sentimos. Sentimos porque nascemos. Estar vivo é ter sentimentos — do contrário, estaríamos apenas vazios ou mortos. No entanto, para permanecermos fiéis ao nosso *dharma*, todos os *bhavas* devem ser controlados. Temos de seguir nosso caminho, independentemente de como nos sentimos a respeito dele. Para fazer isso, precisamos renunciar a todos os sofrimentos e privilégios por ele criados.[5] Nosso caminho não consiste em saquear o que não nos pertence. Não se trata de interromper uma luta porque gostamos de alguns de nossos oponentes. Tem a ver com fazer o que nascemos para fazer. O que devemos fazer. Não lutar aquela batalha seria tão contrário ao *dharma* de Arjuna quanto seria lutar apenas pela glória e pelo poder. Algumas formas de hinduísmo alegam que a recompensa por manter-se fiel ao nosso *dharma* é a reencarnação em uma vida melhor, ou alcançar um momento de felicidade nesta vida mesmo. A punição por não seguir nosso *dharma* é o oposto disso. Arjuna teve de deixar todos os seus sentimentos de lado e cumprir seu dever.

Embora o *dharma* seja o desejo mais importante a ser seguido, ele não é o único. O próximo é o *artha*. Trata-se de um desejo motivacional pelas coisas que precisamos para viver nossa vida. Está relacionado à aquisição de riqueza, de uma casa e a todas as outras coisas que importam na vida cotidiana. O significado preciso de *artha* também pode ser um pouco contraditório e difícil de definir no contexto das escrituras hindus. E o *artha,* dependendo da necessidade da pessoa, pode mudar. Por exemplo, se ela for religiosa, sua ideia de riqueza pode ser a devoção aos deuses. Se ela se dedicar à política, pode ser a consolidação do poder.[6]

Um trabalho que discute esse desejo, o *Arthashastra,* foi escrito por volta de 400 a.C., e é basicamente um tratado bastante cruel sobre a política. Ele ensina os governantes a conseguir o que precisam enganando as pessoas. Não estou falando apenas de coisas banais, como usar um tecnicismo qualquer para alegar que se gastou mais com saúde no ano anterior do que de fato foi gasto. O tratado contém conselhos, por exemplo, sobre como consolidar o próprio poder antecipando a morte de alguém pouco antes de a pessoa ser misteriosamente executada — por você —, provando, assim, que você é capaz de prever o futuro. O importante, para usar as definições de Harry Frankfurt por um momento, é que nosso *artha* de primeira ordem nunca deve entrar em conflito com nosso *dharma* de segunda ordem. O *artha* é um desejo por coisas; o *dharma* é o desejo de seguir nosso caminho, independentemente das coisas. Mas se ser um rei que é obrigado a ser brutal para manter a ordem e o poder fizer parte de nosso *dharma*, então um *artha* que permita a construção de câmaras de tortura e a formação de exércitos é aceitável.[7]

O terceiro desejo é o *kama*. O *kama* não deve ser confundido com o *karma*. O *karma* é o somatório das nossas ações nesta vida e nas anteriores. Ele determina se iremos reencarnar, em que condições e sob qual forma. O *kama*, no entanto, é um desejo hedônico por prazeres mundanos. Talvez o *kama* seja conhecido por meio do *Kama Sutra*, o famoso texto que não é tanto sobre sexo quanto se pensa. Ele contém muita sabedoria sobre a melhor forma de controlar e realizar os desejos, embora também tenha muito a dizer sobre o coito. O *kama* não é apenas uma cobiça trivial por alguma coisa. É uma força, um poder que impulsiona todas as coisas vivas a tomar decisões e escolher caminhos. Comemos demais por causa dele, dormimos demais por causa dele, nos entregamos ao sexo, às drogas e ao rock 'n' roll por causa dele. As recompensas por satisfazer esse tipo de desejo são imediatas, assim como as punições. Mas perseguir o *kama* à custa de nosso *dharma* leva à punição na próxima vida. Mais uma vez, é uma escolha entre os desejos de primeira ordem e os desejos de segunda ordem.

Finalmente, o *moksha* é o desejo de conhecer nosso verdadeiro eu. Para explicar isso, preciso esclarecer algo sobre a maneira como os hindus entendem a alma.

A maioria dos hindus acredita que somos feitos de nosso verdadeiro eu — o *atman* e seus cinco invólucros circundantes, ou *kosha*. O *atman* é parte de Brahman, uma palavra hindu para Deus. Simplificando, conhecer nosso verdadeiro eu é conhecer aquela parte nossa que também é parte de Deus, ou aquela parte nossa que é divina. Pode soar um pouco como *lógos*, mas enquanto o *lógos* é acessado pelo pensamento, o *atman* é mais difícil de alcançar, pois está além do pensamento. Para chegar ao *atman*, precisamos trabalhar nosso caminho através do *kosha*, que compreende as seguintes camadas:

Desejos indianos

- O invólucro alimentar (*annamaya kosha*) é o material de nossos corpos, feito dos alimentos que comemos. Esse é o invólucro mais externo.
- O invólucro vital (*pranamaya kosha*) é a "cola", o ar que mantém os invólucros unidos. O controle do ar era — e é — especialmente vital na tradição yogue, e é por isso que nossas aulas de yoga ainda começam com muitos exercícios de inspiração lenta.
- O invólucro da mente (*manomaya kosha*) é o motivo pelo qual eu sou "eu" para mim e você, "eu" para você. É o invólucro que nos faz ser quem somos.
- O invólucro do intelecto (*vijnanamaya kosha*) é a parte responsável pelo pensamento. Com ele, podemos tomar decisões inteligentes, como comprar este livro. É aqui que encontramos o pensamento — onde estamos mais próximos do *atman*, sem estar em contato direto com ele. É a coisa mais próxima da noção grega de *lógos*.
- Finalmente, o invólucro da bem-aventurança (*anandamaya kosha*) é um reflexo de nosso *atman*. Esse invólucro é o mais importante, porque, ao acessá-lo, podemos alcançar a bem-aventurança e a verdadeira felicidade (*sukha*). Se conseguirmos isso, nossa próxima vida será melhor. Algumas pessoas acham, inclusive, que é possível evitar permanentemente a reencarnação.

Então, o *moksha* é um desejo motivacional de encontrar um caminho através desses invólucros e redescobrir nosso *atman*. Existem algumas maneiras de fazer isso. Uma delas é comer o mínimo possível, usar roupas simples, mudar-se para a floresta e meditar 24 horas por dia. Se no momento você não estiver interessado em ficar praticamente nu no meio de uma floresta até morrer de fome, pode usar isso como um plano de aposentadoria. Simplesmente siga seu caminho até ficar mais velho e seu *dharma* estiver perto do fim, e então coloque o *moksha* em prática. Como alternativa, você poderia apoiar as pessoas que se despojam e vivem na floresta e permitir que elas descubram seus *atmans* em seu nome. Outra forma de renunciar é, simplesmente, seguir seu *dharma*. A recompensa é conhecer seu verdadeiro eu, que é o objetivo do *dharma* e mais uma de suas recompensas.

Esses quatro desejos — *dharma, artha, kama* e *moksha* — são importantes porque podem nos levar a duas direções. A primeira envolve usar um dos métodos descritos acima para encontrar a genuína bem-aventurança por meio do conhecimento de nosso verdadeiro eu. A outra alternativa pode parecer levar à alegria, mas conduz ao seu oposto, o *dukkha*, ou sofrimento. Esse segundo caminho é fácil. Basta deixar nosso *kama* assumir o comando e nos guiar em direção aos prazeres do corpo. Desejamos sexo, boa comida e bons momentos. Ou deixamos nosso *artha* tomar a frente, lutando para ficarmos ricos e comprarmos uma enorme casa. Mas, ao fazer isso, negligenciamos nosso *dharma* e não renunciamos a nada, a menos, é lógico, que nosso *dharma* seja ser alguém mundano ou um homem rico, o que é possível mas improvável. O problema é que, a menos que tenhamos a sorte de estarmos destinados a ser mundanos, nunca conseguiremos sentir a bem-aventurança dessa maneira. Mesmo conseguindo tudo o que desejamos, a ganância (*lobha*), a raiva (*krodha*), a inveja (*matsarya*) e o medo (*bhaya*) irão nos atormentar a cada passo do caminho. Querer sempre mais e temer a perda do que possuímos nos levará, em última instância, ao sofrimento nesta vida ou na próxima. Para alcançar a verdadeira bem-aventurança, devemos equilibrar esses desejos, seguir nosso *dharma* e satisfazer o *moksha*.

Pode se argumentar que Ashoka, o Monstro, estava, originalmente, tentando seguir seu *dharma*. Embora provavelmente lhes fugisse o que Krishna estava tentando dizer, observadores externos poderiam chegar à conclusão de que Ashoka estava seguindo seu caminho conforme estabelecido desde seu nascimento. Ter nascido em uma família real orientada a obter conquistas significava que a expansão e as invasões eram seu *dharma*. Por meio do *artha*, ele manteve seu poder e conquistou as coisas materiais de que precisava para ser um rei — palácios, exércitos, câmaras de tortura. Ele acreditava que tais coisas eram necessárias para o controle contínuo de seu império sobre a região. Provavelmente, ele também cedia a um pouco de *kama* de tempos em tempos com suas cinco esposas, conforme ditava seu *dharma*.

Visto dessa forma, o foco de Ashoka em seu *dharma* se assemelha, de alguma maneira, à história de Arjuna. E, mesmo assim, rodeado pelos corpos dos kalingas mortos, ele parece ter sido tomado por uma profunda sensação de tristeza. Independentemente de quantas vidas ele tirou, de quantas esposas ele teve, ou de quantas terras ele conquistou, seus desejos não o estavam conduzindo a nenhum tipo de bem-aventurança. Tudo o que ele sempre havia conhecido fora a dor e o sofrimento. Talvez ele tenha entendido mal, ou não se importasse com o ponto central daquele tipo de hinduísmo — o de que nosso *dharma* é maior do que nossos sentimentos momentâneos. Seja qual for o motivo, ele escolheu outro caminho. Ele se voltou para Buda.

O menino de Lumbini

Cerca de duzentos anos antes de Ashoka se converter ao budismo, o que restava de um homem chamado Sidarta Gautama cambaleava nas margens do rio Falgu, perto da cidade de Gaya, no nordeste da Índia. Seus músculos estavam debilitados e sua pele, grudada sobre os ossos. Ele parecia um esqueleto portando um apertado sobretudo de couro. Os olhos estavam afundados nas órbitas, os cabelos eram ralos e ele se mostrava cansado — muito cansado. No entanto, embora seu corpo estivesse destruído, ele estava longe de estar alquebrado. Na verdade, ele nunca se sentira tão bem.

O jovem Gautama havia sido muito protegido ao longo de sua vida, e raramente recebera permissão para sair do palácio de Lumbini, onde fora criado. Ele tivera a sorte de nascer um *xátria* — um príncipe da classe guerreira e real. As únicas outras castas de pessoas que ele conhecera havia sido a dos sacerdotes — os *brâmanes* — e,

Uma história das emoções humanas

ocasionalmente, mercadores e proprietários de terras, os *vaixás*. Ele ansiava por saber como viviam os camponeses — os *sudras* — e aqueles sem casta, considerados intocáveis. Aos 29 anos de idade, escapuliu furtivamente do palácio com a ajuda de seu cocheiro para observar o que estava acontecendo além das paredes que o haviam aprisionado por tanto tempo.

Ele logo descobriu que sua vida era bastante privilegiada. Primeiro, avistou um homem velho. Gautama ficou chocado com a devastação e o sofrimento causados pelos estragos do tempo. Em seguida, viu uma pessoa doente sofrendo com a dor de sua enfermidade. Depois, deparou-se com um cadáver. Ele sentiu repulsa e horror por ambas as coisas. Aqueles encontros o abalaram profundamente. O aterrorizante ciclo de vida e morte em que ele e todos os outros estavam imersos era terrível demais para que conseguisse suportar. Depois de voltar para casa, ele sabia que precisava encontrar uma fuga, uma maneira de superar aquele destino desesperador. Então, de novo, escapou furtivamente do palácio. Dessa vez, conheceu um asceta — um homem que dedicara toda a sua vida a tentar encontrar uma saída para o sofrimento. Nesse encontro, Gautama percebeu que não estava sozinho e sentiu esperança. Ele resolveu se juntar ao asceta em sua busca.

Gautama deixou para trás o palácio, a esposa e os filhos e passou anos procurando uma maneira de acabar com o sofrimento e quebrar o ciclo de morte e renascimento. Ele experimentou um método yogue de meditação após outro, mas nada funcionou. Então, lembrou-se de uma experiência que tivera quando criança. Em um belo dia de verão, encontrava-se sentado sob uma macieira rosa, em uma postura de yoga, assistindo a uma competição de aragem. Ele percebeu a grama destruída e os insetos mortos, e ficou horrorizado com a violência de tudo aquilo. Então, um aspecto do que havia assistido lhe trouxe alívio. Era como se a quietude testemunhada após aquela violência toda o ajudasse a ver além do ciclo de vida e morte. Diante daquela destruição, o jovem Gautama percebeu que a vida, a morte, o sofrimento e o mundo que o cercavam eram ilusórios. A ilusão se esfumaçou e ele vivenciou um momento de pura bem-aventurança. Quando se lembrou daquela alegria de infância, ele se levantou, comeu uma tigela de arroz-doce e saiu em busca de uma árvore para se sentar sob ela. Nas margens do Falgu, encontrou uma figueira sagrada. Ali ele se sentou e meditou como fazia quando era criança. Depois de três dias e três noites sob aquela árvore, Gautama alcançou o mesmo estado de iluminação da infância: o *nirvana*. Ele havia sido libertado do ciclo de vida e morte. Ele se tornara o Buda.

Pelo menos, é isso que diz a lenda. Gautama pode ou não ter sido um príncipe, como também pode ou não ter sido enviado para aquele caminho depois de avistar um homem velho, um homem doente e um homem morto. Não sabemos com certeza. Sabemos que ele passou um tempo como asceta e, provavelmente, se lembrava de um momento de alegria vivido em sua infância. Contudo, quase certamente, ele não saiu à procura da árvore, hoje conhecida como Árvore de Bodhi (ou "árvore da iluminação"), nem resolveu tudo em apenas alguns dias. Teriam sido necessárias semanas, ou até mesmo meses, para que seu corpo se recuperasse dos estragos causados pela regime de fome que ele vinha seguindo. É mais provável que tenha passado algum tempo refletindo e desenvolvendo suas ideias antes de finalmente obter o grande êxito.

Grande parte de sua nova ideia não era tão nova assim. O que o Buda fez foi basear-se nas crenças de sua cultura e reinterpretá-las, condensá-las. Hoje em dia, conhece-se o que ele descobriu sob o nome de Quatro Nobres Verdades, cujas três primeiras já sabemos quais são.

1. O sofrimento existe.
2. A causa do sofrimento é o desejo.
3. A cessação do sofrimento se dá por meio do *nirvana* (ou, no hinduísmo, conectando-se ao nosso invólucro da bem-aventurança).[8]

Até aí tudo bem. Mas a última nobre verdade era algo único: existe um caminho para o *nirvana*. Esse caminho veio a ser conhecido como Nobre Caminho Óctuplo.

Às vezes, o Caminho Óctuplo é repartido em três. A primeira divisão, basicamente, é sobre como se tornar um budista e a segunda é sobre como ser uma boa pessoa. A terceira divisão é aquela que nos leva ao *nirvana*, e tem tudo a ver com o desejo. Ou, pelo menos, com algo parecido. Para explicar, vamos conhecer uma lenda da vida de Buda em uma idade mais avançada.

Antigas emoções budistas

Quando o Buda estava bastante velho,[9] ele foi morar em uma cidade no norte da Índia chamada Vaishali.[10] Essa área era conhecida pela prática de outra fé — o jainismo, uma religião com um profundo foco no ascetismo e na não violência contra todos os seres vivos. Um daqueles jainistas, Saccaka, afirmava que seria capaz de vencer qualquer oponente em um debate. Ele se vangloriava de que até mesmo um "comentário insensato" iria "balançar, estremecer e tremelicar" diante da força de seus argumentos.[11] Ao ouvir que o Buda estava na cidade, ele, como seria de esperar, o desafiou para um debate, ameaçando "esmurrá-lo"[12] intelectualmente.

Não sendo um homem acanhado, Saccaka arregimentou uma plateia e conduziu os espectadores ao salão onde o Buda se encontrava, já preparado para a batalha. O Buda respondeu à pergunta inicial de Saccaka. Então, ele fez uma de suas perguntas ao seu oponente: "É possível exercer o controle sobre seu corpo, sentidos, sentimentos, pensamentos e consciência?" Saccaka ficou em silêncio. O Buda perguntou novamente. Nada. O Buda perguntou mais uma vez. Saccaka permanecia sem resposta. O Buda interpretou aquilo como um momento para um ensinamento:

> Foi você quem deu essa declaração na frente da assembleia de Vesili. (...) Agora vejo gotas de suor na sua testa, que já encharcaram a parte de cima do seu manto e caíram no chão. Mas não há sinal de suor no meu corpo.

Saccaka "sentou-se em silêncio, consternado, com os ombros caídos e a cabeça baixa, taciturno e sem resposta". Por que o Buda permaneceu calmo diante de um Saccaka suado e prostrado? E qual é a relevância das cinco coisas que o Buda lhe perguntou: corpo, sentidos, sentimentos, pensamentos e consciência?[13]

O Buda não suou porque havia dominado o sétimo passo do Caminho Óctuplo: a atenção plena adequada, ou estar consciente. Essa etapa refere-se a estar ciente de tudo o que está acontecendo ao nosso redor e não está distante da prática da atenção plena que muitos especialistas em saúde mental prescrevem hoje em dia. Estar atento é prestar atenção a tudo que acontece à nossa volta. É não ficar pensando no passado nem sonhando com o futuro; é viver o "momento". Os antigos budistas praticantes da atenção plena conseguiam isso por meio do domínio do que chamavam de Cinco Agregados do Apego, ou *skandhas*. Essa é a resposta à pergunta do Buda — como exercer o controle sobre seu corpo, sentidos, sentimentos, pensamentos e consciência. No cerne de todas essas coisas estão dois tipos de desejo.

O primeiro desses desejos é o apego (*upadana*). O apego é uma espécie de desejo hedônico aderente que, de acordo com o budismo tradicional, nos consome em todos os níveis. É por esse motivo que nos agarramos à existência, reencarnando continuamente, em vez de alcançar o *nirvana*. O *upadana* também nos faz ficar em silêncio, em vez de admitir que não conseguimos responder a uma pergunta e arruinarmos nossa reputação. Tal qual o conceito hindu de *kama*, o apego nunca conseguirá ser satisfeito. Estará sempre buscando "isso e aquilo, aqui e ali (*tatra tatra abhinandini*)".[14] O apego é composto de algumas partes, ou agregados.

O primeiro agregado do apego é nosso corpo, ou forma: *rupa*. O corpo em si não pode ser controlado, mas é considerado uma janela para nossos outros agregados. Nos textos budistas fundamentais, há descrições de pessoas "magras, miseráveis e feias" que estão "ictéricas, com veias salientes em seus membros", significando que são pessoas com más intenções.[15] Mantendo-nos atentos ao nosso corpo (percebendo se nossas veias estão saltando, ou se estamos começando a suar), podemos rastrear os outros agregados: *sanna, vedana, vinnana* e *sankhara*.

Para que nosso corpo reaja, deve haver algo a que reagir. No início desse processo está a percepção, ou *sanna*. Trata-se da capacidade de compreender o mundo ao nosso redor por meio dos sentidos. Essas percepções causam sentimentos indesejáveis, ou *vedana*. *Vedana* são sensações básicas que produzem prazer, dor ou aqueles sentimentos neutros que não são tão dolorosos assim, mas também não são particularmente agradáveis — sentimentos insípidos, como a experiência de observar uma tinta secando. Se não controlarmos as sensações prazerosas, elas nos conduzem a desejos hedônicos mais sombrios, como luxúria, ganância e obsessão. Se não reprimirmos nossos sentimentos dolorosos, eles podem se transformar em raiva, medo e tristeza. Se não conseguirmos dominar nossos sentimentos neutros, ficaremos entediados. O Buda nunca perdia as rédeas de seus sentimentos, pois, como veremos a seguir, ao conjugar um desejo motivacional de segunda ordem com um desejo de aprender, ele sabia como mantê-los sob controle.

O próximo agregado é a consciência, ou *vinnana*. Funciona de forma interligada com os outros agregados, mas eles podem desencaminhá-la ao permitir a contaminação por três venenos: a *moha* (ilusão, confusão), a *raga* (ganância, apego) e a *dvesha* (aversão, ódio). Durante a discussão de Saccaka com o Buda, sua ilusão o fez experimentar sensações dolorosas, suar profusamente e baixar a cabeça. O problema é que esses quatro primeiros agregados estão aquém de nosso controle direto — a menos que aprendamos a dominar o segundo tipo de desejo budista, o *chanda*.

O *chanda* é fundamental para o budismo. É um desejo que nos ajuda a seguir o Caminho Óctuplo, mantendo o apego afastado. Expondo de outra forma, em uma estranha distorção dos desejos de segunda ordem, o *chanda* é um desejo de não desejar. Os mais atentos devem ter notado que *chanda* era a palavra usada para identificar Ashoka quando ele era conhecido como Chandashoka — Ashoka, o Monstro, ou Ashoka, o Cruel. Não se trata de uma coincidência. Para o Buda, o *chanda* era um monstro. Ele era cruel, tortuoso e brutal. Ninguém jamais afirmou que atingir o *nirvana* era uma tarefa fácil. Mas domesticar essa fera era essencial se a pessoa quisesse controlar seus pensamentos, ou *sankhara*.

O *sankhara* é a engrenagem em torno da qual giram os outros agregados do apego. É também a base do *chanda*. Se os pensamentos não forem supervisionados, eles podem fugir do controle. Saccaka não foi capaz de controlar seu *sankhara*. Ele não havia dominado o *chanda*, logo, não tinha desejo de controlar seus pensamentos e sentimentos. Ele sentia um desejo (*tanha*) de provar quanto era inteligente. O desejo causa luxúria, ganância e obsessão, e pode levar ao apego, que, por sua vez, pode levar ao *dukkha* (sofrimento).

A boa notícia é que o Buda ensinou todos a dominar o *chanda*. Começa-se seguindo a etapa número 6 do Caminho Óctuplo — o esforço correto. Substitui-se a ganância pelo contentamento com o sucesso dos outros (*mudita*). Joga-se fora o ódio e restaura-se a bondade amorosa (*metta*) e a compaixão (*karuna*). Em seguida, passa-se para a sétima etapa, a atenção plena adequada. Devemos nos afastar da ilusão da existência e nos deixar envolver pela percepção budista (*punna, vipassana*) de que, em contraste com as crenças hindus, não existe um verdadeiro eu. Na verdade, não existe nenhuma espécie de eu. Depois de conseguirmos isso, estaremos prontos para dar o passo final: o *samadhi* correto, uma forma particularmente profunda de meditação que pode conduzir ao *nirvana*.

O Buda percebeu que as pessoas se deixavam consumir pelo tipo errado de desejo. O que mantinha as pessoas presas ao ciclo de vida e morte, acreditava ele, era o apego e os agregados que causavam essa situação: nosso corpo (*rupa*), nossa compreensão do mundo formada por meio de nossos sentidos (*sanna*), nossos sentimentos indesejáveis (*vedana*) e nossos pensamentos não controlados (*sankhara*). Isso mantinha o foco neste mundo, um mundo que, conforme o Buda acreditava, era uma ilusão. Para escapar da ilusão, era preciso se concentrar no tipo certo de desejo — o *chanda* — e usá-lo para seguir o Caminho Óctuplo. O Buda permaneceu calmo durante o debate porque seu *chanda* estava perfeito e focado; o de Saccaka, não. Ao desejar controlar a própria mente, o Buda manteve seus sentimentos sob controle, e seu corpo o acompanhou. A recompensa seria a iluminação, o *nirvana* — a chance de escapar do ciclo de vida e morte.

O comportamento de Ashoka após sua conversão

Ashoka chegou a um momento decisivo de sua vida em Kalinga. Os tipos de desejo com os quais ele fora criado — aqueles dos hindus — não estavam mais funcionando. Evitar a tristeza seguindo seu caminho parecia estar lhe causando apenas mais tristeza. Ele se agarrou ao seu *dharma*, mas isso não o conduziu à bem-aventurança. Quando os missionários budistas lhe explicaram que o problema era o apego, a ideia deve ter lhe soado atraente. A transformação de Ashoka, à medida que ele passava de uma compreensão do desejo para outra, foi bastante dramática.

A razão pela qual sabemos o que sabemos a respeito dessa transformação é que sua história foi registrada por escrito, isto é, ela foi literalmente escrita em pedra. Ashoka mantinha uma série de 33 éditos esculpidos em rocha e pilares de pedra em mais de trinta locais de seu império. Alguns estavam no idioma dos habitantes locais. Alguns estavam em seu idioma. Outros foram esculpidos nos idiomas dos seus vizinhos, como o grego antigo e o aramaico. Um desses éditos de pedra nos conta o que aconteceu durante a guerra para provocar a mudança de Ashoka: "Ao conquistar Kalinga, o Adorado pelos Deuses [Devanampriya] sentiu remorso, pois quando um país independente é conquistado, o massacre, a morte e a deportação do povo são extremamente dolorosos para o Adorado pelos Deuses."[16] A campanha contra Kalinga havia abalado Ashoka profundamente e o fizera reavaliar sua vida e sua religião.

O próprio Ashoka afirmou que estava trabalhando para se tornar budista há algum tempo antes de levar aquilo a sério. Um dos seus éditos diz: "Sou um leigo budista [*upasaka*] há mais de dois anos e meio, mas durante um ano não fiz muito progresso. Aproximei-me da comunidade [de monges, ou *samgha*] e tornei-me mais convicto."[17] Seu compromisso com sua nova fé se manifestava não apenas em declarações gravadas em pedra, mas também em apoio real e prático. Ele construiu monumentos budistas (*stupas*) e templos em suas terras. Enviou educadores para ensinar o budismo às pessoas de seu reino que não conseguiam ler seus éditos e missionários para os vizinhos, com o intuito de espalhar a fé. Parou de comer carne e elaborou uma longa lista dos tipos de animal que seus súditos podiam ou não comer. Ele substituiu a violência da tradicional caça real pelo pacifismo de um passeio real. Plantou mangueiras e cavou poços perto de estradas para aliviar os viajantes cansados. Ele fez uma peregrinação à Árvore de Bodhi. Talvez tenha realizado, até mesmo, o Terceiro Conselho Budista, no qual praticantes de outras religiões infiltrados no budismo, determinados a desacreditar a nova fé de seu imperador, foram eliminados, e as melhores partes do Cânone Pali, as fantásticas antigas escrituras budistas, foram entrelaçadas com os textos. Ashoka era um homem transformado.

O novo desejo que havia se tornado central na vida de Ashoka teve, é muito provável, um impacto além do seu império. Algumas das áreas supostamente visitadas pelos missionários, como o atual Sri Lanka, Tibete, Mianmar e Tailândia, são até hoje essencialmente budistas. Alguns historiadores, como Romila Thapar, professora emérita da Universidade Jawaharlal Nehru, defendem que a disseminação teria sido mais atribuível aos comerciantes, mercadores e guildas que apoiaram a disseminação do budismo nessas áreas, e não aos missionários de

Ashoka.[18] Mas, independentemente de seu impacto ter sido pequeno ou grande, muito provavelmente ele exerceu influência. Um momento de sofrimento em meio à batalha e uma mudança em sua compreensão do desejo foram os fatores que motivaram Ashoka a impulsionar o que, até então, era um sistema de crenças bastante secundário. As emoções, e não as ações, estão na base da ascensão e do desenvolvimento doutrinário de uma das maiores religiões do mundo.

Um caminho emocional para o cristianismo

Apesar das diferenças superficiais, existem muitas semelhanças entre as concepções das emoções da Grécia Antiga e da Índia Antiga. Ambas consideram cruciais o prazer e a dor. Ambas sustentam que o desejo pode ser perigoso, e acreditam que ele deve ser controlado. Ambas sugerem que os pensamentos e os sentimentos estão geralmente interligados, assim como as ações e as percepções de mundo. É óbvio que essas duas antigas visões das emoções são bastante diferentes do modo como as entendemos hoje em dia.

A compreensão budista das emoções moldou o mundo no Oriente, onde a compreensão do desejo que fundamenta o budismo percorreria toda a Ásia, espalhando-se pela China, até se tornar parte do alicerce emocional de uma nação unificada.

Em 2021, havia cerca de 535 milhões de budistas ao redor do mundo.[19] O sistema de crenças desses budistas está assentado na compreensão do Buda sobre as emoções e em seu desejo de se libertar de todos os desejos — exceto do desejo de não desejar, é lógico. Os sentimentos tiveram um enorme efeito sobre o Buda, e isso, em algum momento, ajudou a moldar grande parte da história asiática. Seus conceitos de controle emocional sustentam, ainda hoje, a maioria das ideologias da Ásia. Veremos nos próximos capítulos como eles ainda influenciam os pensamentos japonês e chinês, quase dois mil anos após suas formações.

O mesmo pode ser dito acerca de muitos tipos de hinduísmo, mas ainda mais intensamente. Em 2021, havia cerca de 1,2 bilhão de pessoas em todo o mundo lutando para permanecer fiéis aos seus *dharmas*, uma luta que é emocional. O hinduísmo, em todos os seus belos tons de complexidade, é uma religião de desejos. Assim como o budismo, ele está relacionado ao tipo certo de desejo. Não necessariamente o desejo de não desejar, que pertence ao budismo, mas o desejo de cumprir nosso *dharma* — ser o que e quem se deveria ser. E todo um subcontinente de pessoas vive, trabalha e vota tendo isso em mente. Mas esse tipo de controle emocional não é exclusivo das religiões do Oriente.

É muito provável que essas concepções indianas tenham nos levado à filosofia grega chamada estoicismo. São Paulo mesclou essa filosofia à compreensão que seu povo (os antigos hebreus) tinha sobre as emoções para criar uma linha de pensamento cristão que permanece dominante até hoje. Sendo assim, vamos seguir os passos de são Paulo enquanto ele adapta as ideias judaicas sobre os sentimentos às sensibilidades romanas, o que nos ajudará a dar o pontapé inicial para o surgimento de outra das grandes religiões do mundo.

Três

As paixões paulinas

Por volta de 58 d.C., um homem chamado Paulo entrou no Templo em Jerusalém. De acordo com um livro apócrifo intitulado *Atos de Paulo e Tecla*, ele era de baixa estatura, tinha as pernas trêmulas, as sobrancelhas grossas e pretas, uma espessa barba escura e um rosto oval com olhos penetrantes, quase transcendentes. Era um olhar que lhe conferia grande presença. Sua marcante aparência era acompanhada por uma franqueza feroz e uma autoconfiança quase inabalável.[1] Ele gostava de falar e as pessoas tendiam a escutar quando ele se pronunciava.

Todos que estavam no Templo naquele dia já tinham ouvido falar dele. Corria um boato de que vinha causando problemas — que não apenas estava convertendo os gentios à sua nova versão do judaísmo, como também afirmando que eles não precisavam seguir os costumes judaicos nem ser circuncidados. Para aquelas pessoas, isso significava que ele estava desobedecendo à lei mosaica e dera as costas ao judaísmo. Paulo queria lhes provar que nada poderia estar mais longe da verdade — por isso, raspou a cabeça e entrou no Templo para um ritual de purificação de sete dias. Ele queria mostrar aos judeus de Jerusalém que, no fundo, ele ainda era um deles.

O tiro saiu pela culatra de maneira espetacular. Perto do fim da semana, espalhou-se a notícia sobre quem era aquele recém-chegado. Quando a identidade do estranho que falava grego se alastrou pelo Templo, o ambiente se deixou dominar pela cólera. Alguém na multidão o empurrou com bastante força, clamando por socorro:

As paixões paulinas

Companheiros israelitas, valei-nos! Este é o homem que por todas as partes prega a todos contra nosso povo, nossa lei e nosso templo. Além do mais, ele também trouxe os gregos para o templo e profanou este lugar sagrado.[2]

Paulo foi arrancado de onde estava, levado para fora do prédio e arrastado pelas ruas da cidade. Ele não tinha dúvida de que estava se encaminhando para uma execução sumária. Para sua sorte, um centurião e sua guarda romperam o cerco da barulhenta multidão e o prenderam.

Hoje em dia, esse tipo de fúria coletiva quase nunca é deflagrado pelas ações de um desertor solitário. Mas as pessoas no Templo não viam Paulo apenas como um criador de problemas. Ele era o de pior que um homem poderia ser — um idólatra, um homem que estava profanando abertamente o templo de adoração e as tradições daquelas pessoas. A repulsa (ou algo parecido) e a necessidade de expurgar Paulo da face da Terra as consumiam — os antigos hebreus possuíam um regime emocional próprio e Paulo o estava violando. Ele teve a sorte de os romanos aparecerem naquele exato momento.

O ataque a Paulo é uma demonstração vívida do regime emocional dos fariseus, sob o qual Paulo vivia — um dos dois regimes emocionais que governavam sua vida (explicarei esse grupo um pouco mais detalhadamente em breve). O outro era o regime romano. Essa dupla identidade desempenhou um papel decisivo em sua importância para a história do cristianismo. A influência de Paulo no cristianismo é incalculável. Para começar, suas cartas no Novo Testamento — as Epístolas Paulinas — perdem apenas para os Evangelhos em número de citações pelos praticantes da fé cristã. Em um comentário mais pragmático, se Paulo não tivesse insistido que o cristianismo era uma religião para todos, e não apenas para o povo judeu, é improvável que alcançasse o imenso impacto global que alcançou.

Discute-se bastante como esse filho de um fabricante de tendas, que vivia no que hoje é o sudeste da Turquia, conseguiu se tornar tão importante. Mas um aspecto de sua história que costuma ser subestimado é o fato de ele ter mesclado, com o devido sucesso, a maneira como os hebreus entendiam seus sentimentos com a maneira como os gregos entendiam os deles. Faremos uma viagem pelos dois mundos emocionais de são Paulo, começando com o mundo em meio ao qual ele nasceu — o que tentou matá-lo em Jerusalém. Mas, primeiro, vamos conhecer Paulo um pouco melhor.

A vida de são Paulo

Paulo, ou Saulo, como era conhecido por seus companheiros judeus (e, tradicionalmente, nos textos até sua conversão), nasceu em algum momento entre 5 a.C. e 5 d.C., na cidade de Tarso, na região da Cilícia. Apesar de ser uma província de Roma, a Cilícia era um caldeirão de ideias e culturas: sua população era essencialmente uma mistura de judeus e gregos. Os gregos não conheciam Paulo como Saulo: ao contrário, eles o chamavam por seu nome romanizado, que teria sido Algo Algo Paulo (um pouco como Caio Júlio César). Não temos ideia do que seriam esses "Algo Algo" de Paulo. Mas o fato de ele ter um nome romano significa que sua família, provavelmente, era de *civis Romanus*, ou seja, cidadãos romanos. Isso dava a Paulo certos direitos, como a liberdade de viajar e a proteção contra multidões furiosas.

Embora morasse em uma parte do mundo onde se falava grego, Saulo foi criado como membro zeloso de um grupo de judeus chamado fariseus. Seus pais tentavam mantê-lo afastado de quaisquer ideias gregas e romanas ultramodernas que sua cidadania pudesse atrair. Eles o educaram em casa, ensinando-o sobre a crença dos fariseus na vinda do Messias e sobre o dia do julgamento. Quando ele ficou mais velho, os pais o enviaram a Jerusalém para estudar com um lendário professor chamado Gamaliel. Paulo era um aluno exemplar e rapidamente se

As paixões paulinas

tornou um advogado talentoso que parecia destinado a um assento no Grande Sinédrio, ou suprema corte judaica. Uma de suas primeiras atribuições foi testemunhar e, possivelmente, até mesmo participar, do julgamento e da execução de um homem chamado Estevão. Este era membro de uma nova seita dissidente de judeus que acreditavam que o Messias já havia chegado. Depois daquele encontro, Paulo ficou bastante obcecado por aquela nova turma, um grupo que hoje chamamos de cristãos. Gamaliel havia demonstrado alguma clemência para com eles, mas essa tolerância não havia afetado seu protegido, que se convencera de que os cristãos e o cristianismo deveriam ser eliminados.[3]

Quando Saulo estava com um pouco mais de 30 anos, ele dedicava quase todo o seu tempo a descobrir seitas cristãs ocultas na região de Jerusalém. Depois de eliminá-las, o trabalho dele consistiu em usar o considerável conhecimento jurídico que adquirira para persegui-las. Em um dia bom, isso significava expulsá-las da área. Em um dia ainda melhor (para ele, pelo menos), ele as julgaria por blasfêmia. Nos melhores dias, ele as executaria. É justo dizer que sua exposição às ideias cristãs não foi pequena — é quase certo que ele conhecia e entendia muito bem as doutrinas centrais, usando seu discernimento sobre o que considerava crenças malignas e heréticas para eliminá-las. E, então, tudo mudou.

Um dia, Saulo estava escoltando um grupo de cristãos capturados, de Jerusalém a Damasco, para entregá-los às autoridades. Mas antes de chegar à cidade, ele foi repentinamente cercado por uma luz radiante e ouviu uma voz perguntando: "Saulo, Saulo, por que você está me perseguindo?" Saulo, confuso, mas visivelmente ciente de que se tratava da voz de um ser com grande poder, respondeu: "Quem és, Senhor?" A voz lhe disse: "Eu sou Jesus, aquele que você persegue. (...) Mas levante-se, entre na cidade e lhe dirão o que você deve fazer." As pessoas que estavam viajando com Saulo ouviram a voz, mas não viram a luz. Nos dias seguintes, Saulo também não conseguia enxergar mais nada, tendo ficado cego pela força do que havia vislumbrado.

Dois dias depois, um cristão chamado Ananias foi até a casa em que Saulo estava hospedado. Saulo sabia que ele viria. Enquanto orava, ele teve uma premonição da visita e, por isso, deixou o homem entrar e colocar as mãos sobre seus olhos momento em que "algo semelhante a escamas caiu de seus olhos e ele recuperou a visão". Ele foi batizado e, a partir de então, passou a chamar a si mesmo de Paulo.[4]

Há algumas divergências sobre a história da conversão de Saulo nessa estrada. A maior parte dessa história é encontrada no livro dos Atos, uma obra de autenticidade e autoria desconhecidas. Pode se acreditar que a história é totalmente verdadeira, uma metáfora, uma alucinação, o resultado da queda de um raio ou consequência de um ataque epilético. O fato é que ela mudou Paulo e o cristianismo para sempre.[5]

Como fariseu, Saulo já estava convencido de que o Messias viria, anunciando o fim dos tempos, quando todos seriam ressuscitados dos mortos e julgados.[6] Contudo, no caminho para Damasco, seja por meio da meditação e da oração, seja por meio de uma experiência de quase morte ou da intervenção divina, ele percebeu algo: o homem sobre o qual aqueles cristãos insistiam em falar — Yeshua ben Yosef, mais conhecido hoje como Jesus — se encaixava em todos os sentidos na descrição do Messias. Era uma revelação que não apenas significava que Jesus era mesmo quem eles diziam ser, mas também que o fim dos tempos já havia começado. Saulo tinha um trabalho a fazer.

Dali em diante, Paulo se tornou tão zeloso em sua fé cristã quanto havia sido em seu judaísmo. Ele usou sua liberdade para viajar por grande parte do Império Romano, pregando o cristianismo e trazendo as pessoas para a religião. O problema era que ele pregava para todos e muitos judeus e cristãos não gostavam daquilo. Os judeus, não surpreendentemente, pensavam que o cristianismo era uma heresia, uma opinião compartilhada por Paulo antes de sua conversão. Mas seus companheiros cristãos também achavam que pregar aos gentios era uma heresia. Naqueles primeiros tempos, os cristãos se consideravam uma seita hebraica cujos ensinamentos deveriam permanecer exclusivamente judeus.

O cristianismo nunca foi uma crença única monolítica. Ele se dividiu em facções pouco depois de os relatos da ressurreição de Jesus começarem a circular. Mas uma coisa sobre a qual os cristãos estavam de acordo era que a única diferença real entre eles e os outros judeus é que os cristãos acreditavam que o Messias já havia chegado. Os demais judeus acreditavam que ele ainda estava a caminho. Se o Messias já tinha vindo, como Paulo acreditava fervorosamente, o fim dos tempos viria logo a seguir. Era preciso avisar as pessoas: elas precisavam ser salvas, e isso, para Paulo, significava todo mundo. Ele começou a espalhar a palavra tanto para os judeus quanto para os gentios, o que exigia acessar as emoções das pessoas. Era um negócio arriscado.

Aversões ímpias

Como afirmei acima, Paulo cresceu sob o jugo de dois regimes emocionais concorrentes. O primeiro deles provinha de sua herança judaica. O que torna esse regime interessante é que temos alguma ideia de como os judeus daquele período realmente *se sentiam*. Muito nos surpreenderia descobrir quão raro isso é. A maioria das fontes históricas que descrevem sentimentos falam apenas sobre o que as emoções *provocam*, ou sobre o que as pessoas pensam que elas *são*. Textos gregos e indianos antigos são um exemplo disso. Podemos supor que as emoções associadas ao *eros*, em última análise, fazem com que nos sintamos melhor do que as associadas à *boulesis*, ou que o desejo do *chanda* soa cruel. Mas isso, no fundo, não nos deixa mais próximos dos sentimentos internos de ninguém. Qual é a verdadeira sensação de algo "cruel"?

"Será que algum dia saberemos como alguém se sentia no passado?" é a eterna questão que paira sobre a cabeça de todo historiador das emoções. Geralmente, a resposta é não. Mas às vezes, e apenas às vezes, as pessoas do passado eram suficientemente previdentes a ponto de serem explícitas sobre o que sentiam. Os antigos hebreus eram um desses grupos de pessoas previdentes. Mas, além disso, eles escreveram sobre a natureza dos sentimentos e seus efeitos. Portanto, vamos começar por aí.

O idioma hebraico, como a maioria dos idiomas, não tem uma boa tradução para a palavra inglesa *emoção*. Isso ocorre principalmente porque, conforme mencionado na Introdução, a ideia de emoção é uma invenção inglesa moderna. Obviamente, emoções de vários tipos aparecem em grande número no Antigo Testamento hebraico, ou Torá. Existem muitas descrições da ira de Deus, da raiva, dos tormentos do inferno e da terrível tristeza. Também há uma grande dose de amor e compaixão. Mas as antigas emoções hebraicas eram complexas. Sentimentos hoje traduzidos por "amor", "compaixão" e "raiva" não eram compreendidos pelos povos antigos da mesma forma como os compreendemos hoje. Naquela época, as emoções não eram vistas como fenômenos psicológicos; elas se baseavam no comportamento de Deus — Javé — e nos rituais que o rodeavam. Para entender o que isso significa, devemos, primeiro, analisar a relação entre Deus e as emoções na Torá.

Quando os autores das escrituras judaicas descrevem Javé, eles não o retratam como um homem com uma longa barba grisalha nem como algo que encontraríamos no teto da Capela Sistina. A descrição mais completa é encontrada em Êxodo 34:6–7, no que é conhecido como os Treze Atributos da Misericórdia. Esses atributos são mais um estudo de personalidade do que uma descrição física. De acordo com essas passagens, Deus é profundamente emocional. Por um lado, ele está repleto de uma compaixão terna, paternal e afetuosa (*ra-hûm*), combinada com uma espécie de graciosidade afetuosa (*we.han.nun*). Ele é pleno de bondade e verdade (*we.'e.me he.sed t*). Parte dessa bondade é uma profunda confiabilidade ou lealdade — uma promessa de que ele terá nosso apoio e o de nossa família por milhares de gerações.

Javé também prometeu que sofreria nossos pecados por nós (*nos'ê awon*).[7] Ele é "lento para a ira" ('*ap.pa.yim 'e.rek*).[8] Por outro lado, isso não significa que ele não possa se irritar. Se alguém fracassar ao se arrepender de seus pecados, é bom tomar cuidado. Não será apenas ruim para a pessoa, mas será ruim também para seus filhos, os filhos de seus filhos e os filhos deles. O pecado impenitente forçou Javé a lembrar ao seu povo que

> Eu, o Senhor teu Deus, sou um Deus zeloso, mostrando as consequências da iniquidade dos pais sobre os filhos até a terceira e quarta gerações daqueles que me odeiam, mas guardando amor fiel até mil gerações daqueles que me amam e cumprem meus mandamentos.[9]

Em suma, Deus pode ser muito amoroso e compassivo, contanto que façamos o que nos é ordenado e nos desculpemos corretamente quando não o fizermos. Se pecarmos e não nos arrependermos, haverá problemas.

O que constitui um pecado é tudo aquilo que corre o risco de revoltar Deus. Os antigos hebreus acreditavam que Javé se ocupava do pecado não apenas porque ele lhe parecia intrinsecamente mau, mas também porque o fazia sentir vários tipos de repugnância. Na Bíblia da Vulgata latina, esse sentimento é traduzido por uma palavra: *abominação* (*abominatio*). Voltaremos a essa palavra quando falarmos sobre bruxas, mais adiante, neste livro. Às vezes, as Bíblias modernas usam a palavra *repulsa*, além de *abominação*. Infelizmente, nenhuma dessas palavras está correta. Para entender por quê, talvez valha a pena explorar o que a ciência moderna define como repulsa.

Uma ciência revoltante

Uma revelação total: meu principal campo de estudos é a repulsa. Fiz meu doutorado sobre isso; escrevo sobre isso; penso sobre isso. Em quase todo o universo da história das emoções, se alguém pensar em repulsa, pensará em mim. Ou, pelo menos, é o que me dizem.

Algumas pessoas argumentam que a repulsa é universal — uma emoção guardiã da moral, que todos nós compartilhamos. Valerie Curtis, colega especialista em repugnância, certamente vê as coisas dessa forma. Ela acredita que, em nosso processo evolutivo, passamos a sentir repugnância com o intuito de evitar os objetos, os animais e as pessoas que nos fazem mal. Ela chama isso de teoria da prevenção de parasitas, ou PAT (*parasite avoidance theory*, na sigla em inglês). De acordo com Curtis, a razão pela qual também consideramos repulsivos os atos imorais é que eles são uma espécie de contaminação. Acreditamos que as pessoas se comportam mal porque, de alguma forma, estão infectadas, e que essa infecção pode se alastrar.[10]

Mas não tenho certeza se Curtis tem razão; pelo menos, não inteiramente. E não estou sozinho nisso. O falecido e pioneiro neurocientista Jaak Panksepp não entendia a repulsa como uma emoção universal. Ele questionou: "Se considerarmos a repulsa sensorial um sistema emocional básico, então por que não incluir a fome, a sede e a fadiga?"[11] É uma boa pergunta, e difícil de responder. O que sabemos é que várias pessoas consideram várias coisas revoltantes — e essa é uma característica fundamental da repugnância.

Quase todas as culturas, por exemplo, ingerem algum tipo de alimento que outras culturas consideram nojento. Na Escócia, temos os *haggis*: bucho de ovelha recheado com cevada e outros ingredientes que é melhor nem comentar. Na Suécia, as pessoas apreciam o *surströmming*, um prato de arenque que é fermentado por pelo menos seis meses dentro de uma lata. A abertura da lata libera um dos cheiros mais potentes que alguém poderá experimentar na vida — acredite em mim. Na Sardenha, existe um queijo famoso chamado *casu marzu* que contém larvas vivas de mosca, como uma porção extra de proteína. Muitas culturas e alguns gurus da medicina alternativa da Nova Era prescrevem urina e fezes, tanto humanas quanto não humanas, como medicamento. Quando se trata de sentir aversão, nós, humanos, somos um povo estranho. Mas não é apenas aquilo que achamos revoltante que nos separa: as próprias palavras e conceitos que usamos também.

Não é preciso recuar na história para perceber que a repulsa não é tão universal quanto se possa pensar. Em inglês, a palavra *repulsa* se refere ao tipo de repugnância que encontraremos na maioria dos artigos de psicologia, e isso se deve, principalmente, ao domínio dos periódicos de psicologia em língua inglesa. Essa forma de repugnância está relacionada, principalmente, a não olhar, tocar, cheirar ou saborear algo, já que aquilo nos provoca náuseas. Deparar-se com uma coisa dessas também desencadearia uma expressão facial específica, conhecida na psicologia como rosto boquiaberto. É fácil imaginar como ela é: o nariz enrugado, as sobrancelhas franzidas, os lábios curvados para baixo.

A palavra alemã para repugnância, *ekel,* não invoca necessariamente a náusea. De modo geral, seu significado é "afastar-se ou evitar algo desagradável", e houve um tempo em que a *ekel* poderia ser desencadeada por cócegas. Mais uma vez, a palavra francesa *dégoût* é ligeiramente diferente. É aquela sensação que se tem quando se consome demais uma coisa boa: uma fatia de bolo a mais, usar muito perfume, extrapolar com os enfeites. As diferenças continuam de idioma para idioma e de cultura para cultura. Parece-me que temos, sim, algum tipo de sentimento protetor de repugnância que nos impede de comer, cheirar ou, até mesmo, tocar em uma maçã podre. Entretanto, como certamente já deve ter ficado claro, as emoções envolvem muito mais do que um estímulo seguido por uma resposta.

A repugnância de Deus

Os antigos hebreus tinham várias palavras que se aplicavam aos muitos tipos de repulsa que Javé experimentava. *Shaqats,* ou *sheqets,* era o que mais se aproximava do *eca* da repulsa contemporânea. Era o que Javé sentia quando alguém comia ou simplesmente tocava em certos

animais tidos como impuros, entre eles mariscos e porcos.[12] Outro tipo
de repulsa eram os sentimentos de *toebah* e *taab*, análogos ao ódio e
à repugnância. Eles eram causados por pessoas e objetos ritualmente
impuros ou imorais, e estavam mais relacionados a uma antipatia ativa
do que a uma repugnância física.[13] As piores de todas eram as ondas de
ira e repulsa profundas, chamadas *shiqquts* e *gaal*, esta última menos
comum. Hoje em dia, o mais próximo que conseguimos chegar dos
shiqquts talvez seja o tipo de sentimento que direcionamos àqueles
que cometeram crimes moralmente repugnantes, como a pedofilia:
uma mistura de repulsa e cólera. Diz-se que Javé sente *gaal* quando se
depara com uma flagrante idolatria. A idolatria era um dos maiores
pecados que existiam. Não se tratava apenas de adorar uma imagem
esculpida ou outro deus, mas também de fazê-lo dentro do Templo,
no espaço sagrado de Deus. Aqueles considerados culpados de idolatria
estavam aquém do arrependimento; eles tinham de ser executados,
expurgados da Terra.

Fazer qualquer coisa que levasse Javé a sentir tais aversões era cometer um pecado e arriscar quatro gerações de punição. Os Dez Man-
damentos são parte de uma longa lista de coisas que desencadeavam
a repugnância de Deus. Essa lista abrange os primeiros cinco livros
da Bíblia — o Pentateuco. As ofensas variam de usar pesos e medidas
desiguais, comer mariscos, usar dois tipos diferentes de material ao
mesmo tempo, cobiçar os bens alheios até roubar e matar. Em sua
maior parte, os antigos textos hebraicos apenas descrevem o que Javé
sentia a respeito das coisas. Mas, conforme mencionei acima, ocasionalmente eles também descrevem como os próprios hebreus se sentiam.

Para os hebreus, as emoções eram viscerais. O coração era a sede
da vontade, do intelecto e de certos sentimentos como a bondade. Os
rins, *kilyot*, eram os canais responsáveis pelas emoções mais profundas
da alma. É onde experimentamos o pressentimento de que algo simplesmente não está indo bem. O fígado, *ka'veid*, era a sede da glória e
da honra. O nariz, *aph*, herdou esse nome de *anaph* — que significa

"respirar pesadamente" ou "bufar de raiva" (a frase que traduzi acima como significando "lento para a ira" — *'ap.pa.yim 'e.rek* — significa, literalmente, "narinas compridas". Não é um insulto, mas uma observação de que é preciso bastante tempo até que as narinas de Deus comecem a esquentar). O útero (*rechem*) estava ligado à profunda compaixão, como a de uma mãe, e não muito diferente do *ra-hûm* de Javé. Um antigo judeu "sentia" plenamente as emoções, com todas as forças. Mas esses sentimentos internos faziam parte de uma compreensão mais ampla do corpo, intimamente ligada às regras da sociedade. Os sofrimentos físico, emocional e social eram considerados idênticos.

Os antigos sentimentos hebreus acompanhavam as práticas rituais. O amor e a cordialidade eram gerados pelo cumprimento da lei dada por Javé — ser um membro útil da sociedade deixava a pessoa feliz. Desejava-se ativamente não cometer nenhum pecado, pois pecar era desrespeitar as leis de Deus. Os sentimentos que tais transgressões causavam seriam semelhantes, provavelmente, aos tipos de repugnância que as pessoas atribuíam a Javé. Se os seres humanos haviam sido feitos à imagem de Deus, ou se Deus havia sido feito à imagem dos seres humanos, as descrições dadas no Pentateuco seriam um reflexo das emoções sentidas pelos antigos hebreus. Esses sentimentos poderiam ser controlados por meio de rituais de purificação padronizados. Uma excelente maneira de amenizar tal repugnância (em Javé, nos pecadores e nas testemunhas do pecado) era produzir aromas agradáveis queimando carne e grãos no Templo. Na maioria das vezes, pedir perdão na forma de um sacrifício de sangue animal já seria o suficiente.[14] Quanto maior o sacrifício de sangue, mais poderoso e duradouro o perdão e maior o número de pessoas que aceitariam o sacrifício como sendo feito em seu nome.

A ira no Templo

Para Paulo e os primeiros cristãos, o sacrifício do Templo havia sido substituído pelo sacrifício de sangue do Messias. Jesus, o Messias —

alguns diziam que ele era o próprio filho de Deus —, oferecera seu sangue para reduzir a aversão de Javé aos nossos pecados, e assim conceder o perdão a todos nós. Considerando que o sangue de um animal poderia aplacar a ira de Deus por um curto período de tempo, a execução de seu filho o pacificava para toda a eternidade, isto é, se acreditarmos que a oferta tenha sido feita por nossa causa. Para os primeiros cristãos, o sacrifício de Jesus era o equivalente a uma bomba atômica ritual, uma expiação tão poderosa que seria capaz de perdoar todas as pessoas. Para Paulo, isso queria dizer *todas as pessoas*, incluídos judeus e gentios.

Foi essa pregação indiscriminada, assim como o conteúdo que vinha sendo pregado, que colocou Paulo em apuros durante a visita feita por ele ao Templo. Para os judeus, a ideia de que o sacrifício de um homem seria suficiente para conceder o perdão a quem o quisesse era uma blasfêmia. Isso significava que as pessoas não poderiam pecar, que tudo seria perdoado e que a lei nada significava. É por isso que as pessoas no Templo de Jerusalém, consumidas pela repugnância dos *shiqquts* em relação ao idólatra que estava em seu meio, queriam ver Paulo morto.

Apesar de suas alegações de pureza, os hebreus acreditavam que o fígado de Paulo estava vazio — ele não tinha honra. Aos olhos dos outros frequentadores do Templo, Paulo era uma ameaça. Ele era uma mácula, um agente contaminante, um indesejável. Ele vinha propagando ativamente crenças que a maioria do povo judeu não poderia aceitar, e ainda assim lá estava ele, no Templo de Jerusalém, tentando se passar por um deles. Era idolatria. Aquilo não daria certo. Javé precisaria mais do que o aroma de um simples churrasco para permitir que a profanação de seu templo permanecesse impune. A presença de Paulo no lugar mais sagrado do mundo judaico, sem dúvida, fazia os rins dos demais membros se contorcerem de malignidade e suas narinas bufarem de raiva. Ele estava causando um imenso *gaal* nas pessoas ao redor e, portanto, presumiam elas, em Javé. A reação apropriada era remover o perigoso idólatra do Templo e, se possível, da face da Terra.

Apesar do tumulto causado em Jerusalém, Paulo era quase tão bom em converter judeus quanto em irritá-los. Ele entendia suas emoções e era capaz de se conectar com eles usando uma linguagem e uma imagética que eles compreendiam. Certa vez, por exemplo, fez um discurso na sinagoga de Antioquia da Pisídia — uma cidade que ficava no que hoje é o oeste da Turquia —, com o qual converteu corações e mentes judaicas, ou melhor, seus fígados e rins. Ele mencionou a longa história que os judeus tinham com Javé: "O Senhor zelou por eles com paciência, no deserto, por cerca de quarenta anos."[15] Conquistou os honrados fígados de sua plateia quando comparou Jesus a outros grandes homens da história judaica: "Ele deu-lhes Davi como rei, sobre quem testemunhou." Paulo apresentou Jesus como estando livre da morte, incapaz de produzir a sensação de repulsa dos *shiqquts*, porque ele "nunca voltará a se decompor". E apresentou Jesus como uma figura de misericórdia (*hesed*) e de perdão (*nos'ê*): "Quero que vocês saibam, prezados irmãos e irmãs, que é por causa do Jesus ressuscitado que o perdão dos pecados pode ser prometido a vocês." Ao fim de seu discurso, o livro de Atos afirma que "muitos dos judeus e devotos convertidos ao judaísmo vieram reunir-se com Paulo e [seu amigo] Barnabé, (...) que os exortaram a permanecer firmes na graça de Deus".

Que sua pregação para seus companheiros judeus funcionava na maior parte do tempo era bastante evidente, mas Paulo não queria converter apenas os judeus. Assim como os demais judeus, ele continuava acreditando que todos os gentios eram idólatras por definição. Ele também estava seguro de que o sacrifício de sangue feito por Yeshua ben Yosef havia sido tão grande que até mesmo aqueles gentios poderiam ser preparados para o iminente julgamento — mas apenas se pudessem ser convencidos de que o sacrifício de sangue de Yeshua também havia sido feito em seu nome. Na opinião de Paulo, a melhor resposta à idolatria não era a pena de morte: era a oferta de uma nova vida. Mas os tradicionais argumentos judaicos não foram suficientes para convencer a maioria dos gentios; eles não compreendiam a paisagem emocional sobre a qual tais perspectivas haviam sido construídas. Paulo precisou adotar outra abordagem.

Paulo, o estoico

Essa história começa sete anos antes da experiência de quase morte de Paulo, com uma gargalhada, seguida de um balbucio e de um rugido. E continua com o som de risos ecoando na colina de Ares, perto da Acrópole, em Atenas. Os gritos e grasnados, provavelmente, chegaram ao Partenon, ricocheteando nos belos mármores branco e rosa antes de descerem a colina em direção ao mercado, situado logo abaixo. Mas aquele não era o tipo de risada amigável que se ouve quando alguém conta uma piada. Era uma histeria do tipo mais desagradável: a alegria da zombaria, a hilaridade do escárnio.

No topo da colina de Ares ficava a antiga sede da democracia ateniense, o Conselho do Areópago, e Paulo estava no centro daquele tribunal, em pé. Antes de as risadas eclodirem, ele vinha sendo suficientemente respeitado, a ponto de os membros da antiga corte ateniense pararem para ouvir o que ele tinha a dizer. No entanto, como já acontecera tantas vezes fora da Terra Santa, eles acharam ridículo o que Paulo havia dito. Ele acabara de dizer a uma sala repleta de intelectuais gregos que um homem havia ressuscitado dos mortos. Não em um sentido espiritual ou metafórico. Ele alegava que aquele homem havia, literalmente, se levantado e caminhado como se nunca tivesse morrido. Os gregos acharam aquilo hilariante, e foi aí que suas risadas ecoaram pela corte, pelo Partenon e pelo mercado abaixo. Paulo achou que compreendia seu público. Mas ele estava fundamentalmente enganado.

Embora Paulo tivesse sido criado por pais que tentaram protegê-lo da cultura grega, ele parecia saber muito sobre ela. Na verdade, ele era um especialista naquele assunto. Isso não é nenhuma surpresa. Na condição de jovem judeu vivendo em uma província de língua grega, todo debate que ele já travara com um não judeu teria sido, necessariamente, com um seguidor do pensamento grego. Na vida adulta, conseguia recitar Platão e Aristóteles e era extremamente versado na filosofia grega mais popular da época, o estoicismo. É por isso que Paulo estava confiante de que seria capaz de converter até mesmo as pessoas pertencentes à elite intelectual do Império Romano. E foi dessa maneira que acabou diante do tribunal do Areópago na colina de Ares, em Atenas.

Paulo havia sido convidado a comparecer ao tribunal porque vinha pregando no mercado, ou àgora. Bem, não era exatamente uma pregação — aquele método de cima para baixo não estava funcionando. Em vez disso, ele decidira seguir o modelo de Sócrates, ficando de pé na quina da àgora e fazendo perguntas aos transeuntes, investigando lentamente suas crenças até convencê-los da ressurreição de Jesus. O debate promovido por Paulo se tornara popular entre dois grupos filosóficos que ele conhecia bem — os estoicos e os epicuristas. Os estoicos, cujo sistema de crenças era, de longe, o dominante no Império Romano naquela época, queriam saber mais. Educadamente, convidaram Paulo para defender seu ponto de vista no tribunal. Uma vez no recinto, ele se valeu de seu grande intelecto e de um profundo conhecimento da filosofia grega. Ele sabia que não conseguiria convencer uma sala abarrotada de acadêmicos zombeteiros de que sua mensagem era verdadeira, mas o fato é que Paulo não estava mirando exatamente neles. A Bíblia está repleta de relatos de Paulo e de outros apóstolos pregando para grandes plateias, sabendo que, talvez, só conseguissem alcançar apenas alguns ouvintes periféricos. Provavelmente, Paulo estava direcionando seu discurso para os outros espectadores — os buscadores, os interrogadores, aqueles para quem o estoicismo não parecia suficiente.

Para alcançá-los, ele sabia que precisava compreender o coração, assim como assim como a mente, de cada um. Ele sabia que precisava correr o risco de provocar risadas.

Antes de prosseguirmos e descobrirmos o que Paulo disse para causar tamanha hilaridade, vamos fazer um breve desvio para entender o que era o estoicismo, e de onde, provavelmente, ele surgiu.

Quando a maioria das pessoas pensa nos estoicos, é comum imaginar alguém um pouco como o Dr. Spock, de *Star Trek*, ou *Jornada nas estrelas*: calmo, completamente sem emoção, baseando todas as suas decisões na lógica fria. Mas os estoicos não eram nada disso. Bem, não inteiramente. Ao contrário de Spock e dos vulcanos, os estoicos estavam autorizados a experimentar as emoções, e, até mesmo, a usá-las na tomada de decisões. Mas essas emoções tinham de ser do tipo correto. O estoicismo era mais do que apenas uma filosofia; era um estilo de vida. Para ser um estoico, era preciso dedicação e foco — isso era tão importante para a vida de uma pessoa quanto a religião. Na base disso tudo estava a visão do regime emocional de Platão e a ideia de que, para uma pessoa ser virtuosa, ela precisava manter os sentimentos sob controle. Mas os estoicos deram um passo além e tentaram descobrir como controlar os sentimentos para viver uma vida melhor e mais feliz.

Para viver uma vida mais feliz, era necessário entender que todas as criaturas vivas são atraídas por aquilo que as beneficia e repelidas por aquilo que lhes causa dano. Mas isso é um pouco como a face *eros* do bem: às vezes, uma coisa ruim pode levar a um bem maior — como a amputação de um membro doente que, de outra forma, poderia nos matar. Contudo, para um estoico, as únicas coisas realmente benéficas são as virtuosas, independentemente de quanto sejam agradáveis ou não. Todo o resto são "coisas indiferentes" (*adiaphora*). Ficar obcecado por quanto dinheiro se tem, quão saudável se é, ou qual deus deveria ser adorado não levará à virtude. Isso não significa que deveríamos ignorar tudo que não seja importante; significa, apenas, que não deveríamos dificultar as coisas mais do que o necessário. Deveríamos viver a vida que temos, fazer o que é esperado e não nos preocupar com detalhes irrelevantes. Por exemplo, se constatarmos que o destino fez de nós um poderoso governante, há elementos de nosso papel que são apenas coisas indiferentes. Talvez isso inclua proteger nossas fronteiras, expandir nosso poder, ordenar execuções, e assim por diante.

Se o foco em cumprir o próprio dever, independentemente de como a pessoa se sente, parece um pouco com o *dharma*, então o que você está prestes a ler lhe causará um *déjà-vu* ainda maior. Os estoicos acreditavam que, para que uma pessoa se tornasse genuinamente virtuosa, seria preciso controlar os próprios desejos e assentir (*sunkatathesis*) apenas com aqueles que fossem genuinamente benéficos para ela ou para a sociedade. Com o propósito de alcançar esse assentimento, os adeptos precisavam seguir um complexo sistema de lógica matemática, mas me recuso a aborrecê-lo com tal explicação aqui.[16] Basta dizer que as coisas não podem ser feitas por capricho, porque isso levará às *pathē* — aqueles distúrbios que vimos, pela última vez, no Capítulo 1, que, por sua vez, levarão à tristeza e ao sofrimento. Se assentirmos apenas com o que é verdadeiramente benéfico, então experimentaremos o tipo correto de emoções — *eupatheia*.

Os estoicos identificavam quatro emoções principais:

1. As coisas boas que acontecerão no futuro podem produzir a *pathē* do desejo ou a *eupatheia* da vontade. O desejo é terrível, pois nunca consegue ser satisfeito. Um pouco como a noção budista de apego, desejar produz um anseio hedônico focado nos ganhos materiais. As vontades também são um tipo de desejo hedônico, mas nem sempre elas se realizam, e todos estão cientes disso. As vontades não realizadas são menos potentes do que os desejos não realizados.

2. As coisas boas que acontecem agora podem criar tanto a *pathē* do prazer quanto a *eupatheia* da alegria ou bem-aventurança. O

prazer gerado pela satisfação dos desejos hedônicos, mais uma vez, leva, por um lado, à insatisfação e, portanto, à tristeza. A alegria ou a bem-aventurança, por outro lado, são subprodutos da vontade de ser um bom estoico — os resultados de um desejo motivacional.

3. As coisas ruins que podem acontecer no futuro desencadeiam a *pathē* do medo ou a *eupatheia* da cautela. A cautela é a consequência de se pensar logicamente sobre o perigo e decidir o que fazer. O medo surge de um desejo hedônico de se afastar de algo, ou de lutar contra algo, sem pensar primeiro. Está longe de ser racional e pode causar mais danos do que benefícios.

4. As coisas ruins que acontecem agora podem causar a *pathē* da tristeza e do sofrimento. Não existe um tipo de *eupatheia* para as coisas ruins que acontecem agora, porque se a pessoa estiver controlando seus pensamentos e sentimentos de forma adequada, nunca sentirá tristeza.

O trabalho de toda a vida de um estoico era se concentrar em priorizar o pensamento em lugar do sentimento, até que se tornasse natural parar e refletir sobre uma situação antes de agir. Alguns estoicos — como o imperador romano Marco Aurélio — tornaram-se tão bons em pensar antes de sentir que até mesmo o sexo se transformou em objeto de ponderação, em vez de volúpia. O imperador descreveu o sexo como "nada mais do que um atrito de uma membrana seguido de uma excreção de muco".[17] Após atingir os níveis de mestria de Marco Aurélio, a pessoa poderia ir além das *pathē* e se libertar da tristeza, do medo e dos meros prazeres. O objetivo final do estoicismo era um estado de calmaria ou êxtase interior, a *ataraxia*.

Sei o que você está pensando: a *ataraxia* parece um pouco com o *nirvana*. Bem, você não será, nem de longe, o primeiro a perceber isso. Muitos historiadores sugeriram que é um pouco mais do que coincidência. Os paralelos estão aí para todos verem e, embora seja inteiramente possível que os gregos tenham influenciado o budismo ou que ambos tenham colhido suas ideias na Pérsia ou na China, é mais provável que os gregos tenham pegado emprestado esse conceito específico dos budistas.[18] Houve um momento na história antiga em que as culturas grega e indiana se tocaram. Não se esqueça de que quando encontramos Alexandre pela última vez, ele estava na Índia, pensando em voltar para casa.[19]

Uma das pessoas que acompanharam Alexandre à Índia foi Pirro de Élis. Supostamente, lá ele conheceu alguns "sábios nus" (*gymnosophistai*).[20] Não podemos afirmar com certeza se esses sábios eram hindus ou budistas, ou talvez algo totalmente diferente. Apesar disso, depois de conversar com eles, Pirro voltou para a Grécia com a noção de que um estado de calmaria interior era a meta da vida ideal. Ele construiu todo um sistema de filosofia em torno disso e sugeriu que, se a pessoa acreditasse apenas naquilo que ela experienciava e rejeitasse todo o resto, poderia parar de se preocupar com as pequenas coisas e relaxar. Isso era o pirronismo ou ceticismo pirrônico. O estoicismo, embora um pouco diferente, era uma peça do mesmo molde: uma busca pelo *nirvana* — desculpe, quero dizer, pela *ataraxia*.

Embora o estoicismo, o pirronismo e outros estilos de vida filosóficos focados na calma, surgidos por volta do século III a.C., possam muito bem ser ramificações do budismo com pitadas do mundo grego, devo enfatizar que ninguém realmente pode afirmar isso ao certo. A fonte primária que temos para o encontro de Pirro com os sábios nus indianos vem de *Vidas e doutrinas dos filósofos ilustres*, de Diógenes Laércio. Esse trabalho foi escrito cerca de seiscentos anos após o acontecimento. Tudo o que de fato sabemos é que Pirro, de repente, se tornou uma espécie de budista em sua forma de pensar, assim como fizeram outras escolas de filosofia grega, incluída a dos estoicos. Independentemente de quem influenciou quem, são Paulo entendeu a perspectiva estoica das emoções, e isso nos leva de volta ao discurso feito por ele no Areópago, que causou tantas gargalhadas. E o que Paulo disse de tão engraçado?

A piada paulina

Não se tratava exatamente de um número de comédia stand-up. Paulo começou fazendo o que, para ele, era um elogio ao público: "Povo de Atenas! Percebo que vocês são extremamente religiosos em todos os aspectos."[21] Então, ele lhes contou sobre um altar a um deus desconhecido que avistara a caminho do tribunal, usando-o para sugerir, em uma linguagem compreensível, que eles realmente não conheciam Deus em sua totalidade: "O Deus que fez o mundo e tudo o que nele há — ele é o Senhor do céu e da terra — não habita em santuários feitos por mãos humanas."[22] A ideia de que Deus não se preocupava com coisas irrelevantes como estátuas e altares foi seu primeiro apelo aos estoicos presentes na sala.

Até aí, tudo bem. Ele continuou: "Nem é servido pelas mãos dos homens, como se precisasse de alguma coisa, visto que ele mesmo dá a todos vida e fôlego e todas as coisas."[23] Novamente, isso exerceria um apelo sobre um estoico. Se existe um ser onisciente e onipotente, por que ele precisaria que os seres humanos fizessem as coisas por ele? Seria um desperdício de energia no que, para Deus, não passaria de uma coisa indiferente.

Paulo foi além: "De um homem, ele concebeu todas as nacionalidades para habitar sobre toda a superfície da Terra, tendo determinado seus tempos designados e os limites de suas habitações."[24] Aqui, Paulo ainda não está se afastando muito das crenças greco-romanas. Eles, assim como os antigos hebreus, acreditavam que toda a humanidade fora criada por um único deus — no caso dos gregos, Prometeu — a partir do barro, e, depois, espalhada por todo o planeta.

Paulo mergulhou mais profundamente, e de forma mais óbvia, no pensamento grego: "Ele fez isso para que procurassem Deus, e talvez pudessem alcançá-lo e encontrá-lo, embora ele não esteja longe de cada um de nós."[25] Esse versículo era uma preparação, a qual permitiu que Paulo introduzisse na conversa uma pitada de filosofia clássica grega:

"Pois nele vivemos, nos movemos e existimos, como alguns de seus próprios poetas disseram, *'pois também somos filhos dele* (grifo meu)'."[26] A primeira parte dessa frase era uma citação de um poema de um filósofo ainda mais antigo que Sócrates, Epimênides. A segunda era do filósofo estoico Arato. Paulo estava entrando no mundo dos gregos, conversando com eles nos próprios termos.

Veio, então, o comentário surpreendente: "Portanto, visto que somos descendentes de Deus, não devemos pensar que a natureza divina é semelhante ao ouro, ou prata ou pedra, uma imagem esculpida pela arte e invenção do homem."[27] Os estoicos, certamente, concordariam com isso. A pedra era apenas pedra; o ouro, apenas ouro. Impermanente, irrelevante. Não era algo que se devesse desejar se o objetivo era a paz interior. Podemos imaginar os estoicos presentes inclinando-se para a frente, ansiosos para ouvir o que aquele homem tinha a dizer.

Então, Paulo cometeu um erro. Em uma sala repleta de estoicos gregos, ele se desviou demais em direção ao próprio sistema de crenças. "Portanto", disse ele, "tendo negligenciado os tempos de ignorância, Deus agora ordena que todas as pessoas, em todos os lugares, se arrependam, porque ele designou um dia em que julgará o mundo com justiça por aquele homem a quem ele ordenou".[28] Isso era oriundo da mentalidade judaica. Tratava-se de pedir perdão por causar repugnância a Deus. Talvez Paulo tenha pensado que se tratava de uma boa transição: dizer aos estoicos que a única coisa que não é indiferente é a vontade de Deus. Ele parecia estar sugerindo que, para ser verdadeiramente virtuoso e evitar as *pathē* e a tristeza, era preciso ter fé.

Paulo achava que tinha uma prova: "Ele deu prova disso a todos os homens, na medida que o ressuscitou dentre os mortos."[29]

Com isso, ele estragou tudo. A afirmação do homem morto caminhando custou-lhe toda a credibilidade aos olhos de seu público. Na época, assim como hoje, as pessoas simplesmente não tinham o poder de se livrar da própria execução e continuar cuidando da vida. Cercado por gargalhadas estrondosas, Paulo não teve escolha a não ser ir embora. Mas nem tudo estava perdido. Nem todo mundo riu. Alguns quiseram saber mais.[30] As palavras de Paulo, visivelmente, haviam se conectado com pelo menos alguns corações e algumas mentes. Um homem se mostrou particularmente interessado. Um neoplatonista — isto é, alguém que aderira a uma versão atualizada das crenças de Platão — chamado Dionísio não parou de fazer perguntas a Paulo colina abaixo. Ele se tornou um cristão comprometido. Outra convertida foi uma mulher chamada Damaris. O número pode ter sido ainda maior; nós não sabemos. Sabemos, sim, que Paulo usou o pensamento grego — particularmente a visão grega das emoções — para defender sua posição. Ele havia afirmado que o caminho para a *eupatheia* era ter fé em Cristo. Quem não estava rindo da história do homem morto caminhando talvez já estivesse fascinado por aquela nova forma de bem-aventurança.

Os sentimentos de Paulo, o cristão

A compreensão das emoções de são Paulo teve um efeito incalculável no mundo todo. Muito do cristianismo moderno deve sua origem à fusão de duas ideias sobre os sentimentos lançadas por Paulo. De um lado, existe a antiga concepção hebraica de que deveríamos evitar pecar para não causar aversão a Deus. Se pecarmos, desde que tenhamos fé, nossa transgressão pode ser perdoada desde que aceite um sacrifício de sangue a Javé. Hoje em dia, esse sacrifício é entendido, sobretudo, como o sofrimento e a crucificação de Cristo por nossos pecados. O elemento de sacrifício de sangue está praticamente esquecido. Por sua vez, Paulo se valeu da noção estoica de que a felicidade só pode ser obtida quando se foca no que é genuinamente virtuoso — neste caso, querendo, ou até desejando, que nossos pecados sejam perdoados.

É por isso, em essência, que existem atualmente cerca de 2,4 bilhões de cristãos em todo o mundo, fazendo dela a maior religião do mundo — porque são Paulo conseguiu mesclar o que ele sentia por Jesus na qualidade de hebreu com o que ele sentia por Jesus na qualidade de estoico.[31] Isso permitiu que mais pessoas que falavam grego acreditassem nele. Permitiu que a palavra se espalhasse e, por fim, permitiu que os imperadores aderissem à cruz.

Mas há outro homem que teve quase tanto impacto na cosmovisão cristã quanto Paulo. Ele conseguiu isso com suas ideias inovadoras sobre uma emoção em particular: o amor. Para explicar, vou usar um fato histórico que não parece ter muito a ver com o amor: os episódios cruéis e violentos conhecidos como Cruzadas.

Quatro

Amor do cruzado

Em 1095, na cidade de Clermont, na França, o papa se preparava para proferir um sermão perante o Concílio de Clermont — um encontro convocado a pedido dele, o qual reuniu lordes, padres e cavalheiros. O discurso que ele planejara para aquele evento seria o mais importante de todos os já realizados durante a Idade Média. Eu disse *o* papa, mas Urbano II foi apenas *um* papa. Seu antigo mentor, o papa Gregório VII, havia irritado muitas pessoas influentes ao sugerir que apenas a Igreja, e não a realeza, deveria ter o poder de nomear padres e bispos. O sacro imperador romano Henrique IV discordou e foi excomungado. Isso deu início a quase cinquenta anos de violência, no que ficou conhecido como Questão das Investiduras. Desde o começo, Henrique IV decidira realizar algumas excomunhões por conta própria. Ele procedeu à deposição de Gregório e sagrou um homem de sua confiança — Guiberto de Ravenna — como papa Clemente III.

Como protegido de Gregório VII, Urbano sempre estivera a seu lado. Mas o cisma o incomodou. E ele não foi o único a se sentir incomodado. Em 1054, uma série de diferenças de opinião havia dividido a Igreja Cristã em duas. Algumas das discussões eram aparentemente banais, como as que diziam respeito ao tipo de pão que deveria ser servido na Eucaristia. Outras eram embates teológicos significativos que remontavam há séculos, como a dúvida se o Espírito Santo procederia do Pai e do Filho ou apenas do Pai. Em outras palavras: Jesus era realmente Deus ou apenas o filho de Deus? No fim, as Igrejas Católica e Ortodoxa seguiram caminhos distintos. Urbano acreditava que ele poderia ser o homem a unificá-las novamente.

Para sorte de Urbano, ele tinha acabado de receber uma carta que lhe permitiria matar três coelhos com uma cajadada só. Primeiro, ele poderia atrair os bispos que apoiavam seu rival, Clemente, de volta para o seu lado. Em segundo lugar, ele poderia dar aos nobres da Europa algo para fazer além de interferir nas reformas que ele herdara de Gregório. Terceiro, talvez ele conseguisse curar as feridas que separavam as religiões católica e ortodoxa.

O imperador Aleixo I Comneno, governante da parte do mundo dominada pela Igreja Ortodoxa — Bizâncio —, havia escrito a Urbano pedindo ajuda. Desde que os turcos seljúcidas haviam assumido o controle de Jerusalém, em 1071, os peregrinos cristãos não estavam tendo mais acesso aos locais sagrados. Pior ainda, aqueles que tentavam entrar eram recebidos com intimidação e violência. Além disso, lentamente, os seljúcidas estavam invadindo o território bizantino.

Urbano enxergou o sermão que havia sido convidado a fazer no concílio como uma oportunidade de unir a Cristandade contra um inimigo em comum. Ele teria de recorrer a poderosas expressões de persuasão emocional: enviar uma mensagem para despertar a plebe, convocar as pessoas às armas e marchar sobre a Terra Santa. E funcionou. O papa Urbano II conseguiu dar início à Primeira Cruzada.

Há muitos momentos na história que nós, historiadores, consideramos intrigantes. Como funcionava o idioma etrusco? Quem saía por aí incendiando cidades mediterrâneas em 1200 a.C.? Mas uma das ocorrências mais insólitas da história foram as Cruzadas. Nos corredores da história, o significado preciso do termo *Cruzada* é contestado, mas o estou interpretando como a maioria das pessoas o interpreta: robustos cavaleiros montados, vestidos com armaduras, cavalgando para a Terra Santa a fim de derrubar — ou melhor, oprimir e massacrar — as forças do Islã.

Uma maneira de pensar as Cruzadas, e uma maneira pela qual muitos dos próprios cruzados se viam, é como se elas fossem uma série de violentas peregrinações: viagens às terras que ocupavam um lugar de destaque na fé daqueles guerreiros, para a glória de Deus. Foram sete Cruzadas distintas distribuídas ao longo de 176 anos, começando em 1096. Houve alguns sucessos memoráveis — do ponto de vista dos Cruzados, pelo menos. Mas também houve alguns fracassos deploráveis, entre eles a Quinta Cruzada (1217-1221) e a Sétima Cruzada (1248-1254). Às vezes, as Cruzadas terminavam em uma trégua, como aconteceu quando o rei Ricardo I fez um acordo com Saladino, o primeiro sultão do Egito e da Síria, na Terceira Cruzada (1189-1192), e quando uma série de disputas políticas foi resolvida por meio de negociações, na Sexta Cruzada (1228-1229). A Quarta Cruzada (1202-1204), também conhecida como Profana, incluiu exércitos inteiros de cruzados sendo excomungados depois de se rebelarem, roubarem barcos venezianos e invadirem Constantinopla em vez da Terra Santa. É importante ressaltar que a excomunhão foi suspensa quando a invasão a Constantinopla se mostrou bem-sucedida. As Cruzadas foram variadas e estranhas, e as razões pelas quais tantas delas ocorreram despertam perplexidade até hoje. Mas um aspecto que considero um pouco menos desconcertante é compreender, antes de mais nada, por que elas foram instigadas. O real motivo foi o amor. Isso mesmo, *amor*.

O que é o amor?

A neurociência moderna gosta de dividir o amor em seus componentes químicos e em estágios. Primeiro, há a *lascívia*, desencadeada pelos hormônios armazenados em nossos órgãos sexuais — a testosterona e o estrogênio. Essas substâncias químicas são produzidas quando a parte do nosso cérebro chamada hipotálamo decide que é hora de procriar. Por trás disso, há uma função evolutiva bastante óbvia: a reprodução.

Então, se uma pessoa se encanta sexualmente por outra, o hipotálamo descarrega mais uma substância química — a dopamina — para suscitar a *atração*. A dopamina é conhecida como a substância química da recompensa. É aquela que é liberada quando fazemos algo que nos causa bem-estar, como consumir drogas, pular de paraquedas ou comer chocolate. Quando altos níveis de dopamina são misturados ao hormônio de lutar-ou-fugir, chamado norepinefrina, a pessoa tende a ficar empolgada e cheia de energia. De acordo com a antropóloga Helen Fisher, imagens obtidas por ressonância magnética funcional (fMRI, na sigla em inglês) mostram que quando as pessoas veem fotos de indivíduos pelos quais se sentem atraídas, as partes do cérebro que reagem à recompensa se iluminam tal qual uma árvore de Natal.[1]

Finalmente, há o *apego*, que depende, principalmente, da oxitocina. A oxitocina é liberada durante o estabelecimento de vínculos — especificamente, o parto, a amamentação e o sexo. Ela também foi mensurada em animais de estimação, inclusive em gatos aparentemente incapazes de amar, como minha Zazzy, na hora em que seus donos voltam para casa.[2] Mas a oxitocina é essencial. Ela nos conduz de um estado conhecido como *limerência*, aquele período lascivo e obsessivo no início de um relacionamento, até a vinculação associada a relacionamentos de longo prazo. Não se trata, porém, apenas de uma substância química do amor.

A melhor maneira de pensar a oxitocina é como se ela fosse o combustível do que gosto de chamar de motor de pertencimento. O pertencimento é importante para espécies hipersociais como os seres humanos. A atração mútua — sentir que pertencemos a um grupo — acaba sendo quase tão essencial para a sobrevivência humana quanto beber água. Danos psicológicos graves, e até mesmo a morte, podem ser ocasionados quando as pessoas são mantidas isoladas de outras que pensam da mesma maneira.[3] O motor de pertencimento, tão importante para nossa sobrevivência, precisa de muito mais do que uma mera descarga de oxitocina no cérebro. Temos de interagir com as pessoas de quem gostamos, vivenciar o contato físico, conversar, rir, participar de atividades compartilhadas. Quanto mais fazemos isso, mais forte é nosso senso de pertencimento — ou nosso amor — mútuo. Mas isso nem sempre é bom. Ter fortes conexões com um grupo, mas, ao mesmo tempo, se sentir fracamente atraído pelas outras, pode desembocar na violência. Sentir muita atração também pode ser perigoso, especialmente se a oxitocina estiver circulando em abundância dentro do sistema enquanto o objeto daquela atração não estiver disponível ou o amor não for correspondido. É uma situação que pode levar tanto à solidão quanto a arriscadas obsessões.

A filosofia contemporânea trilha um caminho diferente da ciência quando fala sobre o amor, embora esse caminho não seja incompatível com a ciência. Alguns filósofos descrevem o amor como uma união entre pessoas — pessoas que se sentem atraídas umas pelas outras ou que estão ligadas de alguma forma.[4] Outros o descrevem como uma "preocupação robusta", isto é, cuidar ativamente do bem-estar de outra pessoa, talvez até mais do que o seu próprio.[5] Aqui, igualmente, exige-se algum tipo de atração e vinculação. O amor também é considerado um processo de associação de alguma espécie de valor a uma pessoa. Isso é conhecido como "atribuição de valor".[6] Quanto mais valorizamos alguém ou algo, mais o amamos, ou, talvez, mais substâncias neuroquímicas do amor sejam liberadas.

Mas há outro aspecto nessa discussão. Alguns filósofos argumentam que o amor não é, de forma alguma, uma emoção. Ao contrário, ele é um *complexo emocional* — a soma de uma gama de sentimentos que atribuímos a algo ou a alguém ao longo do tempo. Pode ser uma mistura de lascívia, atração, apego, cuidado e, talvez, até mesmo frustração em certas ocasiões. Nessa visão, aquele complexo conjunto de sentimentos que nutrimos por alguém de quem gostamos é o que constitui nosso amor por aquela pessoa. Essa visão explica por que nenhum amor é igual ao outro. Não amo minha esposa da mesma forma que amo minha mãe ou Zazzy, pois o complexo de emoções é diferente em cada caso.

Mas nenhuma dessas visões é mutuamente excludente. Amamos as pessoas porque elas têm valor para nós, porque nos preocupamos com seu bem-estar e porque queremos estar com elas. E esse amor pode ser o resultado de uma mistura de sentimentos que só existem porque substâncias neuroquímicas específicas estão fazendo seu trabalho.

Mas o tipo de amor ao qual os cruzados estavam recorrendo não poderia ser encontrado nem na ciência nem na filosofia contemporânea. Bem, não exatamente. Era um tipo de amor que havia sido descrito pouco mais de setecentos anos antes de Urbano proferir seu discurso, um amor que formara a base de um regime emocional que dominava a Europa na época das Cruzadas. Para compreender esse regime emocional, precisamos voltar ao homem que o construiu: santo Agostinho.

Agostinho chorou

Em agosto de 386 d.C., um homem estava sentado sozinho em seus aposentos em Milão, chorando. Uma torrente de lágrimas rolava incontrolavelmente em sua mesa, porque ele acabara de ler algo que tinha mudado sua vida e, possivelmente, a nossa também. Seu nome era Aurelius Augustinus — após sua canonização, em 1298, ele passaria a ser conhecido como santo Agostinho.

Desde que deixara sua terra natal, o norte da África, e, na verdade, algum tempo antes disso, Agostinho havia aderido a uma religião chamada maniqueísmo. Embora hoje já esteja extinto, na época o maniqueísmo rivalizava com o cristianismo e o islamismo em termos de popularidade. Sua influência se estendia do litoral atlântico da Europa até a costa do Pacífico da China. Os maniqueístas acreditavam que existiam duas forças divinas em ação no mundo — uma trazendo a luz e outra trazendo a escuridão. Essas forças estavam sempre se enfrentando, e tanto a Terra quanto as almas humanas faziam parte dessa luta. É por isso que temos noite e dia, sol e chuva; por isso podemos nos sentir bem quando fazemos algo errado e muito mal quando fazemos coisas boas. É tudo uma questão de equilíbrio. Quando jovem, Agostinho sentia enorme satisfação em roubar frutas por roubar, de modo que o maniqueísmo fazia sentido para ele naquela época.

O problema é que, em 386 d.C., aquilo já não fazia mais sentido para Agostinho. Ele não conseguia entender por que às vezes nos sentimos bem quando fazemos coisas ruins. A satisfação não deveria ser uma decorrência de um roubo, e ele sabia disso. A bem da verdade, ele nunca fora um adepto ferrenho da fé maniqueísta, permanecendo na esfera mais baixa de sua estrita hierarquia como um "auditor", apesar de estar entre os discípulos mais vorazes em termos de leitura. Ele estudava mais do que as pessoas em redor, absorvendo as minúcias das filosofias grega e romana, assim como os textos relativos à fé que ele professava. E isso era parte do problema. Por meio das pesquisas que realizou, ele se apaixonou o suficiente por Platão para se considerar um neoplatônico, e começou a se perguntar se não havia outro caminho para chegar a Deus.[7]

Por volta de 386 d.C., quando o encontramos chorando sozinho em seus aposentos, ele estava mergulhado em uma profunda crise de fé. Um relacionamento de 15 anos com a mãe de seu filho havia terminado abruptamente quando sua mãe exigiu que ele se casasse com uma jovem e rica herdeira. Para piorar as coisas, o novo imperador fundamentalista cristão, Teodósio I, ordenara a execução de todos os monges maniqueístas, tão logo fossem identificados. Agostinho tinha de negar sua crença sempre que era questionado sobre isso. Sua vida era uma escuridão total, sem luz alguma. Não havia equilíbrio a ser encontrado.

Naquele fatídico dia, o bom e velho amigo de Agostinho, Ponticiano, tinha ido visitá-lo. Ponticiano notou que havia um manuscrito da carta de são Paulo aos romanos enrolado sobre a mesa de Agostinho.

Isso o fez sorrir, porque ele, assim como seu imperador, era um cristão devoto que desejava encontrar novos convertidos. Agostinho saiu de seus aposentos com o companheiro para se encontrar com alguns amigos, jantar e conversar um pouco. A certa altura, Ponticiano começou a ler um livro em voz alta. Era sobre a conversão de outro homem, Antão. Agostinho gostou do que ouviu, e algo naquela história o tocou, levando-o a pensar sobre a própria vida. Para usar suas palavras:

> E tu, Senhor, enquanto ele falava, me fazias refletir, tirando-me da posição de costas, em que me colocara para que eu não visse a mim mesmo; tu me colocavas diante de meu rosto, para que eu pudesse ver como estava indigno, disforme, sórdido, manchado e ulceroso.[8]

Em outras palavras, Agostinho passou a ficar *revoltado* consigo mesmo, com seu comportamento, com seu estilo de vida e com sua fé. Quase todas as religiões que surgiram naquela época ainda carregavam consigo o sentimento de repulsa, fundamental na crença hebraica. Agostinho se penitenciava por, certa vez, ter suplicado ao Deus da luz: "Dê-me a castidade e a continência, mas não agora." Uma súplica que ele interpretava como um sinal verde para passar a vida em busca de prazeres carnais.[9] Agostinho tinha desejado o sexo; tinha desejado o alimento; tinha desejado a beleza física. Ele se "roía interiormente, devorado por enorme e terrível vergonha".[10] Agostinho começou a se questionar por que cedera tão facilmente à sua natureza pecaminosa. Ele se perguntava:

> De onde vem esse prodígio? E qual sua causa? A alma dá ordens ao corpo, e este obedece imediatamente; a alma dá ordens a si mesma, e resiste. Ordena a alma à mão que se mova, e é tal sua presteza, que mal se pode distinguir a ordem da execução. Não obstante, a alma é espírito e a mão é corpo. A alma dá a si mesma a ordem de querer, e, contudo, ela não obedece.[11]

Antes que Agostinho percebesse, estava à beira das lágrimas. Pediu desculpas aos amigos, já sufocando ao se despedir deles, e retornou aos seus aposentos. Lá, ficou por algum tempo, gemendo de tristeza e vergonha. Todas as pressões de sua vida desabaram sobre ele de uma só vez — o pecado, a luxúria, o egoísmo. Agostinho queria seguir um caminho diferente. Ele desejava uma mudança.

Foi então que ele ouviu uma voz. Mas não era uma voz profética nem potente. Também não era a mesma voz que Paulo ouvira — o timbre reconfortante, embora de alguma forma violento, do próprio Jesus. O que Agostinho ouviu foi a voz suave e calma de uma criança cantarolando. O menino dizia: "Pega e lê; pega e lê." Agostinho percebeu que os pergaminhos, que continham os livros do Novo Testamento, ainda estavam em sua mesa, e decidiu fazer o que a criança sugerira. Ele desenrolou um pergaminho e leu a primeira coisa que lhe caiu sob os olhos: "Vai, vende tudo o que tens, dá-lo aos pobres, e terás um tesouro no céu. Depois vem e segue-me" [Mateus 19:21]. Uma onda de entusiasmo tomou conta de Agostinho. A instrução o tocara. Fazia muito sentido. Ele decidiu pegar mais um pergaminho, dessa vez a carta aos romanos, e ir correndo para a companhia dos seus amigos. Ao ter com eles, escolheu outra passagem, aleatoriamente:

> Caminheis com decência, como à luz do dia: não em glutonarias e embriaguez; não nos prazeres impuros do leito e em leviandades; não em contendas e rixas.[12]

Naquele momento de pura libertação emocional, Agostinho se tornou não apenas um cristão, mas também um dos filósofos e teólogos mais influentes da história. Suas obras inspirariam o pensamento cristão pelo milênio seguinte e ainda mais adiante, pois ele desenvolveu e expandiu doutrinas fundamentais — o pecado original de Adão e Eva; a importância da Virgem Maria; o conceito de livre-arbítrio humano. Mais importante ainda: ele desenvolveu a ideia da graça. Para

Agostinho, o propósito de um bom cristão era buscar a graça de Deus, rejeitando os pecados que tanto o haviam tentado na juventude. Em vez de ceder, pensava ele, deveríamos nos concentrar no eu interior e superior da alma. Talvez isso não soe nem um pouco novo — mais uma vez, encontramos um homem defendendo que é preciso aprender a controlar nossos desejos carnais e, em seu lugar, almejar um propósito mais elevado. Tratava-se de mais um Platão, ansiando por *eros*; mais um Buda, ansiando pelo *nirvana*. Mas a diferença era que, no caso daqueles dois, o foco estava no desejo — como usá-lo, suprimi-lo, desafiá-lo. Santo Agostinho, assim como os Beatles, acreditava que não precisamos de mais nada além do amor.

Tudo o que precisamos é de amor

Como afirmei, Agostinho foi influenciado pelos gregos, especialmente por Platão. Ele acreditava na teoria platônica da tripartição da alma. Assim como Platão, ele achava que a alma racional representava nossa forma pura, uma versão não corpórea, quase sobrenatural, perfeita, de nós mesmos. Mas Agostinho tinha opinião própria sobre essa estrutura. Ele simplificou ligeiramente o pensamento de Platão, influenciado, em grande parte, por seu passado como maniqueísta. Ele sugeriu que havia duas partes na alma, uma escura e outra luminosa. A parte que não conseguia pensar, aquela que agia instintivamente, era nossa alma exterior sombria — nossa carne. A parte que conseguia pensar, que agia por meio de juízo e deliberação, era nossa alma luminosa interior. E cabia a nós definir qual dessas almas nos guiaria. Diferentemente dos maniqueístas, Agostinho não acreditava que a divisão entre as partes luminosa e escura da alma era causada pelo duelo entre dois deuses. Ao contrário, nós mesmos havíamos causado a divisão quando desobedecemos a Deus no Jardim do Éden. Quando o livro do Gênesis 1:27 diz "Então, Deus criou o homem à sua imagem; criou-o à imagem de Deus; criou o homem e a mulher",[13] a "imagem" em questão é a alma luminosa interior. É o pedaço de Deus em todos nós, nosso verdadeiro eu. É a parte que foi maculada depois que Adão e Eva desobedeceram à ordem explícita de Deus e provaram a maçã da Árvore do Conhecimento do Bem e do Mal. Seu subsequente banimento do paraíso não se referia a um mero lugar físico. Era um lugar espiritual, um eu exterior escuro criado pelo ato do pecado original, que nos aprisiona em nossa carne.

Assim como Paulo já fizera antes dele, Agostinho acreditava que devemos focar na fé em Cristo e em seu sacrifício. Mas Agostinho não aderia à ideia estoica de avaliar as próprias emoções. Ele concordava que os sentimentos eram caóticos e impetuosos, capazes de nos desorientar. Mas, para ele, a saída seria encontrar uma maneira de prestar atenção ao nosso eu interior, até que fosse possível, mais uma vez, vislumbrar a figura de Deus profundamente arraigada dentro de nós. Dessa forma, poderíamos rejeitar o caos do mundo corpóreo — algo que ele chamava de Cidade dos Homens — e nos fixar no mundo incorpóreo futuro: a Cidade de Deus.

Agostinho estava ciente de que não era uma tarefa fácil, mas ele tinha um método: tentar se comportar do mesmo modo que Jesus. Quando Agostinho ouviu a voz recomendando-lhe que lesse, ele sentiu um arrebatamento de amor. Por meio desse amor, ele conquistou o conhecimento; essa foi a sua recompensa. Para Agostinho, Jesus era a personificação do amor e da sabedoria. Deus, o Pai, era a memória e a lembrança. O Espírito Santo era a vontade, mas Jesus, o Filho, era a sabedoria, o amor e a compreensão. Foi com base nessa sabedoria que Jesus, assim como Sócrates, havia conseguido controlar seu espírito e sua vontade, mesmo diante da morte iminente. Agostinho acreditava que Jesus era uma evocação ao nosso verdadeiro eu interior, feito à imagem perfeita de Deus. O segredo para a perfeição de Jesus era seu amor por todos e a maneira como ele expressara esse amor, valendo-se de um ato de graça extraordinária: sua crucificação.

Agostinho acreditava que a busca por Deus era uma busca emocional, motivada pelo tipo certo de amor. Estava tudo relacionado à Regra de Ouro:

Amarás, pois, ao Senhor, teu Deus, de todo teu coração, e de toda tua alma, e de todo teu entendimento, e de todas as tuas forças. (...) Amarás o teu próximo como a ti mesmo. Não há outro mandamento maior do que estes.[14]

O amor, para Agostinho, era a paixão descrita por Aristóteles como uma porta de entrada para a verdade — no caso de Agostinho, a graça e a verdade de Deus. Mas assim como a alma estava dividida em duas partes, uma interna e outra externa, ele acreditava que havia dois tipos de amor.

O primeiro e o mais comum tipo de amor era, em latim, *cupiditas*, ou o amor por si mesmo. Ele não difere muito do tipo de desejo que os pensadores religiosos mais antigos nos aconselhavam a evitar. É o tipo de amor egoísta, lascivo e orgulhoso que confunde as vontades terrenas com a verdade e a beleza. É uma necessidade que nunca conseguirá ser satisfeita. Para Agostinho, esse tipo de amor havia sido a principal causa da Queda; ele seria a fonte de todo pecado.

A segunda forma de amor — o amor ao qual Jesus se referia em sua Regra de Ouro — era chamada de *caritas* por Agostinho, algumas vezes traduzida por "caridade". Trata-se de um amor a Deus e por fazer coisas com o propósito de servir a Deus. Essa segunda forma de amor continha, em si mesma, uma distinção considerada fundamental para a maneira como Agostinho compreendia as emoções. Primeiro, havia o *frui*: as coisas que deveriam ser "fruídas" por si mesmas. Isso se aplicava a Deus e somente a Deus. Deveríamos amar Deus por amor a ele, porque Deus é amor. O *frui* é o caminho para o céu e para Deus. De acordo com Agostinho, o objetivo não é o paraíso em si. O objetivo é chegar a Deus. Ele é o *finis*, ou *telos*: o fim, o objetivo. Ocorre que, coincidentemente, Ele está no céu.

Depois, temos o *uti*: amar algo ou alguém como forma de chegar a Deus e ao céu — o amor como uma ferramenta. O amor que temos pelo próximo é esse tipo de amor. Amar o próximo — ou, até mesmo, o inimigo — também é algo que está a serviço de Deus, porque é, ou pelo menos deveria ser, um gesto altruísta. Talvez isso possa parecer um pouco rude, usar nossos próximos como uma espécie de ferramenta para chegar a Deus e ao céu. Mas devemos pensar que é mais uma questão de utilizar nosso amor pelos outros como forma de alcançar Deus. Não os amamos porque queremos, mas porque Deus exige isso de nós, do mesmo modo que ele acreditava que Cristo havia usado sua crucificação para que todos se aproximassem Dele. Para Agostinho, quando amamos nosso próximo, estamos amando o sacrifício que Jesus fez por nós.[15]

Mais importante ainda, esse tipo de amor *uti* é a maneira de encontrarmos nosso eu interior, focando no amor a Deus e no mundo vindouro, e não neste que está aqui. Por meio do amor, aprenderemos a controlar nossa vontade, como Jesus fez. O amor pode nos levar a um caminho de sabedoria e à capacidade de vislumbrar a figura de Deus embutida em cada um de nós.

A relação entre o amor e a sabedoria pode parecer um tanto estranha. Ela provém, mais uma vez, das leituras dos textos de Platão por Agostinho. Platão entendia o amor como uma escada. O degrau inferior era um amor pela beleza e pelo físico — a lascívia, por assim dizer. No meio da escada ficava um amor por todas as faces da alma de uma pessoa, o que a ciência moderna poderia chamar de afeto. Então, no topo da escada, estava o que Agostinho chamaria de *frui*. Não se trata de um amor pelo físico, mas pela sabedoria, pela virtude e pelo divino — um amor pelo bem genuíno. Para Platão, esse era o amor que poderia nos guiar até *eros*. Alguns filósofos argumentam, inclusive, que *eros é* amor, mas, para mim, ele se refere ao lugar para onde se está indo e não ao que nos leva até lá.

Ainda assim, com toda essa complexidade, o amor de Agostinho era mais simples do que a escada de Platão. Platão separou cada um de seus tipos de amor pelos degraus de sua escada. Alguém poderia se encontrar em um degrau intermediário, amando o corpo e a alma de uma pessoa, talvez mais o corpo do que a alma, e vice-versa. Em contraste, Agostinho adaptou os conceitos de Platão à sua compreensão de Deus. Ele desconsiderou as nuances e se concentrou apenas nos extremos, tornando o amor binário: *caritas* e *cupiditas* — o lado luminoso e o lado escuro.

Esse processo binário não se circunscrevia ao amor. Para Agostinho, se o amor é um complexo emocional, era o amor, então, que separava todas as emoções entre a luz e a escuridão. Mas isso não significava que as emoções fossem boas ou más — segundo Agostinho, cada emoção tinha uma manifestação positiva e uma negativa. Uma nos leva até a Cidade do Homem, a outra nos leva de volta à Cidade de Deus. A raiva pode ser destrutiva, como a fúria incontrolável que leva ao assassinato, mas ela também pode ser amorosa e justa, como a raiva de Jesus contra os vendilhões que contaminavam o Templo em Jerusalém. O medo pode ser debilitante ou amorosamente protetor, nos afastando do pecado. A tristeza egoísta pela perda de bens materiais pode ser substituída pela compaixão pelos pecadores e pelo remorso por ter pecado. Para Agostinho, e para muitos que vieram antes dele, as emoções não eram intrinsecamente positivas ou negativas; seu valor moral era determinado pela forma como eram usadas. Qualquer sentimento poderia ser bom se fosse usado a serviço de Deus e, da mesma forma, qualquer sentimento poderia ser pecaminoso quando usado para ganhos pessoais.

Até hoje, a maioria dos ramos do cristianismo reserva para o amor agostiniano um lugar no centro de sua fé. A noção de que Deus é amor vem diretamente de Agostinho. Agostinho também é a fonte da ideia de que a crucificação de Jesus não foi um sacrifício de sangue, conforme os primeiros cristãos acreditavam, mas um ato de pura graça e amor — um ato do perdão de Deus, que entende quanto é difícil controlar a vontade, e que veio à Terra para demonstrar quanto a vontade pode ser potente, mesmo nas circunstâncias mais extremas. Embora o processo de aceitação de Jesus descrito por muitos cristãos não seja exatamente igual à meditação e à jornada interior sugeridas por Agostinho, acredita-se que, mesmo assim, ele esteja relacionado à busca de algo maior do que o eu. A compreensão das emoções demonstrada por Agostinho ajudou a construir um regime emocional que acabou abarcando toda a Cristandade. As maneiras como os bons cristãos deveriam se comportar, expressar seus sentimentos e, até mesmo, orar tiveram suas origens em seus escritos. O amor de Agostinho realmente mudou o mundo. Mas nem sempre para melhor.

As Cruzadas como um dos usos do amor

Setecentos anos após a conversão de Agostinho, o papa Urbano estava diante do salão abarrotado, em Clermont, ocupado por dezenas, provavelmente centenas, das pessoas mais poderosas e influentes da Europa, entre elas, arcebispos, abades, cavaleiros e nobres de toda a região. Se ele estava disposto a causar um impacto, aquele era o momento de fazê-lo. Na época, as ideias de Agostinho sobre o amor e as emoções ainda dominavam o cristianismo, e Urbano, um retórico habilidoso, sabia como usá-las. Ele deu início ao seu discurso:

> Meus amados irmãos: ungido pela necessidade, eu, Urbano, com a permissão de Deus, bispo-chefe e prelado de todo o mundo, vim até este lugar na qualidade de embaixador, trazendo uma mensagem divina a todos os servos de Deus.[16]

Pelo menos, é isso que a versão escrita por Fulquério de Chartres nos diz. Existem vários registros desse discurso, cada um deles apresentado por alguém que, supostamente, estava presente na ocasião. Na realidade, é provável que a maioria seja uma releitura de um pequeno número de relatos originais que foram enriquecidos para sublinhar um ou outro aspecto. Isso não significa, porém, que todos sejam completamente diferentes. Em quase todos os relatos do discurso de Urbano, ele se refere a seus companheiros cristãos como "amados irmãos".[17] As palavras aparecem não apenas na versão mencionada acima, mas também em relatos de Roberto, o Monge, Guiberto de Nogent e Baldrico, arcebispo de Dol.

É importante que a expressão "amados irmãos" tenha sido usada em todos os relatos, mostrando que se tentava estabelecer uma sintonia entre todos os membros da audiência. Urbano e seus cronistas estavam explorando o *uti*, o amor fraterno da multidão por outros cristãos que lutavam contra um inimigo em comum. Encontramos o exemplo mais explícito disso no relato de Baldrico de Dol. Depois de enumerar os horrores infligidos pelas forças islâmicas a seus companheiros cristãos que viviam nos arredores do Império Bizantino (eles foram açoitados, expulsos de suas casas, escravizados, proibidos de frequentar suas igrejas, e assim por diante), diz-se que Urbano se dirigiu diretamente à multidão:

> Vocês deveriam estremecer, irmãos, deveriam estremecer quando a mão violenta de alguém é erguida contra os cristãos; é menos perverso brandir suas espadas contra os sarracenos. É a única guerra justa, pois é caridade arriscar a vida por seus irmãos.[18]

Na maioria das fontes primárias, a palavra usada para *caridade* era *caritas* — o tipo certo de amor agostiniano. Mas Urbano e seus cronistas também estavam tangenciando o amor *frui*, direto e potente, que deveríamos sentir pelo próprio Cristo. Roberto, o Monge, fez com que Urbano usasse essa noção para que as pessoas se afastassem daqueles que amavam sobre a Terra:

> Mas se estais emaranhados por amor aos filhos, pais e esposas, relembrai-vos do que o Senhor diz no Evangelho: "Aquele que ama pai ou mãe mais do que a mim, não é digno de mim. (...) Todo aquele que tiver deixado casas, ou irmãos, ou irmãs, ou pai, ou mãe, ou esposa, ou filhos, ou terras por causa do meu nome receberá o cêntuplo e herdará a vida eterna."[19]

A chance de uma vida eterna na presença de Deus era o segredo. Vincular isso a um amor *frui* por Cristo e pelos outros cristãos foi muito eficaz.

Grande parte da retórica dos cruzados girava em torno do amor *uti* pela Terra Santa. O sempre polêmico Baldrico de Dol ecoou o Salmo 79:1 ao relatar o suposto discurso de Urbano:

> Choramos e lamentamos, irmãos, desgraçadamente, assim como o salmista, no íntimo do nosso coração! Somos miseráveis e infelizes, e em nós aquela profecia se cumpriu: "Ó Deus, as nações invadiram tua herança; profanaram teu santo templo; reduziram Jerusalém a ruínas; deram os cadáveres dos teus servos como alimento às aves do céu e a carne de teus santos às feras da terra. Derramaram como água o sangue deles ao redor de Jerusalém, e não houve quem lhes desse sepultura."[20]

Esse amor *uti* pela Terra Santa não era apenas uma lenda construída pelos escritores das Cruzadas. Os relatos islâmicos das Cruzadas colocaram palavras semelhantes na boca dos cruzados. Escrevendo sobre a reconquista islâmica de Jerusalém, em 1187, o estudioso persa

Imadadim de Ispaã ouviu cruzados aterrorizados se preparando para uma batalha final, usando as seguintes palavras:

> Amamos este lugar, estamos ligados a ele, nossa honra está em honrá-lo, sua salvação é a nossa, sua segurança é a nossa, sua sobrevivência é a nossa. Se nos afastarmos daqui, certamente seremos marcados pela vergonha e pela justa censura, pois este é o local da crucificação e nosso objetivo, o altar e o local do sacrifício.[21]

O ímpeto para as Cruzadas parece ter sido um profundo senso de amor *uti* no sentido agostiniano. O problema é que Agostinho não quis dizer "ame apenas os próximos com quem estiver de acordo", e isso levanta uma questão sobre como um homem do século XI conseguiria reconciliar a violência contra os outros com o amor ao próximo. Felizmente, pelo menos do ponto de vista dos cruzados, Agostinho também tinha uma resposta para isso em seu conceito de guerra justa.

Agostinho entendia a guerra como um ato de correção, um pouco como disciplinar uma criança que se comportou mal. Ele escreveu:

> Aqueles que travaram guerra em obediência ao mandamento divino, ou em conformidade com Suas leis, representaram em suas pessoas a justiça pública ou a sabedoria do governo e, nessa qualidade, mataram os homens ímpios; tais pessoas de forma alguma violaram o mandamento "Não matarás".[22]

Desde que se esteja lutando pelos motivos certos — isto é, por Deus —, e não por ódio ou ganhos pessoais, então a guerra é justa. Mais do que isso, pode até ser um ato de amor *uti*. Matar um pecador é remover o pecado da face da Terra, e isso, para Agostinho, era uma coisa boa. Também era uma coisa boa para os cruzados.

Usando o amor de Deus

Mas ainda resta um problema. Evidentemente, as Cruzadas não foram apenas um ato de amor *uti* a Deus, ao próximo e à Terra Santa. Também havia ali uma quantidade razoável de ódio. Uma carta de instruções escrita pelo papa Urbano em 1095 afirma que "uma horda bárbara afligiu deploravelmente e devastou as igrejas de Deus".[23] Descrições de muçulmanos como bárbaros, anticristos, "uma tão desprezada e ignóbil raça, que venera demônios" e outras expressões de ódio apimentam os relatos contemporâneos das Cruzadas.[24] Os cruzados odiavam profundamente seus inimigos. Para aqueles homens, os muçulmanos eram mais do que um inimigo: eles eram uma ameaça e um perigo. Do ponto de vista agostiniano, o inimigo era um grupo de pecadores. "Horda bárbara", veneração de demônios e coisas desse tipo deveriam ser combatidas. Agostinho poderia ter chegado à conclusão de que se tratava de um ódio justo nascido de um amor a Deus. Os cristãos que narraram as Cruzadas talvez acreditassem que condenar à morte as pessoas que eles supunham estar empenhadas em disseminar outras religiões — pecadoras, na opinião deles — também teria sido um ato de amor *uti*. Os cruzados e seus cronistas certamente não eram santos, muito embora seguissem o ensinamento de amor apresentado por um.

O papa Urbano usou as noções agostinianas de amor para motivar os primeiros cruzados, para firmar sua posição como o único papa verdadeiro e para tentar reunificar as Igrejas Ortodoxa e Cristã. Em suas duas primeiras metas, ele obteve muito sucesso. Na última, nem tanto. As duas Igrejas continuaram apartadas, seguindo direções próprias, não tendo sido ajudadas em nada pelos membros da Quarta Cruzada que decidiram invadir as terras da Igreja Ortodoxa. Mas a necessidade de várias pessoas na Europa de expressar seu amor *uti* — fazer algo em nome de Deus para ajudá-las a trilhar seu caminho em direção às bênçãos — foi muito além do que Urbano poderia ter imaginado. De fato, oferecer-lhes alguns dias a menos no purgatório e uma parte do butim por seus esforços também não lhes parecia nada mal. No fim, expressar o amor *uti* poderia ser bastante... vamos dizer, útil.

Do sacrifício de sangue à graça amorosa

Há uma grande probabilidade de ouvirmos os cristãos pronunciando a frase "Deus é amor". Quando o fazem, podem estar inadvertidamente citando santo Agostinho. É uma versão simplificada da descrição de Agostinho do amor como um apego afetivo baseado na valorização, no cuidado e no desejo de se unir a Deus. As ideias cristãs contemporâneas sobre Deus também sustentam que esse amor flui em ambas as direções, alegando que Deus e Jesus nos amam de volta com a mesma intensidade com que nós os amamos. Isso mostra quanto o regime emocional que Agostinho criou era sólido e ainda é. Ele desenvolveu uma compreensão do amor cristão que permanece no cerne da religião e no que ela tem de melhor. A noção de que amar o próximo é usar nossos sentimentos com o propósito de servir a Deus e a Jesus, e de que os sentimentos não são bons nem maus por si sós, mas apenas assumem seu valor dependendo da forma como são utilizados, ainda ecoa pelas naves de muitas igrejas cristãs. É justo dizer que o mundo seria muito diferente sem as ideias de Agostinho sobre o amor. Não fosse por sua influência, o cristianismo ainda poderia estar baseado no sacrifício de sangue de um messias, em vez de em um ato de caridade e graça divinas de um deus. É difícil precisar quantos dos 2,4 bilhões de pessoas que se dizem cristãs continuariam sendo cristãs sem tal influência.

Quanto ao passado mais recente, quando afirmo que a interpretação de Urbano do amor moldou a história para além do que ele poderia imaginar, não me refiro apenas em termos das Cruzadas. O rescaldo dessa série de conflitos foi três séculos de uma guerra brutal entre a Cristandade europeia e o Oriente Médio islâmico, até que um deles emergisse como uma grande potência unificada em 1396, durante a Batalha de Nicópolis, com um massacre que nos apresentou a um novo império islâmico — os otomanos. É para lá que iremos a seguir, para o momento em que o Império Otomano mudou tudo. Mesmo que por acidente.

Cinco

O que os otomanos temiam

Na noite de 28 de maio de 1453 (ou 857, de acordo com o calendário hegírico islâmico), fora das muralhas da grande cidade de Constantinopla, um homem passava em revista as fileiras do exército otomano. Com o capuz levantado, ele circulava de um grupo de soldados para outro, de batalhão em batalhão, de unidade em unidade. Esse grupo de guerreiros vinha sitiando a cidade há seis semanas, disparando tiros de canhão contra as muralhas. E não eram quaisquer tiros. Um daqueles canhões era a bombarda Orban, de oito metros de comprimento, uma bateria tão incômoda, gigante e poderosa que sua capacidade de disparo estava limitada a sete tiros diários. Aquelas seis semanas tinham sido cansativas, estressantes e nem sempre totalmente bem-sucedidas. O moral começou a arrefecer. Mas o sultão das tropas, Mehmed II, era muito bom em inspirar confiança. Naquela noite, sua habilidade seria especialmente importante, pois no dia seguinte os soldados atacariam Constantinopla em uma investida final. O dia de expiação e orações que o sultão havia pedido contribuíra para deixar a mente de todos focada. Isso os ajudara a recordar o motivo pelo qual estavam ali, e a importância de um prêmio como a conquista de Constantinopla.

Para dizer a verdade, na teoria, não seria um prêmio tão grande assim. Pelo menos, não do ponto de vista de um observador externo. O brilho da outrora espetacular cidade de Constantinopla, joia do Império Bizantino, havia começado a diminuir desde o início das Cruzadas. Ela se tornara pouco mais do que uma desculpa para a guerra; uma parada para cavaleiros cansados, no caminho para glórias ainda maiores. Em uma ocasião, tal parada se transformara no saque e na conquista da própria Constantinopla — durante a Quarta Cruzada, em 1204. As coisas só haviam piorado desde a entrada dos turcos otomanos e seljúcidas em cena. O Império Bizantino fora destruído, a população de sua capital reduzida e seu poder e influência enfraquecidos.

Mas Constantinopla tinha um profundo significado simbólico para os soldados otomanos que estavam golpeando seus portões. Aquela não era a primeira vez que as forças islâmicas tentavam atacar. A primeira tentativa havia sido em 678, quando Moáuia I, califa da dinastia omíada, esforçara-se para tomar a cidade, perdendo, no processo, soldados que eram próximos do profeta Maomé. Até o pai de Mehmed II, o sultão Murade II, havia tentado derrubar as muralhas da cidade, cercando-a em 1421. Naquela ocasião, ele tinha sido obrigado a abandonar seus esforços quando surgiram problemas em outras localidades de seu império. No entanto, apesar da sorte de seus oponentes, havia uma crença — um pensamento, uma sensação, um sentimento — entre os otomanos de que Constantinopla significava algo especial para Alá, que o próprio Deus queria que a cidade caísse para o Islã. Para os otomanos, a cidade era *der saadet*, a "porta para a prosperidade". Para o filho de Murade, era um assunto pendente.

Conforme o sultão perambulava pelo acampamento, ia ouvindo os santos homens que ali estavam recitando os nomes dos companheiros do profeta Maomé, mortos em 678. Ele também descobriu que um *hadith* se tornara bastante popular nas vozes daqueles com quem ele encontrava. Dizia assim:

> Maomé perguntou: "Já ouviram falar de uma cidade cercada de um lado por água e do outro por terra?" Eles responderam: "Sim."

Maomé continuou profetizando: "O Dia do Juízo Final não ocorrerá até que ela seja tomada pelos setenta mil filhos de Isaac. Eles entrarão sem lançar uma única flecha ou disparar uma única arma. A primeira vez que eles disserem 'não há outra divindade além de Alá, e Alá é o maior' [*la illaha illa la wa allahu akbar*], o lado do mar da cidade cairá. Na segunda vez que disserem a mesma frase, o lado da terra cairá. Quando pronunciarem a frase pela terceira vez, o caminho estará desobstruído, eles entrarão na cidade e farão seu butim."[1]

Provavelmente esse *hadith* fora escrito especificamente para o ataque a Constantinopla. Mas isso não importa. Ele tinha o espírito apropriado para expressar o que manteria a mente dos soldados focada naquela noite. Para eles, assim como para o sultão, a tomada de Constantinopla não demonstraria apenas o poder do Império Otomano sob o comando de Mehmed II. Seria, também, um ato realizado a serviço de Alá, para obter seu amor e sua misericórdia. Eles estavam sendo compelidos por um profundo impulso emocional que tivera suas origens 843 anos antes, no cerne do próprio Alcorão. Seu impulso era o medo, mas não um medo ruim. Era um medo capaz de inspirar grandes coisas.

O que é o medo?

De acordo com a ciência moderna, o medo surge quando várias áreas do cérebro — e, ainda mais importante, um grupo de células na base do cérebro chamada amígdala — detectam uma ameaça. A amígdala é parte do que alguns psicólogos costumavam chamar de "cérebro reptiliano", uma antiga porção do cérebro que reage independentemente da necessidade de pensar. Hoje em dia, poucos ainda defendem essa ideia, pois o cérebro parece ter evoluído de maneiras insólitas e complexas.

Uma história das emoções humanas

Mas a questão é que a amígdala reage rapidamente. Muitas vezes, tão rapidamente que nem sequer sabemos que ela está reagindo, até que nos leve a fazer algo como pular ou fugir.

Os pesquisadores do medo descreveram essa emoção como "um estado motivacional despertado por estímulos específicos que dão origem a um comportamento defensivo ou de fuga".[2] Trata-se do ímpeto de lutar, fugir ou congelar. Mas o medo não é apenas isso. Essas três ações não abrangem toda a gama de comportamentos que associamos ao medo. Algumas pessoas podem ficar amedrontadas ao avistar um rato. Talvez elas sintam o ímpeto de lutar, fugir, congelar, ou de subir em uma cadeira. Mas outras convivem com um pavor permanente de ratos que ainda nem sequer surgiram, e esse pavor pode variar de uma aversão ativa a uma fobia absoluta. Essa última costuma ser o resultado de algum tipo de trauma. Ela pode levar ao que se conhece como hipervigilância. Assim como o medo, a hipervigilância tanto pode nos manter vivos quanto tornar nossa vida insuportável — caso saia do controle.

Os tipos de medo associados às fobias, como o pânico, provêm do cerúleo, ou *locus coeruleus*. Essa é a parte do tronco cerebral que produz bastante noradrenalina, a mesma substância neuroquímica que suscita o afeto quando misturada à dopamina. Isso não significa dizer que o amor e o pânico estejam ligados — bem, nem sempre. Embora ambos possam causar tremores, a sensação de borboletas no estômago e o ímpeto desesperado de fugir, a descarga de noradrenalina associada ao medo não se mistura à dopamina.

Assim como o nojo e o amor, o medo pode ter alguma origem neuroquímica evolutiva, mas sua experiência também é cultural. Logicamente, existem algumas coisas das quais quase todos têm medo, como despencar da beira de um penhasco e ficar gravemente doente. Mas o medo é algo muito difícil de definir em termos universais.

Para cada aracnofóbico, existe alguém (como eu) que adora aranhas e chega a ter tarântulas gigantes como animais de estimação (coisa que eu não faço). Até mesmo entre as pessoas com medos supostamente universais, existirá alguém que se satisfaça realizando uma escalada livre em uma rocha.

Há medos que aprendemos por meio da cultura, da criação e da educação. Não apenas coisas obviamente ensinadas, como o medo do inferno e da danação, e a ameaça alienígena, mas também algumas coisas que se creem universais, como saúde e segurança básicas. A maioria de nós foi ensinada a ter medo de veículos em movimento quando éramos crianças. Na idade adulta, talvez achemos quase impossível cruzar uma estrada movimentada sem tomar precauções. Mas existem pessoas pertencentes a diferentes culturas ao redor do mundo que cruzam alegremente a mesma estrada, sem tanta cautela; pessoas que não compartilham o profundo medo de nos ferir em situações de trânsito. Qualquer pessoa que já tenha viajado para a Índia ou dirigido na Itália sabe o que quero dizer. Talvez o medo aprendido seja algo bastante diferente do medo inato. Talvez os medos não inatos sejam, tal como o amor, um complexo emocional: uma emoção construída a partir de um complexo grupo de temores, receios, pânicos, estados de hipervigilância e preocupações genuínas que se interconectam a tudo aquilo que nos deixa com medo.

É importante ressaltar que o medo nem sempre é uma coisa ruim. Do ponto de vista científico, qualquer sentimento que nos impeça de sofrer alguma lesão não é apenas bom; ele também é uma parte essencial da evolução. Pessoas temerosas de que possa haver um urso escondido atrás de um arbusto tendem a não ser devoradas por ursos. Ainda assim, a ciência contemporânea gosta de definir se uma emoção é positiva ou negativa pelas sensações que nos provocam. Essa, na verdade, é uma ideia relativamente nova — cujo surgimento irei abordar mais adiante neste livro. A ideia de que o medo é ruim teria sido estranha aos otomanos e à maioria das pessoas que conviviam com eles. O fato de uma emoção ser considerada boa ou má dependia de como ela era usada, do propósito para o qual ela era direcionada. Já nos deparamos com essa ideia antes, com as noções gregas de *eros* e *ataraxia*. Também mencionamos os medos positivos que existiam — e ainda existem — nas demais religiões, muito embora ainda não tenhamos nos concentrado neles. Os antigos hebreus receavam causar alguma repulsa a Deus. Para Agostinho, o temor a Deus pode nos levar a Ele e ao céu. O medo que os otomanos sentiam era exatamente esse tipo de medo positivo. Era o que os impulsionava a permanecer firmes em sua fé e a realizar grandes feitos. Era o medo positivo de Alá, um medo que pode ser rastreado até o fundador de sua religião: Maomé.

A montanha que moveu Maomé

Para entender esse temor divino, precisamos voltar ao ano 610, quando um homem de 40 anos chamado Abu al-Qasim Muhammad ibn 'Abd Allah ibn 'Abd al-Muttalib ibn Hashim, mais conhecido simplesmente como Maomé, começou a escalar o monte Hira até o topo, na região hoje conhecida como Arábia Saudita. Momentos antes, como já acontecera com santo Agostinho, ele ouvira uma voz que o aconselhara a ler. Mas não era a voz de uma criança. Era uma voz vinda do outro mundo, o pronunciamento de um ser com poderes extraordinários. A entidade havia aparecido diante dele, preenchendo seu campo de visão a todo e qualquer movimento. A princípio, Maomé se recusou a falar, e então a criatura ordenou uma segunda vez que ele lesse. Cético quanto à origem da aparição, ele se recusou novamente. Temia que pudesse ser um gênio ou alguma outra entidade sobrenatural demoníaca que surgira para enganá-lo. Mais uma vez, a voz emitiu a ordem e, mais uma vez, Maomé se recusou a cumpri-la. A criatura, então, o apertou em um abraço, até que ele não aguentasse mais. Maomé acabou perdendo o controle de sua voz quando as primeiras palavras do Alcorão explodiram, espontaneamente, de sua boca:

Recita em nome do teu Senhor que criou; criou o homem a partir de coágulos de sangue.
Recita! Teu Senhor é o Mais Generoso, que pela pena ensinou ao Homem o que ele não sabia.[3]

Maomé estava apavorado. Oprimido pela tenebrosa constatação de que havia, de fato, sido possuído por um demônio ou um gênio, correu montanha acima. Ele estava disposto a se libertar do que quer que tivesse assumido o controle de sua carne, arremessando o próprio corpo colina abaixo. Sua vida passou diante de seus olhos.

Maomé havia sido criado em um caldeirão de crenças. Seu povo aderira a uma variação das antigas religiões semíticas populares na região, que depositavam sua fé em uma série de deuses, entre eles, uma divindade da fertilidade chamada Deusa, ou al-Lat. Mas o mais importante de todos eles era o Deus Pai supremo chamado Deus, ou al-Lah. Esses não eram os únicos deuses que Maomé conhecia. O santuário sagrado conhecido como Caaba, no centro de sua cidade natal, Meca, havia sido construído a partir de um belo pedaço de meteorito de pedra negra. Logicamente, naquela época, os cidadãos não tinham a menor ideia de que se tratava de um meteorito. Era, simplesmente, um pedaço de pedra com uma aparência tão mística e fascinante que parecia uma moradia adequada para as divindades. Funcionava como um templo para os muitos deuses reverenciados pelos clãs que viviam nas proximidades. Na época, assim como hoje, a tradição ditava que uma pessoa deveria caminhar sete vezes ao redor da pedra antes de se aproximar para praticar a adoração.

Maomé era um comerciante cujos domínios se estendiam por toda a Península Arábica. Ele era muito respeitado por sua honestidade e seu trabalho árduo e implacável. Parece provável que tenha absorvido as histórias e crenças das religiões de fora de sua região com a mesma intensidade com que absorvera as histórias e crenças locais, levando-o a uma espécie de crise de fé. É por isso que, ao chegar à meia-idade, ele começou a passar semanas seguidas em uma caverna nas montanhas, entregando-se à prática espiritual do *tahannuth*. Uma vez sozinho, focalizava a mente na oração, ausentando-se apenas para alimentar os pobres. Maomé começou a se perguntar se o deus principal, al-Lah, era o mesmo e único Deus verdadeiro do qual sempre lhe falavam os mercadores cristãos e judeus.

Foi durante um desses rituais que teria ouvido a tenebrosa voz que o silenciara. Evidentemente, ele já tinha tido visões antes disso — fazia parte do ritual —, mas nada de modo tão vívido, tão poderoso. Ele estava convencido de que havia sido possuído por algo malévolo. Maomé sentia que não tinha escolha a não ser escalar a montanha e se jogar do despenhadeiro antes que o mal o vencesse, prejudicando, potencialmente, as pessoas que amava.

Conta-se que, enquanto ele subia, a visão retornou, ainda mais assustadora do que antes. Dessa vez, ela se apresentou: "Ó Maomé! Tu és o Apóstolo de Deus e eu sou Gabriel!"[4] A aparição o deixou paralisado de terror. Ele não moveu um músculo até que a expedição de socorro enviada por sua primeira esposa, Khadija, o encontrou um tempo depois e o ajudou a descer a montanha.

Depois disso, Maomé permaneceu confuso e apavorado por algum tempo. Mas as aparições continuavam acontecendo e, sempre que aconteciam, ele procurava consolo com a esposa, implorando que ela o "cobrisse" enquanto ele desabava, estremecido, em seus braços. Maomé estava experienciando a pura e extraordinária potência do único Deus verdadeiro: Alá. Sabia que aquele poder deveria ser temido e, em pouco tempo, descobriu que seu medo poderia ser usado como uma força para o bem. Ele havia se tornado um profeta — um porta-voz — de Deus. Em meio àquelas visões aterrorizantes, Maomé estava aprendendo algo; estava constatando, em primeira mão, como as paixões poderiam ser usadas para controlar o coração das pessoas. As palavras que ditou aos seus companheiros viriam a formar o Alcorão, o texto religioso que está no centro da fé islâmica.

O belo temor a Deus

O texto do Alcorão, em si mesmo, é lindo. Depois de ter sido compilado para sua forma atual no ano 650 d.C. por Abu Bakr, o conteúdo do livro assumiu um aspecto emocional que obriga quem o esteja lendo a tratá-lo com respeito. Pergunte a qualquer seguidor da fé islâmica, e ele lhe dirá que o texto original em árabe é maravilhoso — perfeito, até. Alguns adeptos afirmam que o árabe ali contido é tão impecável que teria mesmo de ser inspirado por uma divindade. Não há uma única frase fora do lugar, nenhuma palavra mal escolhida, nenhum erro gramatical. Ele deveria ser lido, pelo menos, com tanto peso emocional quanto uma apresentação de *Hamlet*, e talvez ainda mais do que isso. Na verdade, a adulação que os atores praticam às palavras do grande bardo não é nada se comparada com o que os seguidores do Alcorão dedicam a esse texto dos mais sagrados. Shakespeare deve ser interpretado, e não apenas lido. O Alcorão, quer seja lido em voz alta, quer silenciosamente, também deveria ser acompanhado por uma interpretação.

Está em um dos *hadith*:

Este Alcorão foi revelado com tristeza, então, quando você recitá-lo, chore. Se não conseguir chorar, finja e torne sua voz melodiosa ao recitá-lo. Quem não torna sua voz melodiosa, não é um de nós.[5]

Espera-se que os leitores do Alcorão tomem o tempo que for preciso, permitindo-se vários dias para completar o texto inteiro, se necessário for. Eles devem chorar nos momentos esperados, escolher os tons mais bonitos quando o texto está comunicando algo belo, elevar as vozes e suavizá-las quando apropriado. Os leitores devem contemplar as palavras e permitir que o corpo aja em conformidade. Os praticantes da fé acreditam que aquelas são as palavras do próprio Alá, e não apenas as de um talentoso dramaturgo ou apóstolo.

O Alcorão é um livro que evoca propositadamente as emoções, em uma tentativa de mudar a vida dos leitores e de aproximá-los de Alá. É uma obra projetada para ser respondida com choro e proclamações em voz alta. Certas *suratas* (capítulos) e revelações deveriam fazer os leitores reagir de maneira visceral e emocionalmente tocante. Como a maioria dos textos religiosos, ele exerce uma influência emocional, pensada tanto para transformar os ouvintes em muçulmanos quanto para reforçar sua fé após a conversão. O segredo para essa transformação é um tipo de medo, mas não o medo como estamos acostumados a entendê-lo.

O Alcorão é uma obra dividida em duas partes.[6] Na primeira, as *suratas* de Meca, encontramos a maior parte do conteúdo realmente emocional. São as *suratas* registradas antes de Maomé se mudar para Medina, em 622, para evitar ser morto por pessoas que estavam descontentes com seus esforços de converter todos à sua nova religião. Talvez porque ele não tivesse a liberdade de pregar de forma aberta, o que mais tarde encontraria em Medina, ou talvez porque elas tivessem de ser facilmente memorizadas, essas *suratas* iniciais são mais curtas, mais rítmicas e focam muito mais nas crenças de outras religiões vigentes naquela região. Nelas, há mais probabilidade de encontrarmos menções a Adão e a profetas anteriores, como Moisés, Abraão e Jesus. Esses capítulos enfatizam a importância da moralidade, os

O que os otomanos temiam

perigos de adorar o deus ou os deuses errados, as maneiras de chegar ao céu e as maneiras de evitar o inferno. Elas são muito mais severas e sombrias do que as que Maomé compôs mais tarde em sua vida, após conquistar Medina. Isso não significa que as últimas *suratas* não sejam emocionais — longe disso. Mas a compreensão de Maomé das emoções, particularmente o medo, é expressa de forma mais explícita nesses capítulos mais curtos, de modo que começaremos por aí.

Nas *suratas* de Meca, Maomé exorta as pessoas a acreditar com intensidade e foco. Isso não causa surpresa: essas eram as *suratas* recitadas quando ele começou a arrebanhar seguidores e a pregar sua palavra. *Elas* tinham de ser incisivas, precisas e fáceis de decorar, já que uma forte tradição oral era fundamental para a propagação precoce da fé. Acredita-se que algumas delas eram registradas em tudo o que os seguidores de Maomé conseguiam encontrar na época — tecido, pedaços de osso, peças sobressalentes de couro, e assim por diante. Quase todas essas *suratas* mais curtas podem ser encontradas, hoje, no fim do Alcorão. As versões atuais as organizam, em sua maior parte, por comprimento, com as mais longas aparecendo primeiro. Para ler o que o jovem Maomé disse a seus seguidores naqueles primeiros anos, é preciso ir até o fim do livro. É aqui, também, que encontramos alguns leves ecos das ideias de santo Agostinho.

Não há nenhuma evidência de que Maomé conhecesse a obra de Agostinho, mas poderia muito bem ter conhecido. Como observei acima, ele era um comerciante com um profundo interesse em uma variedade de culturas e tradições. É bastante provável que tenha adquirido uma grande quantidade de conhecimentos sobre o cristianismo e o judaísmo devido ao contato com outros comerciantes e com os santos homens que conheceu em seu ofício. Ele construiu um conhecimento quase enciclopédico daquelas religiões, ainda que filtrado por sua cultura. Tal familiaridade com as ideias do cristianismo poderia sugerir que tenha, ao menos, ouvido falar de Agostinho, dada a fama e a prolífica produção deste último. Mas, independente de Maomé estar bem informado acerca de Agostinho, os dois compartilhavam algumas ideias surpreendentemente semelhantes.

Assim como grande parte da obra de Agostinho, o Alcorão enfatiza a diferença entre o amor divino e o amor por si mesmo — e os méritos do primeiro sobre o último. Ele lembra seus leitores, repetidamente, que Alá concedeu aos humanos a habilidade de pensar e sentir. A mensagem é que, se amarmos Alá, Alá nos amará de volta. Se não amarmos, bem, pagaremos no inferno. Além disso, assim como a concepção de amor de Agostinho, a do Alcorão não se baseia apenas na caridade e em amar os outros para obter algum ganho pessoal, mas em desejar, de modo ativo, o amor de Alá. "A riqueza que buscares aumentar pela usura não aumentará perante Deus; mas as esmolas que deres em nome do amor de Deus lhe serão duplicadas muitas vezes."[7] Em termos mais explícitos, deve se amar o próximo abnegadamente em nome de Alá.

Mas o amor não é ofertado gratuitamente por Alá; é algo que deve ser conquistado. Da mesma forma, a misericórdia só pode ser concedida por ordem de Deus. Para obter o amor e a misericórdia, deve se agir como um muçulmano, conforme orientado pelo Alcorão. É isso que diferencia o Alcorão das obras de Agostinho. Certo tipo de medo, ainda que baseado no amor, como o agostiniano, era importante para a nova religião de Maomé.

Como tem sido quase sempre o caso, dos gregos à ciência moderna, esse *medo* é uma espécie de termo genérico que cobre uma gama ampla de sentimentos, embora todos estejam relacionados. Considere, por exemplo, a diferença entre não gostar de ratos porque os achamos geralmente desagradáveis e abominar os ratos a ponto de desenvolver uma musofobia absoluta e causadora de hipervigilância. Mas não se trata apenas de uma questão de gradação. Existem inúmeras e sutis distinções entre as definições de medo encontradas na literatura científica e em textos filosóficos e religiosos. O Alcorão menciona dez tipos de medo, entre eles, o *khawf* (o medo de um perigo que vemos que se aproxima, e para o qual deveríamos nos preparar), o *khashiyah* (o medo do mal que algo possa nos causar) e o *taqwa* (o tipo de medo que nos leva a tomar precauções, como trancar nossa casa ou usar uma máscara durante uma pandemia). Tudo isso pode ser experienciado a serviço de Alá, mas também pode ser experienciado por motivos egoístas. O Alcorão cita as palavras de Alá: "Eis Satã: apenas ele vos faz temer seus aliados. Não os temais; temei a Mim, se sois verdadeiramente fiéis."[8] Agostinho fazia uma distinção entre o amor por si mesmo e o amor voltado para Deus. Este último amor também poderia gerar o medo do pecado — uma ideia que nos leva de volta ao medo dos hebreus de causar alguma repulsa a Deus. O Alcorão faz algo semelhante. Ele distingue os medos comuns e habituais dos temores mundanos e do tipo certo de medo — o medo de Deus, ou melhor, o medo de decepcionar Deus.

Embora a maioria das traduções do Alcorão use o termo *temente a Deus*, as palavras árabes não significam isso. Não exatamente. Elas fazem referência a uma daquelas emoções difíceis de traduzir. As palavras originais em árabe para "medo de Deus", *alkhawf min Allah*,[9] são compreendidas de forma mais precisa sob o significado de "consciência de Deus", ou "proteção de Deus". É o medo de perder de vista o imenso poder de Alá; de desenvolver uma aversão a Ele, ou de não proteger a fé daqueles que lhe têm aversão; de perder o controle e não se comportar como um muçulmano deveria se comportar; de colocar tudo em sua vida como algo secundário a Alá — seus bens, sua família e até mesmo a própria vida —, a fim de evitar sentimentos de perda. Essa perda, ou *khusr*, também é uma parte essencial da composição emocional do Alcorão. Uma das últimas e mais curtas *suratas* diz:

Pelo tempo! Por certo, o ser humano está em perdição, exceto os que creem e fazem as boas obras; que se recomendam, mutuamente, a justiça e perseverança.[10]

De acordo com o Alcorão, não se comportar como um muçulmano deveria equivaler a perder, ou, talvez, simplesmente nunca receber, o amor e a misericórdia de Alá. É uma perda equivalente a um caminho para a perdição, para o inferno e a danação.

O medo de Deus ajuda os adeptos a permanecerem atentos e zelosos de seu foco em Alá. Ele permite que o fiel enfrente suas paixões naturais, mantenha suas emoções sob controle e faça o que é certo em nome de Alá, em vez de agir por puro interesse próprio. Esse enfoque o levará a prosperar, a vencer as batalhas e a ganhar suas recompensas no céu.[11] A mensagem é nítida: se realmente temermos decepcionar Alá, aceitaremos o que o Alcorão tem a dizer, manteremos nossas emoções sob controle e ganharemos nossas recompensas.

Outro elemento importante do aspecto emocional do Alcorão é o papel do coração. Existem quatro palavras frequentemente intercambiáveis para "coração" no texto. *Qalb* e *fu'ad* significam, de forma literal, "coração". *Lubb* significa "o coração interno", ou "mente". Por fim, *sadr* significa "peito" e/ou "seio". Em conjunto, elas aparecem 208 vezes no texto.[12] O Alcorão atribui o centro emocional de uma pessoa ao coração e também estabelece que ele é a sede da *aql* (que significa "razão" ou "compreensão").[13] A cabeça, ou o *ra's*, é apenas uma cabeça. Isso significa que, no contexto dos primórdios do Islã, pensar e sentir não eram entendidos como duas coisas separadas. De acordo com o Alcorão, o coração dos que não creem está endurecido não só porque eles não entendem a mensagem do Islã, mas também porque não a *sentem*. A ideia desse órgão como a fonte de nossas emoções surge com bastante frequência na literatura antiga. O fato de continuarmos a dizer "Sinto isso em meu coração" é uma prova da profundidade com que esse conceito penetrou tantas tradições espirituais e culturais. Considerando-se que essa é uma parte essencial da forma como as emoções eram entendidas no Islã otomano, talvez seja o momento de abordar o assunto aproximando-o de sua perspectiva médica. Para fazer isso, precisamos avançar até um dos maiores intelectuais do Islã — um homem chamado Abu 'Ali al-Husayn ibn 'Abdillah ibn al-Hasan ibn 'Ali ibn Sina, ou Ibn Sina, para abreviar. Ele era conhecido no Ocidente como Avicena.

Com excelente humor

Ibn Sina nasceu por volta de 980, perto de Bucara, onde hoje é o Uzbequistão. Filho de um funcionário do governo, Ibn Sina havia memorizado todo o Alcorão aos 10 anos de idade. Antes de chegar à adolescência, já dominava a aritmética indiana, a lei islâmica e grande parte da filosofia antiga. Pouco depois, começou a se relacionar com as obras de Aristóteles. Ele releu *Metafísica* até saber de cor palavra por palavra. Mais importante do que isso, aprendeu a entendê-la intimamente com a ajuda de comentários escritos por outro grande pensador islâmico, al-Farabi. Aos 16 anos, decidiu estudar medicina, dizem os boatos, porque lhe parecia fácil. Sua habilidade médica se tornou amplamente conhecida, e ele escreveu dois livros sobre o assunto — *Kitab al-Shifa'*, ou O *livro da cura*, e *Al-Qanun fi'l-tibb*, ou *O cânone da Medicina*.

Uma das maiores influências para Ibn Sina e, de fato, para todos os médicos que viviam em algum lugar entre as fronteiras ocidentais da Índia e as costas da Irlanda foi Galeno. Do ponto de vista médico, Galeno pode muito bem ser considerado o pensador mais influente da história da civilização ocidental. Suas ideias dominaram a prática médica por mais de um milênio. Galeno foi importante — muito importante. Ao contrário das solenes concepções teológicas e filosóficas

Uma história das emoções humanas

que não significavam nada para o agricultor comum, suas opiniões sobre a cura afetavam a todos, tanto o rei quanto o camponês, muito embora os camponeses estivessem mais propensos a se tratar usando os princípios dele do que recorrendo aos serviços de um médico. Como costuma acontecer com frequência, o fato de ele estar errado sobre quase tudo não importava.

Intelectuais dos grandes impérios islâmicos que surgiram logo após a morte de Maomé traduziram e preservaram as palavras de Galeno, às vezes burilando-as e adaptando-as. No século XII, seus ensinamentos chegaram à Europa e se tornaram a espinha dorsal da maioria das abordagens da medicina, tanto no mundo ocidental quanto no Oriente Médio, até que a teoria dos germes finalmente os suplantou de uma vez por todas, no século XIX.

Galeno pegou emprestadas muitas de suas ideias do médico grego Hipócrates — o homem que nos legou o juramento de Hipócrates. Hipócrates acreditava que os seres humanos eram compostos de quatro humores. Cada um desses humores tinha uma temperatura e uma consistência específicas. O humor quente e úmido em torno do fígado era o *haima*, ou sangue. A *melaina chole*, ou bile negra, fria e úmida, acumulava-se no baço. A vesícula biliar produzia o humor quente e seco *xanthe chole*, ou bile amarela. Por fim, o cérebro produzia o *phlegma* frio e úmido (*phlegma*, a propósito, não significava "catarro", como em "cuspe". Tratava-se de qualquer substância translúcida encontrada no corpo).* Galeno acreditava que, para que o corpo funcionasse de forma eficiente, todos os quatro humores deveriam estar perfeitamente equilibrados. Esforçar-se para manter uma dieta saudável, dormir o suficiente e praticar exercícios físicos com regularidade eram o cerne da prática médica prescrita por Galeno (eu disse que ele estava errado sobre "quase" tudo).

O importante em relação ao nosso tópico atual das emoções é que cada humor estava associado a um estado de espírito. Hoje, muitos

120

idiomas usam versões daquelas palavras para descrever os sentimentos. O sangue estava relacionado ao ser sanguíneo — loquaz, ativo e extrovertido. A bile negra, ou *melaina chole*, é a fonte da palavra inglesa *melancholy* [melancolia], e isso resume seu efeito. O excesso de bile amarela deixava a pessoa colérica — irascível, rabugenta e estressada. O excesso de fleuma tornava a pessoa indolente, letárgica e apática — fleumática. Mas, para Galeno, quando se tratava dos humores, as coisas paravam por aí. O único tratamento possível era se comportar da maneira certa e controlá-los.[14] Mas, igualmente importante, tanto para Galeno quanto para Ibn Sina, era a respiração.

Galeno argumentava que a alma animava o corpo usando o *pneuma*, ou ar. Havia três tipos de *pneuma*: o *pneuma physicon* (ou espírito natural), que residia no fígado e ajudava a regular nosso eu vegetativo, governando coisas como nutrição, metabolismo e reprodução. O *pneuma psychicon* (ou espírito animal) era encontrado no cérebro e controlava os aspectos "animais" da nossa vida, como a percepção sensorial e os movimentos. O *pneuma zoticon* (ou espírito vital) estava localizado no coração e controlava a temperatura corporal e o fluxo de sangue e dos humores.[15] Ibn Sina usou esses conceitos e os aprimorou. Ele acreditava que a respiração se originava no coração, como o sopro da vida — o próprio ar que Alá havia soprado em Adão ao criá-lo. Essa respiração da alma se infiltrava pelo corpo, interagindo com os humores e permitindo que os órgãos fizessem seu trabalho. Para ele, o objetivo dos humores era fortalecer e se relacionar com as demais partes do corpo, provocando por vezes mudanças de comportamento, como a expressão de emoções desregradas. Quando o fluxo da respiração é restringido ou alterado, isso pode desequilibrar os humores e causar doenças, incluídas as doenças das paixões.

Ibn Sina não elaborou uma análise sistemática das emoções, mas ele escreveu sobre as maneiras pelas quais as paixões poderiam ser detectadas, usando uma combinação da respiração do paciente com a pulsação. Respirações profundas e uma pulsação "elevada, subindo muito", que se mostrava "enérgica", sugeriam raiva. Uma pulsação repentina, rápida e irregular, com respiração acelerada, indicava medo (a velocidade com que esses sintomas apareciam se correlacionava com o grau do temor). O sofrimento era acompanhado por uma pulsação quase indetectável e uma respiração fraca. Finalmente, uma respiração gradual e uma pulsação lenta, frequente, mas com relativa potência, significava que o paciente estava vivenciando uma experiência de alegria ou prazer.[16] O paciente alegre também estaria aquecido, à medida que o sangue quente e úmido se tornava o humor dominante em seu corpo.

Para Ibn Sina, os sentimentos estavam firmemente situados dentro do corpo. Em seu entender, as paixões eram um problema médico, e as curas para as emoções desregradas não precisavam mais envolver penitências religiosas, orações ou exorcismos. Seria possível encontrar o tratamento certo equilibrando os humores. Isso também significava que monitorar a fonte das emoções — o coração — poderia nos ajudar a controlar nossos sentimentos e a nos manter no caminho estabelecido por Alá para nós. Essa ideia se ajustava ao ensinamento islâmico de que nossas emoções deveriam coincidir com aquele sopro divino inicial do pensar e do sentir, o qual desacelera a pulsação, abranda o coração e conduz ao Islã. É provável que, ao menos, o exército otomano estivesse acreditando nisso enquanto se preparava para o ataque a Constantinopla, na noite de 28 de maio de 1453.

A comunidade da guerra

Vamos voltar ao cerco a Constantinopla, onde, de acordo com Neşri, historiador otomano do século XVI, o sultão Mehmed II estava fazendo um discurso:

Essas tribulações são em nome de Deus. A espada do Islã está em nossas mãos. Se não tivéssemos escolhido suportar essas tribulações, não seríamos dignos de ser chamados de *gâzîs* [guerreiros]. Teríamos vergonha de estar na presença de Deus no Dia da Ressurreição.[17]

Esse pode ter sido um dos muitos discursos proferidos por Mehmed. Nos dias que antecederam a investida final, ele se manteve ocupado. Percorreu o acampamento a cavalo, conversando com seus homens e seus comandantes. Planejou os assaltos e tornou-se parte do esforço de guerra mais amplo, parte da comunidade, em vez de uma figura distante abrigada sob uma tenda, a quilômetros de distância.

Comunidades emocionais

O exército otomano era composto p,,or pessoas de diversas comunidades, chamadas de *millet* ou *taife*. Às vezes, elas eram separadas por etnias, às vezes pela fé — nem todos que lutavam ao lado dos otomanos eram muçulmanos, embora a grande maioria fosse. Apesar dessas sociedades distintas, durante a batalha havia uma comunidade emocional abrangente que unia todos os soldados. Fundamentais para essa comunidade emocional eram ideias como a *rıza ve şükran*, uma aprovação ou gratidão devidas aos que estavam se esforçando, fazendo o que deveriam fazer e evitando comportamentos ofensivos para com o grupo. O último item era especialmente importante. A frase turca relacionada a não ser ofensivo — *kendi halinde olmak* — significa, ao pé da letra, "ficar sozinho", o que, à primeira vista, pode parecer um tanto estranho. Mas *kendi halinde olmak* não significava ficar sozinho em termos de se separar do grupo para evitar incomodar as pessoas, ou algo assim. Segundo o historiador Nil Tekgül, significava tentar ser "inofensivo com ênfase na inocuidade",[18] ou seja, não causar problemas, não contar vantagens, não ser uma pedra no sapato. Apenas continuar fazendo seu trabalho.

A comunidade, obviamente, é uma parte importante do Alcorão. Acredita-se que a *ummah*, um tipo de comunidade comandada pelo próprio Alá, una os seguidores do Islã:

> Ó mensageiros! Comei das coisas benignas e praticai o bem, porque sou sabedor de tudo quanto fazeis. E sabei que esta vossa comunidade [*ummah*] é apenas uma comunidade [*ummah*], e que eu sou o vosso único Senhor: temei-Me, pois.[19]

A *ummah* compartilhada dentre e entre as *taifes* era parte de sua composição emocional e da composição emocional do próprio exército otomano.

Na qualidade de sultão, Mehmed era responsável por reforçar aqueles laços comunitários. Ele tinha de mostrar aprovação e gratidão aos seus homens pelo que eles estavam prestes a fazer e tinha de demonstrar que também temia Alá e pretendia fazer o que era correto em nome dele. Agir dessa forma era essencial para garantir que suas tropas continuassem sendo uma unidade firme e determinada: uma grande *ummah* constituída por *taifes* individuais. Ele, assim como os demais, estaria pronto para se juntar à luta coletiva, a fim de demonstrar gratidão mútua e utilizar de seu temor a Alá para abrandar os corações e insuflar neles o sopro de Deus, de modo que eles pudessem tomar Constantinopla e fazer o que Alá ordenara, em retribuição à sua misericórdia, amor e glória. Cabia ao sultão dirigir-se a todos aqueles homens e ajudá-los a prosperar.

É provável que Mehmed acreditasse que suas tropas haviam sido colocadas sob sua proteção por Alá. Ele era encarregado de cumprir códigos de proteção, ou *siyanet*, e códigos de compaixão, afeição e

O que os otomanos temiam

benignidade, ou *merhamet*. Cabia ao sultão ajudar o coração de seus homens a prosperar (*müreffhü'l-bal*) e a permanecer em um "estado de tranquilidade" (*asude-hal*). Cabia a ele manter seus homens o mais felizes possível.[20] Mesmo durante as épocas de guerra, isso importava. E, provavelmente, foi por esse motivo que o sultão riu e conversou com os rapazes, procurando mostrar-se como um deles. Ele estava demonstrando compaixão por seus súditos como governante e como parte de sua comunidade emocional.

Basta dizer que funcionou. No dia seguinte, conectado como uma unidade, o exército otomano conquistou Constantinopla com êxito. As paredes bizantinas ruíram, o exército caiu, o império colapsou. Os últimos vestígios do Império Romano, antes tão dominante no mundo ocidental, haviam sido extintos — exceto a Igreja Católica, é lógico, mas isso não é importante agora. O importante é que o sultão Mehmed II alcançou o que havia escapado a muitos. Istambul, como Constantinopla viria a ser conhecida, tornou-se seu bem mais valioso, sua nova capital. Ela seria levada de volta à sua antiga glória e recuperaria novamente sua beleza. Os otomanos não precisavam temer Alá — a centelha de vida no coração os levara à vitória em seu nome. E Alá não precisava se sentir ofendido.

É inegável o grande impacto que a invasão otomana à Constantinopla teve na história. Para começar, a moderna Turquia continua a ser associada a muitos dos mitos que cercam a queda da cidade. Sem o medo que impulsionou a busca pela misericórdia de Alá batendo no coração dos homens de Mehmed II, nem sequer existiria uma Turquia. A invasão otomana à Constantinopla não foi uma decisão meramente tática. Ela foi movida por um impulso emocional de Mehmed e seus homens, um desejo de terminar o que seus pais haviam começado em nome de Deus. Isso se tornou possível graças às comunidades emocionais formadas por seus homens.

A queda de Constantinopla teve consequências enormes, que o próprio Mehmed não teria sido capaz de prever. Ela deu aos otomanos o

Uma história das emoções humanas

controle sobre o acesso à Rota da Seda e, é óbvio, Mehmed aproveitou a oportunidade para cobrar impostos exorbitantes dos mercadores que a atravessavam. Por mais de dois milênios, as pessoas tinham viajado da China à Europa, e vice-versa, por aqueles caminhos. Essa rota havia sido uma parte essencial da economia europeia. De repente, os comerciantes não conseguiam mais bancar aquelas viagens. As repercussões disso redesenhariam o mapa, mudando a Europa e o mundo para sempre.

A evaporação do comércio ao longo da Rota da Seda foi, sem dúvida, responsável pela criação da parte do mundo que hoje chamamos de Europa. As fronteiras antes indistintas da Cristandade haviam se tornado mais nítidas e seus limites, mais óbvios. Aqueles novos europeus teriam de encontrar uma maneira de contornar tais fronteiras, assumindo riscos ousados e nunca antes imaginados para viajar até o Oriente. O que aconteceu quando resolveram fazer isso e as emoções desencadeadas por essas ações definiram o início da era moderna.

Seis

As abomináveis caças às bruxas

Imagine-se, por um momento, sendo uma mulher de idade avançada e vivendo na Europa do século XVII. Você é solitária, não tem filhos e seu marido morreu há algum tempo. A única maneira de se manter viva é contar com a bondade das pessoas da sua aldeia e, ocasionalmente, preparar medicamentos para elas. Os aldeões pensam em você como uma "mulher sábia" — um tanto excêntrica, envolvida em algum tipo de magia, mas, de modo geral, inofensiva. Então, um dia, em meados da década de 1610, uma vaca pertencente a alguém que tinha sido rude com você adoece e morre. Em um piscar de olhos, você não é mais uma mulher sábia, mas uma bruxa.[1]

Por meses, e até anos, as pessoas a chamam regularmente de bruxa e são hostis em relação a você. Depois de algum tempo, você sofre um esgotamento nervoso: grita, berra, amaldiçoa e xinga os aldeões, fica furiosa a ponto de querer se vingar. Nesse acesso de raiva, dispõe-se a fazer qualquer coisa para colocar aquela vingança em prática, até mesmo virar as costas para Deus. Nesse momento, um cachorro aparece e conversa com você, o que a deixa um pouco assustada: afinal de contas, trata-se de um cachorro falante. Esse medo só se intensifica quando o cachorro avisa que ele é o próprio diabo. O cão endiabrado pede que você se acalme, porque ele a ama "demais para machucá-la ou assustá-la". Você está sozinha, amargurada e magoada, e eis aqui um cachorro falante lhe oferecendo amor. Na verdade, é muito bom ser amada depois de todos aqueles anos.

O cão endiabrado lhe oferece então o poder de se vingar de todos os que a injustiçaram e tudo o que ele deseja em troca é seu corpo e sua alma. Abrir mão da sua alma imortal pode parecer demais como retribuição a um pouquinho de vingança sangrenta, e então o diabo acrescenta mais um estímulo. Se recusar, ele irá "rasgar [seu] corpo em mil pedaços". O que você faria?

De acordo com uma peça encenada pela primeira vez por volta de 1621 e supostamente baseada em "uma história real", esse foi precisamente o dilema enfrentado por Elizabeth Sawyer. Na peça, a "Mãe" Sawyer sente-se tão cansada de ser maltratada que aceita o acordo, semeando loucura, suicídio e assassinato entre seus vizinhos, antes de ser capturada e enforcada.[2] Por mais inverossímil que essa história possa parecer, não é tão incomum quando comparada a outras histórias sobre como as pessoas se tornam bruxas.

As ondas de caça às bruxas dos séculos XVI e XVII são alguns dos piores exemplos de violência contra as mulheres em toda a história. As estimativas mais otimistas sobre o número de mulheres assassinadas entre os anos 1560 e 1630 ficam em torno de cinquenta mil, embora isso seja questionado.[3] Alguns dizem que foi menos; alguns dizem que foi mais. Alguns afirmam que o número chega à casa dos milhões, embora isso seja improvável.

Uma das maiores caças às bruxas aconteceu em Tréveris, ou Trier (uma antiga cidade romana hoje situada na Alemanha), por 12 longos anos, entre 1581 e 1593. Cerca de mil pessoas acusadas de serem bruxas foram mortas naquele local, depois que um arcebispo católico particularmente sórdido — Johann von Schönenberg — decidiu expulsar os protestantes, os judeus e as bruxas da cidade. Ele despertou um medo generalizado, auxiliado por promotores seculares que esperavam lucrar com a disseminação do sofrimento: os julgamentos não eram baratos e a Igreja era rica. Em pouco tempo, pessoas acusadas de bruxaria estavam sendo arrastadas para fora de suas casas, torturadas e queimadas vivas. Frequentemente, o processo levava a novas acusações e, em um efeito bola de neve, transformava-se em histeria coletiva.

Nesse momento, talvez você esteja se fazendo uma pergunta que atormenta os historiadores há décadas: como isso aconteceu? Quais condições poderiam ter criado uma situação em que milhares de pessoas, em sua maioria, mulheres, foram mortas por um crime que muito certamente não cometeram? A resposta, ou pelo menos grande parte dela, tem a ver com as emoções.

Das muitas paixões que as pessoas nutriam pelas bruxas naquele período, duas eram particularmente importantes — e são sentimentos com os quais já nos deparamos antes, pelo menos com algumas versões deles. Esses dois sentimentos são a chave para explicar por que tantas pessoas foram mortas. O primeiro é o medo e o segundo é um tipo particular de repulsa — a *abominação*.

O modo como o povo europeu entendia o medo e a abominação na época de caça às bruxas tem suas origens em um regime emocional muito mais antigo; um regime que combinava os ensinamentos cristãos com o pensamento grego. Não era a obra de santo Agostinho, mas de um homem que desenvolveu as ideias dele e as converteu em uma força intelectual que dominou a Cristandade nos quatrocentos anos seguintes: santo Tomás de Aquino.

O primeiro livro sobre emoções

O século XII foi descrito de muitas maneiras: desde o renascimento até a crise. O que está claro é que foi um século de profundas mudanças na Europa, e muitas dessas mudanças foram trazidas pelos cruzados. O aumento da burocracia é um exemplo significativo, embora um tanto prosaico. O número de relações de mercadorias, estoques e coisas do gênero aumentou dramaticamente. Houve, também, um influxo repentino de traduções latinas da literatura grega antiga, entre elas, as obras de Aristóteles.

O impacto da reintrodução de Aristóteles na vida intelectual dos europeus no século XII foi imenso. Ideias baseadas nas obras aristotélicas dominaram a educação e o debate pelos quinhentos anos seguintes. Muitos historiadores chegaram a pensar que isso nos levou a um caminho muito soturno. Eles argumentavam que as ideias da Igreja, filtradas pela lógica aristotélica, estrangularam o progresso por meio milênio, levando à chamada Idade das Trevas. Logicamente, não é tão simples assim. Houve inúmeros e ótimos intelectuais e inventores naquele período. Desde o colar de cavalo, que revolucionou a agricultura, até a maravilha jurídica que foi a Magna Carta, diversas invenções surgiram nesse período. Alguns excelentes filósofos também vinham produzindo obras significativas e influentes. Um deles era um frade dominicano chamado Tomás de Aquino.

No século XIII, as profundas mudanças ocorridas durante os cem anos anteriores estavam se propagando. Foi nessa época que Tomás de Aquino escreveu, entre outras coisas, uma obra inacabada chamada *Summa Theologiae,* ou *Suma teológica.* A *Summa* é um livro colossal, tanto em extensão quanto em escopo intelectual. Nele, as ideias são expostas ponto a ponto. Primeiro, Aquino faz uma afirmação. Em seguida, ele apresenta objeções por conta própria. Depois, analisa suas objeções antes de finalmente chegar a uma conclusão. Então essa conclusão se torna a próxima afirmação, e todo o processo recomeça. É fácil se perder nesse trabalho, e é mais fácil ainda retirar Aquino do contexto, citando partes equivocadas das argumentações.

Para nós, o mais importante é um trecho específico da *Summa*: as seções 22-48 da *Prima Secundae,* ou a primeira parte da segunda parte. Esses capítulos, com quase toda a certeza, constituem o primeiro trabalho já escrito dedicado às emoções. Aristóteles havia abordado

As abomináveis caças às bruxas

de forma sistemática as emoções na *Retórica*, mas não por si mesmas; na *Retórica*, as descrições de Aristóteles das *pathē* eram parte de uma obra sobre como participar de um debate. Aquino dedicou, de fato, uma seção inteira de seu livro às emoções. Eu me refiro a "emoções", mas tecnicamente ele estava escrevendo sobre a categoria de sentimentos conhecida como paixões, ou *passiones animae* (paixões da alma). Eram sentimentos que começavam no corpo e influenciavam a mente, não muito diferente das *pathē*. Tomás de Aquino também identificou outra categoria de sentimentos, os *afetos* ou *afeições*, que trilham a direção oposta: a mente pensa em algo por um momento, talvez até por muito tempo, e então faz com que o corpo sinta a resposta apropriada. Para simplificar, as paixões são os sentimentos que Platão e os estoicos desejavam tão desesperadamente que as pessoas aprendessem a controlar. Elas eram a causa do amor por si mesmo agostiniano e do consequente pecado. Os afetos eram os sentimentos controlados, conscienciosos, bons — aqueles que, segundo Platão, conduzem ao *eros* ou que, segundo Agostinho, começam com a *caritas*. Algumas pessoas, como os estoicos, acreditavam que era possível transformar as paixões em afetos.

Tomás de Aquino distribuiu as paixões individuais em uma lista que se inspirava fortemente em Platão e em Aristóteles. Esse cardápio de sentimentos consistia nas paixões primárias, que, quando misturadas, davam origem às paixões secundárias. Ele colocou as emoções primárias em dois grupos de pares opostos e chamou esses grupos de paixões do concupiscível (ou desejantes) e paixões do irascível (ou coléricas), tomando emprestados os termos de Platão. Mas ele listou os sentimentos que compunham cada categoria de uma forma que Platão e Aristóteles jamais fizeram.

As paixões desejantes eram:

- *amor* (amor) e *odium* (ódio),
- *desiderium* (desejo) e *fuga*, ou *abominatio* (fuga, ou abominação), e

- *delectatio,* ou *gaudium* (deleite ou alegria), e *dolor,* ou *tristitia* (dor ou tristeza).

Assim como as de Platão, essas paixões eram simples, causadas por uma reação a algo bom ou ruim: uma recompensa ou uma punição. Por exemplo, o *amor* (amor) é causado por algo bom e o *odium* (ódio) é causado por algo horrível. O *desiderium* (desejo) é uma vontade de se mover em direção a algo agradável e a *fuga,* ou *abominatio* (fuga, ou abominação), é a compulsão para fugir de algo temível. *Gaudium* (alegria) é o que sentimos quando recebemos ou estamos perto de algo belo; *tristitia* (tristeza) é o que sentimos quando estamos em uma situação deplorável.

As paixões coléricas de Aquino eram:

- *spes* (esperança),
- *desperatio* (desespero),
- *audacia* (audácia),
- *timor* (temor) e
- *ira* (ira).

Novamente, essas são as paixões ativadas quando as coisas ficam árduas. Esforçar-se por aquilo que se deseja requer a paixão da esperança ou a audácia para entrar em ação. Para lutar contra algo mau, é preciso ira, temor ou desespero.

Da mesma forma que as paixões do concupiscível, as paixões do irascível foram emparelhadas em opostos, mas elas eram um pouco mais complicadas. Dependendo da situação, a esperança poderia ser o oposto do desespero e a audácia o oposto do temor. Em outras ocasiões, a audácia era o oposto do desespero e a esperança era o oposto do temor. A mais estranha era a ira. Embora fosse a mais colérica das paixões irascíveis, ela não tinha paixão alguma oposta.[4]

As abomináveis caças às bruxas

Mas Tomás de Aquino não classificou as paixões apenas como desejantes ou coléricas. Ele também as separou de acordo com a ocasião em que ocorrem. Algumas emoções (alegria, tristeza, audácia, temor e ira) estão relacionadas ao que está nos acontecendo no momento. Portanto, se ganhamos um jogo, sentimos alegria naquele instante específico. Se perdemos, sentimos tristeza. Outras paixões (desejo, fuga ou abominação, esperança e desespero) são sentidas quando nos inteiramos do que pode acontecer conosco em algum momento no futuro. Se queremos algo, mas não o temos, sentimos desejo ou esperança. O amor e o ódio são atípicos porque existem, de acordo com Tomás de Aquino, em todos os momentos.

Como observei acima, o temor e a abominação, conforme descritos por Tomás de Aquino, eram os principais ingredientes da caça às bruxas na Europa. As pessoas sentiam abominação em relação às mulheres (e homens) tidas como bruxas e, na época, o medo era um pavor incessante que perseguia incansavelmente o povo europeu. Vamos descompactar essas noções, começando com aquela emoção básica onipresente, o medo, e a razão pela qual ela pairava sobre as pessoas que viviam nos séculos XVI e XVII.

Tempos aterrorizantes

No capítulo anterior, deixamos os otomanos, após a invasão bem-sucedida de Constantinopla em 1453, quando passaram a cobrar impostos exorbitantes sobre todas as mercadorias que atravessassem sua região provenientes da Rota da Seda, inclusive produtos que os europeus gostavam muito, como especiarias, porcelana à base de ossos e a própria seda. Os europeus, muitos dos quais haviam enriquecido negociando com o Oriente, precisavam encontrar um novo caminho para seus fornecedores. Isso ocasionou o contorno do Chifre da África por Bartolomeu Dias em 1488, algo visto como impossível, pois fazia tanto calor naquelas terras ao sul que a cabeça dos navegantes poderia estourar. Logo depois, em 1492, um experiente marinheiro de Gênova, chamado Cristoffa Corombo (o chamamos de Cristóvão Colombo), procurou navegar para oeste com a finalidade de chegar às Ilhas das Especiarias. Todos sabiam do formato redondo da Terra (eles já sabiam disso há milhares de anos), portanto, a tentativa parecia bastante razoável. O problema era que, sem que os europeus tivessem conhecimento na época, havia todo um continente no meio do caminho. Colombo descobriu isso quando seus navios aportaram nas atuais Bahamas. Afirmar que a chegada nesse novo continente surpreendeu os europeus seria um eufemismo. Tudo o que eles conheciam e tudo em que acreditavam foi profundamente abalado. Bem, é óbvio que nem todo mundo se sentiu assim: o aldeão comum provavelmente não se importou muito com isso, se chegou a saber. Mas as elites instruídas ficaram pasmadas, confusas e bastante assustadas. "O que mais não sabemos?", elas se perguntavam.

Vinte e cinco anos depois, em 1517, enquanto todos ainda tentavam absorver a ideia de que havia mais coisas no mundo do que se supunha, um monge agostiniano que havia interpretado toda aquela comoção como um sinal de Deus, caminhava em direção às portas da Igreja de Todos os Santos, em Wittenberg, Alemanha. Ele carregava consigo, se acreditarmos na lenda, um martelo, alguns pregos e um pergaminho no qual havia escrito 95 teses. Um total de 95 críticas à Igreja; não à Igreja de Todos os Santos, mas à Igreja Católica como um todo. Esse agostiniano se chamava Martinho Lutero e ele pretendia colocar em prática um robusto amor *uti* agostiniano.

Lutero começou a ficar frustrado com a Igreja Católica, e sua maior frustração se devia à questão das indulgências. Lembra-se de quando mencionei brevemente que parte da motivação para aderir às Cruzadas era reduzir o próprio tempo no purgatório? No século XVI, já não era

As abomináveis caças às bruxas

mais preciso participar de nenhuma cruzada. Em vez disso, bastava pagar à Igreja para que ela designasse monges encarregados de orar pelo sujeito, e, quanto mais o sujeito pagasse, maior o número de monges que orariam por ele. Verdade seja dita, essas indulgências, como eram conhecidas, foram instituídas porque os nobres abastados que viviam na época das Cruzadas gostavam da ideia de reduzir um pouco do seu tempo o alocado no purgatório, mas não gostavam da ideia de marchar até a Terra Santa e talvez ser mortos no caminho. Em vez disso, eles preferiam pagar para que uma igreja repleta de monges orasse por eles. Na época de Lutero, a compra e venda de tais indulgências havia se tornado um negócio próspero. Lutero não achava aquilo muito cristão. Então, escreveu 95 teses explicando o porquê e pregou-as na porta da igreja.

Na verdade, é improvável que as tenha pregado na porta; isso provavelmente é um mito. Mas ele as escreveu. Mais importante ainda, ele as espalhou por toda parte, usando uma nova invenção: a imprensa. Suas teses foram um sucesso, tornando-as um dos primeiros campeões de vendas da história. Mas elas também abalaram a Europa em seus alicerces, causando uma rebelião generalizada contra a Igreja Católica que evoluiu para o aparecimento de um grupo de religiões conhecido coletivamente como protestantismo. A rivalidade entre católicos e protestantes era acirrada. O ódio religioso foi usado como pretexto para guerras longas e sangrentas. Cada facção alegava que o líder da outra era o Anticristo, o portador do fim dos tempos. Entre 1480 e 1700, as principais potências da Europa lutaram entre si 124 vezes. Alguns desses conflitos equiparam-se com a Primeira Guerra Mundial em termos de baixas *per capita*. Em conjunto, essas diversas guerras religiosas constituem um dos conflitos mais devastadores da história. Em algum momento ou outro, todos os europeus, ao longo daquele período, teriam sido testemunhas de uma imensa carnificina.[5]

135

Além disso, os horrores que sempre existiram pareciam estar piorando. Em torno de 1250, o clima em todo o mundo começou a mudar e, por volta de 1550, os fenômenos meteorológicos extremos da Pequena Idade do Gelo já haviam se estabelecido.[6] Entre 1250 e 1650, as temperaturas médias caíram cerca de 15 graus Celsius e o clima oscilou descontroladamente, levando a anos de fome.

As doenças também pareciam ser cada vez mais comuns. A peste, por exemplo, voltou à Europa repetidas vezes, atingindo Londres ao menos seis vezes entre 1563 e o conhecido surto de 1665. Essa foi apenas uma das incontáveis doenças que atingiram os europeus no século XIV. Sarampo, varíola, cólera e disenteria, agravadas pelo clima incomum e pela fome causada por este último, também serviam como um constante lembrete da mortalidade.

Depois, vieram as grandes doenças novas. Geralmente, elas eram disseminadas por soldados que retornavam de conflitos militares no exterior. Na Península Ibérica, enquanto lutavam para conquistar a cidade de Baza às forças islâmicas, os soldados espanhóis começaram a notar que seus companheiros estavam adoecendo com feridas vermelhas e febre, antes de sucumbirem à loucura e à morte. Essa doença — a febre tifoide — aniquilou mais soldados cristãos do que os combatentes mouros haviam matado. O tifo logo se espalhou pela Europa, com consequências devastadoras. Outra enfermidade nova — o suor inglês — causava calafrios, tonturas, dores de cabeça, dores intensas, exaustão, suor abundante (como o nome sugere) e, na maioria das vezes, morte.[7] Depois de aparecer pela primeira vez na Inglaterra em 1485, já havia se alastrado para toda a Europa por volta de 1500.

Em tudo o que os ingleses faziam, os franceses se saíam melhor. Ou deveria dizer pior? Em 1495, enquanto invadiam partes da Itália, as tropas francesas começaram a sofrer de úlceras que evoluíam para erupções nas mãos, nos pés, na boca e nos órgãos sexuais. Depois dessas aflições, sobrevinha uma agonia excruciante que passava rapidamente.

As abomináveis caças às bruxas

Mas, assim que os pacientes pensavam estar melhorando, pequenas protuberâncias, semelhantes a tumores, apareciam por todo o corpo, seguidas de graves problemas cardíacos e acessos de loucura. Por fim, e misericordiosamente, a morte chegava. Hoje em dia, nos referimos a essa "doença francesa" como sífilis, e as pessoas da época sabiam muito bem que se tratava de um mal sexualmente transmissível — uma "doença do pecado".[8]

Na época das caças às bruxas dos séculos XVI e XVII, tudo isso — as doenças, a fome, as noites cada vez mais frias e a percepção de que os antigos, inclusive aqueles que escreveram a Bíblia, não sabiam nada sobre o mundo, pois haviam ignorado um enorme continente de seus escritos — havia deixado quase todo mundo no limite. As pessoas estavam assustadas.

Como se todas as desgraças enfrentadas pelos europeus do século XVI não fossem ruins o suficiente por conta própria, as coisas pioraram pelo fato de que todos esses lastimáveis acontecimentos estavam perfeitamente mapeados no livro da Revelação, ou, como ele é conhecido no catolicismo, o Apocalipse de são João. Doenças? Confere. Guerra e rumores de guerra? Confere. Incêndio? Confere. Peste? Confere. O Anticristo na Terra? Confere. Tudo o que as pessoas pensavam saber sobre o mundo sendo revirado do avesso? Confere. Isso deu àqueles que acreditavam que o fim do mundo estava próximo, conhecidos como milenaristas, uma voz mais potente e um verniz de credibilidade. Pensar que se estava vivendo no fim dos tempos não era uma novidade — na verdade, isso ainda persiste até hoje. Mas se houve um momento na história no qual parecia que a Terra estava convulsionando no mais profundo Armagedom bíblico, o momento era esse. As únicas coisas que faltavam eram os soldados rasos do próprio diabo, e foi aí que as bruxas e a paixão da abominação entraram em cena.

Tornando-se abominável

As ideias de Tomás de Aquino sobre as paixões estavam na base do regime emocional sob o qual a maioria dos europeus vivia na época de caça às bruxas. Na verdade, alguns o desafiavam, mas tendiam a fazer apenas ajustes sutis nas ideias de Aquino, e o impacto desses trabalhos raramente se estendia para além de seu limitado público. Registros escritos daquela época que discutiam as emoções, fosse direta, fosse indiretamente, costumavam ficar confinados no pensamento tomista (como as teorias de Tomás de Aquino são conhecidas), independentemente do gênero. As pessoas recorriam à descrição que Tomás de Aquino fizera do temor para descrever o medo que sentiam.

Existem, inclusive, indícios das paixões de Tomás de Aquino em Shakespeare. Em *O estupro de Lucrécia*, por exemplo, o bardo escreve:

E medo extremo, nem fugindo nem lutando,
Morre, tal covarde, em terror tiritando.[9]

Na visão tomista, o medo é uma luta que ocorre quando já não é possível escapar — nesse caso, a paixão conhecida como fuga. E isso é importante. Você reparou que tanto Shakespeare quanto Tomás de Aquino separam o medo da fuga? Não devemos esquecer que a psicologia moderna sustenta a fuga como um componente essencial do medo, juntamente com lutar e congelar. No entanto, para Tomás de Aquino e Shakespeare, uma vez que a oportunidade de evitar os danos se extinguiu, a oportunidade de fugir também desapareceu. A pessoa está imersa nos acontecimentos, e é aí que o temor entra em ação. O medo, naquela época, não estava associado à fuga. De acordo com Tomás de Aquino e Shakespeare, ele é o oposto da audácia, pois nos faz parecer covardes. Em alguns aspectos, o medo de Aquino se parece um pouco com a emoção hoje chamada de pânico. É por isso que é tão importante ter certeza de que sabemos o que as figuras históricas querem dizer quando usam uma palavra aparentemente inequívoca, como *medo*. Muitas vezes, não é tão simples quanto parece.

A outra paixão tomista que precisamos explorar é aquela que pode ter soado um tanto estranha: fuga ou abominação. Não se trata, como a partícula "ou" implica, de uma única paixão, mas de duas. A fuga, como vimos, é a necessidade desesperada de se afastar de algo normalmente associado ao medo: uma espécie de escape, para que aquilo que tememos não consiga nos alcançar. A abominação é o que, antes de tudo, nos incita a sair correndo, e ela é um pouco mais complicada do que a fuga.

A abominação não é totalmente diferente da atual repulsa. Assim como a repulsa, ela tem tudo a ver com o asqueroso e o horrendo, o desagradável ao olhar e o moralmente errado. É provocada por aquelas coisas que podem nos fazer dizer "nojento" ou, se fôssemos um inglês que vivia na época, "*fee*", "*fi*", "*fo*" ou "*fum*" (como um aparte, se algum dia você for ler "João e o pé de feijão" para alguém, diga "*Fee-fi-fo-fum*" como se estivesse dizendo "Eca, credo, argh, nojento", e, de repente, tudo fará sentido).* O termo *abominação* também poderia se referir a alguma coisa capaz de contaminar, prejudicar ou corromper as pessoas com as quais se entra em contato — falando de modo genérico, se algo despertasse repulsa, provavelmente seria considerado uma abominação.

Existem duas diferenças cruciais entre a abominação e a atual repulsa. Primeiro, a palavra abominação parece compartilhar a mesma raiz latina, e era usada para significar a mesma coisa na maioria das línguas europeias. Isso ocorre porque, como também mencionei quando estudamos os antigos hebreus, "abominação" era a tradução preferida da Bíblia da Vulgata latina para as palavras hebraicas usadas na descrição das muitas repugnâncias experimentadas por Deus quando as pessoas pecam — os mesmos sentimentos que são Paulo também conhecia muito bem. A Vulgata, na condição de Bíblia católica elementar, era o alicerce da fé de muitas pessoas na Europa dos séculos XVI e XVII, função que vinha cumprindo há quase 1.500 anos. Embora a maioria dos julgamentos de bruxas tenha ocorrido em vilas e cidades protestantes, o conceito de abominação pairava tanto sobre as áreas católicas quanto as protestantes.

A segunda diferença, a maior delas, vem daquele entendimento bíblico da abominação. Tendo examinado milhares de documentos do período, posso garantir que a palavra *abominação* surge quase sempre ao lado, ou, pelo menos, muito perto de palavras como *Deus*, *Senhor* e *pecado*. E isso não é verdade apenas no que se refere aos textos religiosos; também acontece em qualquer tipo de trabalho escrito na época. Assim como ocorrera com os antigos hebreus, aos olhos dos europeus medievais uma abominação era revoltante perante Deus. Mas, apesar dessas diferenças entre a abominação medieval e a atual repulsa, há um elemento que ambas têm em comum: tanto o repulsivo quanto o abominável são vistos como contagiosos.

O tipo de contágio associado tanto à abominação quanto à repulsa é conhecido como *magia simpática, ou imitativa*. Sugerido pela primeira vez pelo antropólogo James Frazer em seu livro de 1890, *O ramo de ouro*, esse fenômeno está dividido em duas partes. Primeira, a lei da similaridade: "Semelhante produz semelhante." A segunda é a lei do contato ou contágio: "As coisas que estiveram em contato continuam a agir uma sobre as outras, mesmo a distância, depois de cortado o contato físico." Um experimento realizado em 1993 pelo psicólogo Paul Rozin demonstrou o efeito dessas crenças. Ele e sua colega Carol Nemeroff perguntaram às pessoas se elas vestiriam um suéter usado anteriormente por Hitler. Quase todas responderam não e elas continuaram dizendo não mesmo tendo sido informadas de que o suéter havia sido esterilizado, mesmo diante da oferta de dinheiro e mesmo diante da informação de que Madre Teresa também havia usado o suéter. O fato de o suéter ter pertencido a um homem tão mau dava às pessoas a sensação de que sua essência maligna estava, de alguma forma, impregnada no suéter, que uma mera confecção feita de linha e algodão poderia, de alguma forma, infectar qualquer pessoa que a vestisse.[10] Parece que nosso cérebro não funciona tão bem quando se trata de diferenciar o comportamento moral dos agentes contaminantes físicos, e por isso ele trata as duas ameaças da mesma maneira.

Testes realizados em todo o mundo demonstraram que crianças em idade pré-escolar acreditam que as pessoas e os objetos com os quais se importam, como seus brinquedos e ursinhos de pelúcia prediletos, contenham uma "essência" semelhante, embora, nesses casos, ela seja positiva.[11] Isso não muda quando nos tornamos adultos. É o que leva muitos de nós a acreditar em fantasmas, ou a torcer por um time de futebol ao longo de décadas — embora as únicas coisas que o atual grupo de atletas erráticos compartilhe com os jogadores vistos pela primeira vez quando éramos crianças sejam o nome do time e talvez um logotipo ou uniforme. É também por esse motivo que pagamos uma fortuna pelas coisas, só porque uma pessoa famosa rabiscou seu nome sobre elas com uma caneta Sharpie.[12] O importante é que as coisas essenciais estão sempre ligadas a uma emoção. Os sentimentos associados podem ser bons, mas, muitas vezes, não o são.[13] No caso das bruxas, a magia simpática apenas reforçou sua natureza abominável.

Como ser uma bruxa

Se alguém quisesse encontrar uma bruxa nos séculos XVI e XVII, deveria procurar uma pessoa que lhe despertasse sentimentos de abominação. Seria mais fácil se fosse uma mulher. Cerca de oitenta por

Uma história das emoções humanas

cento das pessoas executadas como praticantes de bruxaria na Europa eram mulheres (em algumas áreas, incluída a Rússia, o oposto era verdadeiro. Não temos certeza das causas desse fenômeno, mas talvez tenha algo a ver com a fé cristã ortodoxa ter uma visão diferente da feitiçaria). Uma das razões para isso era a profunda misoginia que permeava o período, na verdade, toda a história, e que, infelizmente, não desapareceu por completo até hoje.

Por um longo período no cristianismo acreditou-se que todos os males do mundo aconteceram porque Eva cometera o maior de todos os pecados: desobedecer a uma ordem direta de Deus. Foi Eva quem primeiro comeu o fruto da Árvore do Conhecimento do Bem e do Mal, quem persuadiu Adão a fazer o mesmo, quem fez com que todos nós vestíssemos roupas e fôssemos expulsos do paraíso. Foi Eva quem foi punida com o fardo adicional da menstruação (por si só, considerada abominável) e do parto. Algumas pessoas achavam que Adão poderia, simplesmente, ter dito não a Eva e assumido parte da culpa. Mas, no fim das contas, acabaram argumentando que foi Eva quem se deixou conquistar pela serpente e, portanto, a culpa recaiu sobre ela e, por consequência, sobre todas as mulheres.

Outras pessoas se saíram melhor ao defender as mulheres. Elas ressaltaram que o ser humano mais excepcional já existente foi uma mulher: Maria, a mãe de Deus. Mas, em geral, as mulheres eram vistas sob formas que se perpetuam como indicadores da misoginia moderna: fracas, emocionais, incapazes de se controlar. Nicolas Rémy, um magistrado francês responsável por escrever um dos manuais de caça às bruxas mais famosos da época, *Demonolatria*, afirmou: "[As mulheres são] mais suscetíveis a maus conselhos." Ele acreditava que era mais fácil para o diabo transformar mulheres em bruxas do que homens em bruxos, por causa da tendência delas a terem sangue quente — literalmente neste caso, porque se acreditava que um de-

As abomináveis caças às bruxas

sequilíbrio no corpo causado pelo sangue quente era a causa do mau comportamento. Então, se alguém quisesse encontrar uma bruxa, seria mais fácil começar com as mulheres. De preferência, as apaixonadas. Também seria mais fácil se aquelas mulheres fossem pobres e velhas (pelos padrões da época). Geralmente, as pessoas acusadas de bruxaria eram as "indesejáveis" que viviam às margens da sociedade e já tinham mais de 40 anos. Os alvos mais populares eram as viúvas sem filhos e as desconhecidas que tinham de implorar por comida e sustento.

O sentimento de repugnância, pelo visto, vinha da "imundície, fedor, putrificação" de uma bruxa e da "ameaça que elas representavam".[14] Na realidade, é mais provável que viesse de uma fonte bastante familiar: a objetificação dos corpos das mulheres. A gravura feita em torno de 1500 por Albrecht Dürer, *Bruxa montada para trás*, é apenas um exemplo dentre dezenas dessa objetificação. As representações de bruxas produzidas naquela época mostram, quase todas, a mesma coisa: mulheres de aparência idosa, com corpos envelhecidos, imperfeitos e enfermos; mulheres que os artistas homens não achavam sexualmente atraentes. Dessa forma, o que hoje chamamos de olhar masculino foi fundamental para o processo de transformação das bruxas em seres abomináveis.

Ainda assim, algumas bruxas eram novas. Para isso, era necessário realizar algum tipo de atividade que revoltasse Deus. Em outra imagem da época, *Jovem bruxa com dragão*, de Hans Baldung Grien, vemos uma jovem e bela bruxa realizando atos abomináveis. Esse desenho retrata a bestialidade, a sodomia, a flatulência, a troca de fluidos corporais, a penetração "não natural" e outros atos sexuais entre uma bruxa e a mais abominável das criaturas bíblicas, o dragão do Apocalipse.[15]

As bruxas também eram frequentemente acusadas de comparecer a sabás, que, por sua vez, eram uma inversão do que se considerava conveniente e apropriado para os cristãos da época. O *Compendium*

Maleficarum, publicado em 1608, contém várias imagens de um sabá. Elas mostram bruxas pisoteando a cruz, realizando batismos falsos, beijando as nádegas de Satanás, cozinhando e ingerindo crianças não batizadas e se envolvendo em outras "abominações execráveis".[16]

Parecer abominável ou praticar atos abomináveis tinha o efeito adicional de fazer os outros acreditarem que a pessoa poderia contaminá-los com sua maldade. A magia simpática associada à abominação significava que as bruxas poderiam infectar tudo o que tocassem, todas as pessoas que encontrassem e todas as cidades que visitassem. Na verdade, elas não precisavam tocar em ninguém: olhar de soslaio para as pessoas ou xingá-las já seria o suficiente.

A antiga mentalidade moderna acreditava que as infecções poderiam ser transmitidas por meio de palavras insultuosas ou apenas por um golpe de vista. As bruxas eram constantemente acusadas de usar um olhar, ou o mau-olhado, para prejudicar não apenas as pessoas por quem tinham desprezo, mas também os juízes em seus julgamentos.[17] Talvez isso possa parecer estranho hoje em dia, mas as firmes convicções da época elevaram esses artifícios à condição de poderosa ferramenta, potencialmente capazes de infligir danos psicológicos reais. Além do poder da magia simpática, existe um fenômeno em psicologia chamado efeito nocebo. É o oposto do mais conhecido efeito placebo. Quando as pessoas têm certeza de que algo irá prejudicá-las, parece (pelo menos, em alguns estudos) que as saúdes física ou mental sofrem as consequências.[18] Portanto, se uma pessoa acredita piamente no poder do mau-olhado, ele pode, efetivamente, prejudicá-la — embora, em certo sentido, a pessoa esteja apenas prejudicando a si mesma.

Naqueles séculos XVI e XVII, tempos dominados pelo medo, não era preciso esperar muito para que uma mulher, especialmente uma mulher pobre e velha, fosse acusada de ser uma bruxa abominável. Bastava apenas não estar em conformidade com a definição preva-

As abomináveis caças às bruxas

lente de beleza, ser velha, ser menos reservada do que era considerado adequado e olhar para as pessoas de maneira enviesada. A mensagem para as mulheres que queriam evitar os horrores associados a uma acusação de bruxaria era explícita: permaneçam jovens e bonitas, não sejam muito emotivas (a menos que estejam repletas de emoções como medo, abominação e desejo de matar bruxas) e sigam as ordens.

Talvez, um dia, paremos de dizer essas coisas.

Como deter nossas caças às bruxas

O impacto das caças às bruxas na história é complexo. Para começar, elas deflagraram uma era de medo cada vez maior e de profunda misoginia. Mas elas também lançam luz sobre o mundo moderno, pois os julgamentos das bruxas não são apenas uma coisa do passado. Posteriormente neste livro, discutirei a atual e metafórica caça às bruxas, na qual pessoas pertencentes a todos os setores do espectro político são atacadas, perseguidas e expulsas dos empregos e das redes sociais. Em geral, isso é resultado de um outro aspecto da repulsa — sua relação com a pureza ideológica. Mas, infelizmente, nem todas as atuais caças às bruxas são metafóricas.

O julgamento, a tortura e a execução de pessoas acusadas de serem bruxas continuam ocorrendo na Índia, em Papua-Nova Guiné, na Amazônia e em grande parte da África Subsaariana. Apenas na Tanzânia, cerca de quarenta mil pessoas foram acusadas de bruxaria e condenadas à morte entre 1960 e 2000. No Reino Unido, um rapaz de 15 anos chamado Kristy Bamu foi torturado e assassinado pela irmã e o namorado dela, em 2010, durante uma tentativa de exorcismo. E as mesmas emoções que assumiram proporções gigantescas durante as ondas de caça às bruxas no passado distante estão em jogo nesses casos contemporâneos: a ideia da magia simpática, na qual o acusado é capaz de prejudicar os outros não apenas pelo toque, mas também por um olhar, e a abominação do idólatra, cujos caminhos ímpios trazem

145

desgraças às pessoas que ousarem lhes fazer oposição. O que torna as coisas ainda piores é que, em muitas partes do mundo, os acusados são crianças; às vezes, crianças bem pequenas.

Em um período da história repleto de horrores, as ondas de caça às bruxas, e o medo incontrolável que as sustentava, acabaram sendo uma das piores violências de todas. Quanto à forma com que isso ajudou a moldar o mundo moderno, talvez recordar e compreender as forças que estavam em jogo naquela época possa nos ajudar a mitigar algumas dessas mesmas forças ainda atuantes hoje em dia. Agora, assim como naquela época, a maioria das pessoas empenhadas em acusar as outras de serem bruxas (metaforicamente ou não) não é necessariamente má. Elas estão com medo e tão absorvidas pela superstição que fariam qualquer coisa para reduzir esse medo. Precisamos assimilar as lições do nosso passado emocional e encontrar maneiras de educar as pessoas que, em função de seu pavor, seriam capazes de fazer mal a um semelhante — incluídas as crianças. As ondas de caça às bruxas europeias oferecem uma lição que precisamos aprender. Lembrá-las e estudá-las pode nos ensinar muito sobre caça às bruxas, tanto metafórica quanto real, que está acontecendo neste exato momento.

Sete

Um desejo de doce liberdade

Samuel Adams vinha tentando controlar uma reunião particularmente tumultuada há algum tempo. Era um dia frio de dezembro em Boston, Massachusetts, mas dentro da Old South Meeting House os ânimos estavam exaltados. Adams compreendia as frustrações de todos. Como líder local do Partido Whig, ele se opusera aos impostos cobrados sobre artigos de luxo desde o momento em que haviam sido introduzidos. Mas o Parlamento britânico acreditava que taxar pesadamente objetos de desejo era uma boa ideia. Muitos residentes dos Estados Unidos concordavam com Adams, mas suas objeções foram infrutíferas. Eles não tinham voz ativa naquela decisão e isso os enfurecia.

Pouquíssimas pessoas gostam de pagar impostos exorbitantes sobre os produtos que apreciam, mas, para entender por que os colonos norte-americanos ficaram tão furiosos com as taxas que lhes eram impostas pela Grã-Bretanha, precisamos saber um pouco mais sobre a concepção deles de justiça. Os fundadores dos Estados Unidos foram profundamente influenciados pelos pensadores do Iluminismo, e eram fascinados, em particular, pelo conceito de direitos naturais postulado pela primeira vez na obra dos filósofos Thomas Hobbes e John Locke, do século XVII. O princípio básico é bastante simples: os direitos naturais são direitos dos quais todos são inerentemente beneficiários. Eles não provêm de Deus e não provêm dos reis. Locke os organizou em três direitos "inalienáveis": vida, liberdade e propriedade, ou a posse de tudo o que se cria.[1] Com efeito, a formulação de Locke teve tanta influência na fundação dos Estados Unidos que ela aparece na primeira linha da Declaração da Independência, embora com a palavra *felicidade* substituída por *propriedade*.

Os líderes em Boston e no restante dos Estados Unidos eram homens instruídos. Eles tinham lido Hume e outros autores que argumentavam, entre outras coisas, que "ao tornar a justiça totalmente inútil, destrói-se com isso totalmente sua essência e suspende-se sua obrigatoriedade sobre os seres humanos".[2] Eles tinham lido John Locke, e sabiam que seus direitos naturais estavam sendo violados pelo governo britânico. Aqui estava um povo com boa formação acadêmica e sentindo-se humilhado diante da contínua opressão imoral que lhes estava sendo infligida.

Mas foi a Lei do Chá, de 1773, que pareceu levá-los ao limite. Essa breve legislação introduziu um imposto furtivo, escondido sob um novo acordo sobre as importações de chá, e entregou o monopólio dessas importações a uma organização: a Companhia Britânica das Índias Orientais. Foi uma tentativa do governo britânico para se livrar de um excedente de chá de propriedade da empresa, a qual na época passava por terríveis dificuldades financeiras. A ideia era que, ao escoar o chá proveniente do mercado ilegal, a empresa conseguiria vender seu estoque excedente e ganhar algum dinheiro. O problema era que isso significava que os compradores do chá teriam de pagar mais um imposto ao governo britânico. Sem qualquer direito a representação no Parlamento, os cidadãos consideraram que os britânicos estavam indo um pouco longe demais. Ao desafiar esse imposto, os colonos norte-americanos viram uma oportunidade de mostrar à Grã-Bretanha quanto estavam irritados com as violações cada vez maiores de seus direitos.

Após a aprovação da Lei do Chá, quase todas as colônias começaram a recusar as importações de chá da Companhia Britânica das Índias Orientais, e algumas forçaram os funcionários que aceitavam

Um desejo de doce liberdade

as importações a renunciar a seus cargos. Mas os residentes de Boston se viram em uma situação particularmente difícil. Os filhos do governador, Thomas Hutchinson, trabalhavam com o comércio de chá, de modo que ele se recusou com veemência a participar do boicote. Quando um navio chamado *Dartmouth* chegou ao porto de Boston, foi aprovada uma resolução para forçá-lo a regressar à Inglaterra. Hutchinson ignorou a decisão. Ele sabia que, se mantivesse a embarcação detida por vinte dias, poderia descarregar de forma legal a carga em solo norte-americano, sem precisar da aprovação do conselho local. Então, mais dois navios transportando chá desembarcaram em Boston.

A população da cidade ficou indignada. E foi por esse motivo que Adams convocou uma assembleia na Old South Meeting House. Seu chamado foi ouvido — e mais do que isso. Alguns relatos afirmam que cerca de metade dos 16 mil habitantes de Boston amontoara-se no saguão.[3]

O que de fato aconteceu em seguida é alvo de dúvidas. Alguns afirmam que foi sorte, outros que foi um brilhante plano arquitetado por Adams. Mas, independentemente das suas intenções na época, quando anunciou que "esta reunião não pode fazer mais nada para salvar o país", quase todos os espectadores foram embora, e partiram furiosos. Dependendo da fonte consultada, entre trinta e 130 daqueles homens voltaram para casa, se vestiram como membros do povo originário norte-americano Kanien'kehá:ka (também conhecida como Mohawk) e seguiram para o porto. Eles começaram a embarcar nos navios e a despejar 342 baús de chá no oceano. Em questão de horas, muita opulência, tempo e dinheiro tornaram-se alimento para os peixes.

Mas a Grã-Bretanha não permitiria que os colonos cortassem seu fluxo de caixa com tanta facilidade. O governo do rei George retaliou, aprovando uma série de leis conhecidas como Leis Intoleráveis. Elas retiraram do estado de Massachusetts o direito de autogovernança, afastando-o ainda mais da representação que os cidadãos pleiteavam no

Uma história das emoções humanas

Parlamento, interditaram as docas de Boston até o pagamento do chá e impuseram desafios ao julgamento de quaisquer funcionários reais em Massachusetts, independentemente do crime cometido, aumentando o custo das apresentações de queixas para além do valor que a maioria das pessoas poderia pagar. Elas também legalizaram a acomodação de soldados britânicos em qualquer lugar que os governadores do estado considerassem adequado, inclusive residências particulares, embora seja improvável que isso de fato tenha acontecido. Os colonos viram esses atos como uma violação imperdoável de seus direitos, um ato de opressão direta cometido pela Coroa britânica. A Guerra de Independência dos Estados Unidos havia se tornado inevitável.

* * *

Talvez você esteja pensando que eles fizeram muito barulho por causa de algumas xícaras de chá, mas não tinha a ver exatamente com o chá. Tinha a ver com os impostos e o que eles representavam. É um belo exemplo do poder da raiva em estado bruto. A causa de toda aquela fúria — impostos sobre artigos de luxo — não deveria ser subestimada. Já mencionei o poder que o desejo por esses artigos pode trazer quando contei a história dos otomanos bloqueando a Rota da Seda, forçando a Europa a encontrar outras rotas para o Oriente. Sem o anseio por coisas boas, quem sabe quando teria sido descoberto o continente onde a Festa do Chá de Boston viria a acontecer? Contudo, em vez de explorar a raiva dos oprimidos (algo, embora importante, um tanto óbvio), vamos dar uma olhada nas implicações mais amplas do desejo por artigos de luxo, um desejo tão potente que uma tributação excessiva sobre eles pôde levar à rebelião, à ascensão de uma nova nação, à democracia, ao rock 'n' roll, à *deep-dish pizza*, aos pousos na Lua e aos filmes de Hollywood (para citar apenas algumas consequências).

Sabemos que a queda de Constantinopla para os otomanos levou à busca de novas rotas comerciais. Mas, a despeito das tarifas praticadas

Um desejo de doce liberdade

pelos otomanos, as riquezas descobertas no "Novo Mundo" e a rota para o Oriente usada pelos portugueses e pela Companhia Holandesa das Índias Orientais fizeram aumentar o influxo de artigos de luxo como nunca se vira antes. O desejo por *coisas* desencadeado por esse aumento no comércio moldaria profundamente a história e pavimentaria o caminho para o moderno mundo ocidental.

Tornando-se de bom gosto

Logicamente, o desejo por coisas materiais, ou a *ganância*, existia muito antes de os otomanos invadirem Constantinopla. Pode se argumentar com facilidade que muitos dos cristãos engajados nas Cruzadas, Alexandre, o Grande, e até mesmo Ashoka, fizeram o que fizeram, pelo menos em parte, por causa da ganância por poder, fama e fortuna. Quando se parte para conquistar outros mundos, é difícil separar a riqueza do poder. Mas, na época de Ashoka, das Cruzadas e de Alexandre, as pessoas eram continuamente advertidas a não ceder aos "desejos de primeira ordem". Em nossa exploração anterior do desejo, vimos que esses são os desejos egoístas por bens, posses e riqueza pessoal. Podemos chamá-los de ganância.[4] Seria melhor aderir aos desejos de segunda ordem: o desejo de desejar ou, talvez, como é o caso no budismo, o desejo de não desejar. Eles nos ajudam a controlar nossos sentimentos e a alcançar algo melhor do que o ganho material: uma vida virtuosa, o *eudaimonia*, o *nirvana* e recompensas celestiais.

Mas os europeus abastados do século XVIII queriam comprar coisas bonitas e brilhantes *e* ir para o céu. Não demorou muito para que os filósofos encontrassem uma maneira de fechar esse círculo, e eles o fizeram usando uma categoria diferente de sentimentos — os *sentidos*, especificamente, o sentido do paladar. Isso mesmo: o gosto era pensado como um tipo de sentimento. Para explicar por quê, precisamos nos aprofundar na longa história dos gostos e sentimentos.

Versões da palavra *gosto* começaram a aparecer com regularidade crescente na Europa no início do século XVI, exatamente quando o número de itens de luxo entrando no continente começou a aumentar. Obviamente, as pessoas sabiam o que era o gosto, e isso já há algum tempo. Se voltarmos ao nosso velho amigo Aristóteles, descobriremos que o paladar era considerado um dos sentidos inferiores. Ao lado do tato e do olfato, o paladar significava ter de tocar em algo na natureza com uma parte do corpo. A visão e a audição eram os sentidos melhores, superiores. É preciso ter em mente que Aristóteles, com todo o seu brilhantismo, não fazia a menor ideia do que era a radiação eletromagnética ou do que seriam as ondas sonoras. Hoje em dia, sabemos que a percepção da cor ocorre quando nosso cérebro decifra a luz refletida em um objeto depois de ela passar pelos nossos olhos. Mas Aristóteles pensava a cor como parte de um objeto — algo que estava *nele*. Ele entendia que isso significava que os sons e as imagens iam direto para a alma, sem precisar tocar em nada. Afinal, a maioria das pessoas não precisa colocar algo nos olhos para ver nem nos ouvidos para ouvir.[5] Mas o gosto significa tocar em um objeto com a boca, com um orifício, e nós, humanos, tendemos a ficar um pouco escrupulosos quando se trata dos nossos orifícios.[6]

O paladar podia fazer algo que os outros sentidos não podiam: dizer a verdade, pelo menos até certo grau. O que tem gosto ruim tem gosto ruim, e pronto. No século X, esse sentido ainda era considerado limitado e rudimentar. O abade beneditino daquele século, santo Anselmo de Cantuária, incluiu desfrutar os sabores em sua lista de 28 pecados da curiosidade. O gosto também desempenhava um papel nos pecados mais amplamente denunciados, como a gula e o sexo, porque ambos, quando bem praticados, envolviam a boca.[7] Em pouco tempo, começaram os debates sobre a virtude e os vícios do paladar. Entrando nessa briga estava um novo grupo de pensadores — os humanistas.

Esse tipo de humanismo (o humanismo renascentista) não deve ser confundido com o humanismo secular. Ao contrário dos humanistas seculares, os humanistas da Renascença acreditavam piamente em Deus e na Igreja. Seu movimento começou na Itália, no século XIV, e desempenhou um papel muito importante na energização de um período da história do qual seu nome é derivado: a Renascença. Como grupo, eles são difíceis de definir. Mas se algo unia aqueles indivíduos bastante díspares era a busca pelo conhecimento perdido e o desejo de retornar a uma idade de ouro clássica. Eles queriam voltar a um passado encontrado nas antigas obras de filosofia que começaram a chegar à Europa durante o século XII, vindas do Oriente. Para fazer isso, liam e traduziam livros que compreendiam pertencer àquela época de ouro — época em que a humanidade estava mais perto da Criação e, portanto, menos corrompida pelo pecado.

Por meio daqueles textos originais, eles redescobriram o objetivo romano nesta vida, e não na eternidade. O movimento produziu efeitos na arte, inspirando imagens conhecidas como *memento mori*. Eram lembretes da mortalidade — crânios, imagens da morte e elementos dessa natureza. O objetivo era lembrar ao espectador que a morte chega para todos nós, independentemente da nossa riqueza ou poder.

Outro aspecto da tentativa humanista de encontrar um passado mais perfeito e menos corrompido e de trazê-lo para o presente envolvia uma exploração de antigas crenças sobre moralidade, comida e paladar.[8] Na Roma Antiga, as atividades relacionadas à produção de alimentos, como cultivar, vender, curar com sal, secar e uma série de outras técnicas (a salsicha foi inventada pelos romanos, por exemplo), eram consideradas desonrosas, próximas à carne, à sujeira e à terra. Não era algo com que um cidadão romano refinado devesse se envolver. Muitas das obras romanas que os humanistas leram descreviam atos imorais de lascívia e desejo ao lado de menções a produtores de alimentos, como peixeiros e açougueiros.[9] Os humanistas adotaram essa perspectiva, mas, assim como os romanos, eles não tinham problemas com a comida depois de cozida nem com os que a cozinhavam, especialmente se ela tivesse sido bem preparada. Alguns humanistas, entre eles, Bartolomeo Sacchi, ou Platina, como ele é mais conhecido, chegaram a associar alimentos bem preparados a uma vida moral saudável.

Por volta de 1465, Platina comprou um exemplar do *Libro de arte coquinaria* [A arte de cozinhar, em tradução livre], escrito por Maestro Martino, o trisavô de todo *chef* contemporâneo da televisão.[10] Embora não tenha sido de forma alguma o primeiro livro de receitas da história, foi o primeiro a ser adotado em massa por outros *chefs*. Até mesmo as donas de casa com um pouco de dinheiro sobrando faziam questão de ostentar uma cópia. Platina usou as receitas de Martino em um livro que publicou cerca de cinco anos depois: *De Honesta Voluptate et Valetudine* [Sobre os prazeres honestos e a boa saúde, em tradução livre]. Platina oferece um excelente exemplo de como os humanistas vinculavam o gosto — ou melhor, o bom gosto — à saúde e à virtude.

Poucos anos depois, o gosto foi usado como uma metáfora para se aproximar de Deus. Na Inglaterra, uma tradução do livro de Gui de Roye, *Le doctrinal de sapience* [A doutrina da sapiência, em tradução livre], por volta de 1489, advertia:

> Existem muitos cristãos, tanto clérigos quanto leigos, que pouco conhecem Deus, nem pela fé nem pelas Escrituras, pois tiveram seus paladares desordenados pelo pecado e, portanto, não são capazes de saboreá-lo.[11]

Pelo visto, Deus só tem um gosto desagradável se a pessoa for uma pecadora. Infelizmente, não há registros que revelem qual era o sabor da comida para os desgraçados. No entanto, a partir do trabalho de Platina, podemos supor que o que eles comiam fazia adoecer os desonestos.

Para os humanistas, o paladar era uma forma de conhecer algo, mas ia além do sabor experimentado dentro da boca: o gosto era algo que poderia ser usado para avaliar o que há de bom e de ruim na arte, na poesia, na prosa e, até mesmo, no comportamento. Cultivar o gosto pelo belo era uma parte essencial de uma vida boa e tornou-se uma metáfora para um tipo certo e novo de desejo. Repentinamente, artigos de luxo bem escolhidos e a capacidade de reconhecer a verdadeira beleza foram considerados uma força do bem. Os humanistas não chegaram a transformar a posse e a apreciação de certos artigos de luxo em um bem moral absoluto, mas, decerto, estabeleceram as bases para essa crença. Com o propósito de avaliar como essa mudança aconteceu, temos de avançar alguns séculos — até o Iluminismo.

Explicando o gosto

Na época em que os humanistas estavam refletindo sobre o bom gosto, os artigos de luxo eram, de modo geral, caros e raros. Apenas as elites tinham acesso à pimenta, à seda e aos pratos de porcelana. No início do século XVII, porém, os preços caíram e os salários aumentaram. A educação no geral havia melhorado. A alfabetização tinha crescido e os livros eram baratos o bastante para estar ao alcance de quase todos.[12] A nobreza, que gostava de sentir que suas bugigangas e seus objetos reluzentes eram raros e exclusivos, ficou chateada. Seus membros não gostaram do fato de os preços baixarem tanto que imitações europeias de seus produtos de luxo poderiam ser vendidas para pessoas consideradas por eles hierarquicamente inferiores.

As classes altas, da mesma maneira que hoje, gostavam de se distinguir das mais pobres. Um filósofo do início do século XVII, Bernard Mandeville, achava isso uma coisa boa, pois impulsionava o comércio e a inovação.

Seu argumento era o seguinte: uma mulher rica poderia comprar um lindo vestido da última moda confeccionado, talvez, com seda importada da China e trançados dourados da África. Alguém um pouco menos abastado veria o vestido, o admiraria e compraria uma versão pirata, digamos, de cetim e trançado amarelo, feita por uma costureira europeia. Em breve, a popularidade daquela padronagem levaria a versões cada vez mais baratas, até que todas as mulheres, exceto as mais pobres, pudessem ser vistas vestindo algo assustadoramente semelhante à roupa da senhora rica. Ver mulheres pobres usando sua dispendiosa vestimenta faria aquela senhora sofrer de algo chamado por Mandeville de orgulho odioso. Em termos gerais, o orgulho odioso era bom, porque forçaria a tal senhora a procurar novos trajes, incentivando os estilistas a inovar e a criar outros estilos. O ciclo continuaria sem parar[13] e permanece até hoje. Com que frequência um modelo exclusivo, que custa milhares de dólares, é usado por uma celebridade até ser copiado e vendido em uma rede de lojas apenas algumas semanas depois? Hoje em dia, chamamos isso de *moda* cíclica.

É lógico que a Igreja também não estava contente. Na maioria dos casos, os clérigos não eram humanistas e não haviam se convencido de que o gosto poderia ser uma coisa boa. Desejar vestidos bonitos, bugigangas reluzentes e louças elegantes parecia distrair as pessoas do que mais importava: o caminho para Deus. Para consternação do clero, o desejo por objetos mundanos parecia estar superando o desejo pela vida eterna. Isso não quer dizer que as pessoas haviam se esquecido de Deus e da eternidade. Longe disso. Mas, tal qual um estereotipado pastor de uma megaigreja norte-americana pilotando uma Ferrari, elas buscavam maneiras de reconciliar a fé com a posse de coisas belas. Felizmente, havia muitos filósofos que, assim como Mandeville, ficavam contentes em encontrar uma maneira de tentar conjugar coisas incompatíveis.

Um desejo de doce liberdade

No início do século XVIII, um grupo de filósofos ingleses passou a defender a causa do bom gosto. Eles a aprofundaram mais do que alguém jamais havia feito anteriormente, incluídos os humanistas da Renascença. Um desses pioneiros foi Anthony Ashley Cooper, terceiro conde de Shaftesbury. As opiniões dele sobre o gosto se tornaram um ponto de referência dos debates para todos que escreveriam sobre o assunto e estética nos cem anos seguintes. Em seu livro de 1711, *Characteristicks of Men, Manners, Opinions, Times* [Características dos homens, costumes, opiniões, tempos, em tradução livre], Shaftesbury, como a maioria dos historiadores o chama, afirmou que a beleza emana de objetos com certas qualidades — harmonia, ordem, simetria, proporção, concepção e números (no sentido de a quantidade limitada de um objeto evitar de ele se tornar vulgar).[14]

Francis Hutcheson, catedrático de filosofia moral na Universidade de Glasgow de 1729 até sua morte, em 1746, tinha uma considerável dívida intelectual com Shaftesbury. Embora os dois homens fossem contemporâneos, nunca chegaram a se conhecer. Mas quando se tratava de ideias, eles eram quase inseparáveis. O trabalho de Hutcheson combinava ideias de moralidade e gosto quase exatamente da mesma maneira que Shaftesbury fazia, a ponto de chegar a incluir este último como coautor em alguns de seus primeiros trabalhos, embora não configurassem colaborações. Para Hutcheson, o bom gosto significava o equilíbrio perfeito entre as diversas partes constitutivas. O problema é que esse conceito de "perfeito" diferia de uma pessoa para outra. A razão disso é porque, de modo simples, algumas pessoas não eram suficientemente refinadas. Ele escreveu:

A música *ruim* agrada aos *rústicos* que nunca ouviram nada melhor. (...) Um *montão grosseiro* de pedras não é nem um pouco ofensivo para quem ficaria desapontado com a *irregularidade* na *arquitetura*, de onde se esperaria a *beleza*.[15]

De acordo com Hutcheson, os pobres e os incultos só gostam de música folclórica barulhenta e de casas feias porque não conhecem nada melhor. Se ao menos houvesse uma maneira de cultivar o bom gosto... Bem, ele achava que isso era possível: melhorando sua instrução, a pessoa poderia aprender a refinar seu gosto, de modo a reagir de forma adequada ao que é genuinamente belo. Tudo se resumia a aprender como um determinado objeto de arte deveria fazer a pessoa se sentir.

Ah, e só como um breve aparte, foi esse grupo de pensadores que começou a usar a palavra *repulsa* conforme a entendemos hoje. Para eles, a repulsa era uma espécie de "antigosto" — uma reação a algo feio, desagradável e esteticamente equivocado. Mas vamos voltar ao gosto e como ele se encaixa no conceito de *sentidos*.

Tornando-se sentimental

Frequentemente, o Iluminismo é retratado como a era da razão, quando os pensamentos eram muito mais importantes do que os sentimentos. Estes atrapalhavam a verdade objetiva, objeto de maior preocupação dos filósofos iluministas. Alguns chegaram a inventar equações matemáticas para explicar tópicos tão diversos quanto a existência de Deus, a lei, a política e a ética.[16] Mas isso é apenas uma parte da história. Uma maneira melhor de compreender o Iluminismo é como um período de secularização,[17] uma época em que a vagarosa percepção de que a religião poderia não ter todas as respostas começou a despontar até mesmo entre as pessoas que antes não tinham a coragem de dizer isso. Essa mudança deu origem a novas maneiras de pensar a moralidade, incluída a categoria de sentimentos chamada pelos pensadores iluministas de sentidos.

Os sentidos foram descritos por Shaftesbury como um "senso moral". Pensemos na raiva, na repulsa e na indignação que muitos sentiram durante a invasão do Capitólio nos Estados Unidos por insurgentes, em 6 de janeiro de 2021. De outro modo, tentemos imaginar, ou recordar, as agradáveis sensações de alegria sentidas ao observar alguém ajudando uma senhora idosa a atravessar a rua. Hoje, de acordo com a ciência moderna, chamamos esses tipos de sentimento de emoções. Mas os filósofos do Iluminismo se referiam a eles como sentidos — o tipo de sentimento que temos quando alguém faz algo considerado bom ou mau.

Havia desacordo sobre a forma como os sentidos funcionavam. Antes do Iluminismo, provavelmente os filósofos os teriam analisado através do prisma de Deus. Vimos alguns entendimentos das emoções que associam o modo como nos sentimos às noções de pecado. Mas essa explicação não funcionaria durante o Iluminismo. Em vez disso, Shaftesbury pensava os sentidos apenas como parte da nossa natureza física intrínseca, algo muito similar ao gosto. Para Hutcheson, eles seriam uma reação às características de equilíbrio e desequilíbrio. Uma pessoa jovem ajudando uma senhora idosa a atravessar a rua mostra uma espécie de equilíbrio. Juventude e velhice, fragilidade e saúde. Da mesma forma, os invasores do Capitólio nos Estados Unidos seriam vistos como perturbadores da delicada harmonia da democracia norte-americana. David Hume atribuía tudo à utilidade. Se uma pessoa ajudar uma senhora idosa a atravessar a rua, isso permitirá que a senhora chegue ao destino dela com segurança. A pessoa se sente bem em ajudá-la, porque ajudá-la é algo *útil*. Se a pessoa ignorar a senhora idosa e ela se machucar ao atravessar a rua, isso não será útil, e então aquela pessoa se sentirá mal. Outro famoso sentimentalista, Adam Smith, explicou os sentidos em termos de simpatia. Ele achava que todos temos um "espectador imparcial" vivendo dentro de nós, capaz de se sentir mal quando os outros se sentem mal e se sentir bem quando os outros se sentem bem.[18] Hoje em dia, podemos chamar isso de empatia.

Os sentidos vinham em dois sabores, ou pelo menos é assim que eu e a maioria dos historiadores modernos tendemos a considerá-los. O primeiro sabor trata dos sensos morais, conforme descritos acima. O outro está associado ao gosto — podemos chamar de sensos estéticos. Esses são os sentimentos capazes de nos dizer o que é belo e de bom gosto, ou o que é repulsivo e de mau gosto. À primeira vista, essas duas categorias de sentidos não parecem ter nada a ver uma com a outra. Afinal, saber que um BMW é bonito não faz de nós um bom indivíduo. Ou, pelo menos, não nos dias de hoje. Mas as pessoas do século XVIII não estabeleciam esses opostos. Elas conheciam apenas os *sentidos*. Adam Smith, por exemplo, escreveu sobre a "beleza de todos os tipos", significando não apenas a beleza com estética agradável, mas também "a beleza da conduta".[19] Os sentidos para o que era moralmente errado e o esteticamente desagradável eram idênticos na mente dos pensadores do Iluminismo; eles provocavam sentimentos iguais. Ter bom gosto sugeria que a pessoa era moral e sensata. Ter mau gosto sugeria o contrário. A beleza era boa; o mal era feio. E assim as coisas foram se ajustando e o desejo pelos bens materiais se tornou virtuoso. Não havia problema em cobiçar, se a pessoa experimentasse os sentidos corretos. Em outras palavras, não havia problema algum com os desejos materiais, desde que a pessoa tivesse bom gosto.

Dinheiro e canhões

O fato de o sentido do paladar ter permitido que o desejo fosse visto como um bem moral moldou a história de maneiras profundas. Primeiro, ajudou a formar o Estado moderno como o conhecemos. Em segundo lugar, foi crucial para o desenvolvimento do capitalismo moderno. Para comprovar minha primeira afirmação, vamos fazer uma viagem à Holanda.

Um dia, se tiver essa sorte, faça uma caminhada tranquila por Amsterdã. Na estrada que segue o Keizersgracht, ou Canal do Imperador,

Um desejo de doce liberdade

você encontrará a Huis met de Hoofden, ou Casa das Cabeças. Um belo edifício que abriga um museu, ele foi batizado dessa forma, como é possível adivinhar, por conta das cabeças ornamentais que adornam seu exterior: Apolo, Ceres, Mercúrio, Minerva, Baco e Diana. Essa casa já foi a residência de Louis de Geer, comprada por ele em 1634. Nas margens de outro canal da cidade, o Kloveniersburgwal, fica mais um belo edifício. Trippenhuis é uma mansão construída em 1660, a qual reflete os gostos clássicos de seu proprietário. Está ornamentada com armas de guerra decorativas. Canhões e balas de canhão estão esculpidos na fachada de pedra, ao lado de um símbolo da paz — um ramo de oliveira. São duas casas deslumbrantes; ambas templos da riqueza de seus proprietários fundadores. Eram as casas dos comerciantes de armas responsáveis por construir e fornecer armas para o governo holandês e a Companhia Holandesa das Índias Orientais. Seus serviços eram considerados essenciais — sem armas de guerra, não poderia haver paz. Sem a paz, o fluxo de artigos de luxo poderia ser interrompido. No entanto, ir à guerra para disputar um prêmio tão grande parecia inevitável. A competição pelos bens das Américas e das Ilhas das Especiarias era acirrada. A Inglaterra e a República Holandesa entraram em conflito em pelo menos quatro ocasiões por causa da riqueza proporcionada por luxuosos artigos coloniais: uma, de 1652 a 1654; em seguida, de 1665 a 1667; outra, de 1672 a 1674; e, finalmente, um século depois, entre 1780 e 1784. Os holandeses venceram os três primeiros embates, mas perderam o último para o recém-descoberto poder naval da Grã-Bretanha.

Proteger o comércio e, mais importante ainda, os impostos provenientes do comércio constituía uma boa razão para a guerra. O problema era que, de início, a maioria dos países não dispunha de exércitos nem de marinhas permanentes. Eles ainda dependiam do recrutamento de soldados feito pela nobreza, conforme fosse necessário. Era preciso criar algo mais organizado — uma força de combate paga e treinada, pronta para lutar em terra e no mar em todos os momentos.

O financiamento para tais empreendimentos vinha dos impostos de cada país, e, por conseguinte, um ciclo de retroalimentação se estabelecia. Exércitos e marinhas mostravam-se necessários para proteger os comerciantes pagantes dos impostos que financiavam (entre outras coisas) as forças armadas. Era uma relação entre impostos e combates, conhecida como Estado fiscal-militar. Hoje a maioria de nós vive em alguma forma desse tipo de Estado, e tudo graças à maneira como ajustamos nossas perspectivas moral e filosófica para acomodar esta forma voraz de desejo: a ganância.

Quanto à minha segunda afirmação, já exploramos o papel do desejo e do gosto na criação da moda. As coisas não mudaram muito. Ambos continuam a sustentar a cultura de consumo contemporânea até os dias de hoje. O primeiro impulsionou a competição, construiu as lojas de imitações baratas na Europa e deu início à mobilidade social. A história do capitalismo é longa e muito complexa, então não vou me aprofundar nesse assunto. Basta dizer que nada disso teria acontecido se as pessoas não tivessem cobiçado os bens do próximo, desejado bugigangas e conseguido encontrar uma maneira de se *sentir bem* fazendo isso. Os desejos de primeira ordem e o sentido do paladar destravaram o comercialismo e transformaram o capitalismo de livre mercado em um bem moral capaz de levar à felicidade. Parafraseando o debatedor e escritor norte-americano Matt Dillahunty, os Estados Unidos foram construídos com a quebra do Décimo Mandamento: todas as pessoas cobiçando bens alheios.

Mas nem tudo aconteceu dessa forma, pelo menos não em termos tão simplistas. Em Boston, quando os cidadãos jogaram o chá ao mar, o desejo de liberdade e autogovernança havia superado o desejo por artigos de luxo. Uma campanha semelhante logo se alastrou por muitas outras colônias na América do Norte. O governo britânico havia calculado mal e os norte-americanos não iriam pagar um imposto sobre o qual não tinham nenhum poder de decisão, fosse em relação ao chá, fosse em relação a qualquer outra coisa. Eles prefeririam ficar sem nada, conforme demonstrado em termos inequívocos pela Festa do Chá de Boston. A liberdade era o artigo de luxo mais importante. Ela era a beleza, a verdade e um bem moral.

Como mencionei acima, os Estados Unidos tinham três de seus direitos inalienáveis consagrados na Declaração da Independência. Assim como os de Locke, eles garantiam a todos o direito à vida e à liberdade, muito embora os pais fundadores tenham alterado o direito de Locke à propriedade para a busca de uma paixão: a felicidade. Compreendiam que felicidade e propriedade tinham muito em comum. A busca da alegria já havia alicerçado sistemas de sentimentos delineados por pensadores como Platão e Tomás de Aquino. Agora, o direito à felicidade estava expresso no documento fundamental de uma nova nação. Mas pela primeira vez, ele estava intimamente ligado ao desejo. O sentido do gosto e o desejo de liberdade, riqueza e artigos de luxo deram origem aos Estados Unidos. Eles se constituiriam como uma nação que girava em torno da busca da felicidade — felicidade abastecida pelo desejo de riquezas.

Oito

Tornando-se emotivo

Até agora, examinamos tipos de sentimentos que não são exatamente os mesmos que nós, como pessoas do nosso tempo, reconhecemos; analisamos as *pathē*: perturbações na alma provocadas quando os sentidos detectam algo capaz de causar prazer ou dor; estudamos as *paixões*: sentimentos muito semelhantes às *pathē*, percebidos na parte sensível da alma e que podem influenciar a alma racional, se assim lhes for permitido; e vimos os *sentidos*: sentimentos que podem nos ajudar em ações morais ou julgamentos estéticos. Mas nada disso se alinha com a ideia contemporânea de *emoção*. Enquanto os poucos capítulos anteriores discutiram emoções específicas dentro da estrutura dessas categorias mais vastas de sentimentos, este capítulo examinará o quadro mais amplo. Explicará como as emoções (a categoria de sentimentos que a psicologia moderna toma, praticamente, como certa) se tornaram *algo*. A história do nascimento das emoções modernas envolve um pouco de filosofia e um pouco de ciência. Na verdade, a pessoa responsável pelo pontapé inicial na mudança das ideias mais antigas sobre os sentimentos para a atual ideia de *emoção* é apenas um dos filósofos mais célebres de todos.

Sinto, logo existo

Em 1650 (pouco mais de um século antes de o conceito de emoção passar a significar o que significa para a psicologia moderna),um francês de 53 anos estava morrendo de pneumonia em uma casa fria

Tornando-se emotivo

e úmida em Västerlånggatan, uma das principais ruas de Estocolmo, Suécia. Embora sua peruca escura e encaracolada tivesse sido removida para revelar um cabelo ralo e grisalho, o bigode fino e o cavanhaque pontudo que o tornariam instantaneamente reconhecível nos séculos seguintes ainda eram de um preto imaculado. Poucos meses antes, René Descartes, que vivera a maior parte de sua vida na Holanda, havia aceitado o cargo de tutor da rainha Cristina da Suécia.

A rainha Cristina apreciara bastante as cartas publicadas de Descartes, endereçadas à brilhante princesa Elisabeth da Boêmia. Na verdade, a rainha havia gostado tanto das cartas que ela mesma o persuadira a transformá-las em um livro, *As paixões da alma*. Cristina parecia ter se encantado especialmente com o fato de Descartes abordar os sentimentos, segundo ele, não "como orador ou filósofo moral, mas como médico".[1] Apesar de estarem mergulhados nas ideias de Galeno a respeito das emoções e dos humores, os livros do século XVII sobre as paixões tendiam a se basear na *Retórica* de Aristóteles: assim como as obras que tratavam acerca da oratória, eles versavam tipicamente sobre maneiras de usar os sentimentos para mudar a mente das pessoas. Aqueles que não eram atualizações da *Retórica* eram livros sobre boas maneiras: muitos filósofos morais colocavam o controle das paixões como pilar de seus manuais de bom comportamento publicados entre o fim do século XVI e o início do século XVII. O decoro, em particular nos negócios e na diplomacia, havia se tornado um elemento indispensável do regime emocional que governava a sociedade europeia. A espada havia sido substituída por uma reverência — pelo menos, em teoria. A dedicação de Descartes em explorar as emoções de uma forma um tanto quanto científica era uma abordagem inovadora.

Apesar da afeição de Cristina pelo trabalho de Descartes, ter se tornado seu tutor acabou não funcionando muito bem para ele. Na época, parecia um ótimo emprego. A Europa, finalmente, havia emergido de oitenta anos de guerras quase constantes, tornando as viagens muito mais seguras e fáceis. O trabalho lhe rendia um bom dinheiro e proporcionava relativa proteção contra as suas desavenças. Também lhe dava voz dentro da realeza. O que Descartes quase decerto não havia percebido é que ele não ministraria lições sobre os sentimentos a Cristina, mas, em vez disso, ensinaria o enfadonho e ultrapassado grego antigo. Ele não tinha ideia de que não se daria muito bem com ela. E, com certeza, não esperava ficar dando aulas em um velho castelo congelante que acabaria por matá-lo.

Em seu leito de morte, Descartes teria ficado orgulhoso ao fazer um retrospecto de sua vida. Na juventude, fora um engenheiro militar condecorado. Ele transformara a geometria, mostrando ao mundo como medir as linhas usando coordenadas e equações e desenvolvera um modelo preciso da formação das cores do arco-íris. Ele também havia conseguido praticamente derrotar Isaac Newton com uma versão quase correta, mas não muito, das leis do movimento. Após essas significativas realizações, desestabilizou cerca de dois milênios de pensamento acadêmico ao inventar um tipo inteiramente novo de investigação intelectual, chamado fundacionalismo. Ele havia revolucionado para sempre a filosofia e a ciência e superara todas as expectativas, é justo afirmar.

Muito já foi dito sobre o objeto da obra de Descartes e a influência que ela exerceu nos pensadores que vieram depois. Resumir todas as suas realizações aqui preencheria com facilidade as páginas restantes deste livro, e mais algumas. Felizmente, não precisamos fazer todo esse percurso. Mas para entender as perspectivas de Descartes sobre as emoções, é necessário, pelo menos, explorar duas de suas crenças mais importantes.

A primeira diz respeito às suas opiniões sobre a natureza do mundo material. Em 1618, enquanto servia no exército holandês, Descartes conheceu Isaac Beeckman, adepto da filosofia natural e defensor de uma ideia cada vez mais popular: que o Universo e tudo o que havia nele se comportavam de forma mecânica, como um relógio. Beeckman admitia que a Terra não era o centro do Universo e que tudo nesse universo mecânico centrado no Sol era composto de minúsculos átomos, ou corpúsculos. Eles, ricocheteando uns nos outros, faziam o relógio do Universo funcionar. Tais átomos, porém, não eram exatamente como os entendemos hoje. Beeckman desconhecia a existência de elétrons e prótons. Ele não fazia a menor ideia das forças nucleares e do eletromagnetismo. Os átomos eram apenas minúsculos pedaços de coisas com formatos variados que compunham pedaços maiores. Descartes absorveu essas novas ideias e as aprimorou. Elas formaram a base de grande parte de seu último trabalho, mas, para nosso propósito, o ponto mais importante a observar é que ele acreditava na ideia de o universo físico ser, sobretudo, mecânico.

A segunda crença considerada relevante para o nascimento das emoções aparece em seu livro mais conhecido, *Meditações sobre filosofia primeira*. Na verdade, ela está resumida em sua frase mais famosa: "Penso, logo existo" (ou *Je pense, donc je suis*", no original em francês). Descartes cunhou essa frase simples como parte de seu esforço para provar que vários filósofos estavam errados. Não muito antes disso, um grupo então chamado de céticos cristãos havia concluído que, em realidade, os seres humanos não eram capazes de saber nada. Eles acreditavam nisso porque, ao contrário de Deus, temos cérebro limitado. Teríamos de aceitar a existência de Deus e de tudo o mais apenas pela fé. Mas Descartes queria investigar se havia algo que realmente pudéssemos saber ao certo: uma crença propriamente básica, ou um alicerce sobre o qual pudéssemos construir todo o resto. "*Je pense, donc je suis*" foi sua resposta. Ele raciocinou que, pelo simples fato de poder conceber a frase "Eu consigo pensar", então deveria existir algo capaz de formular o pensamento "Eu consigo pensar". Não importava se aquela coisa pensante era um cérebro em uma cuba, uma criatura sonhando ou um ser humano real. Continuava sendo uma coisa pensante e continuava sendo "ele". Deus, ponderou Descartes, não era necessário para se saber algo tão fundamental.

Isso não quer dizer que Descartes era ateu. Longe disso: ele usou seu fundamento de coisa pensante para formular alguns argumentos sobre a existência de Deus. Ele apenas achava que, pelo fato de Deus ter concebido o Universo para funcionar como um relógio, ele não precisava interferir em mais nada após a Criação. Descartes também sustentava que a fé não era o único caminho para crer em Deus. Amparados no fundacionalismo, poderíamos, primeiro, provar nossa existência e, depois de alguns avanços, provar que Deus existe. Mas, pela ótica da Igreja Católica, essas ideias faziam dele exatamente um ateu. Temendo uma reação adversa, fugiu para a Holanda, um país, na época, em grande parte protestante.

As paixões da alma

Deixando de lado o questionamento em relação aos argumentos de Descartes sobre a existência de Deus poderem ser refutados ou não, ao formulá-los ele fez algo de vital importância no que diz respeito às nossas ideias acerca das emoções: livrou-se da concepção grega da tripartição da alma. Ele passou a acreditar que os seres humanos devem ser feitos de duas partes: o corpo material e a alma imaterial. O primeiro era a parte mecânica e natural, perecível; a segunda era a coisa pensante. Descartes acreditava piamente na vida eterna, e usou essa formulação para explicar como a coisa pensante persistia após a morte da parte mecânica. Ele chegou até a identificar, de forma incorreta, o lugar do cérebro onde essas duas partes interagiam: uma pequena estrutura chamada glândula pineal, situada no topo da coluna vertebral, ao lado de uma protuberância conhecida como tálamo, uma área responsável por, como hoje sabemos, ajudar a coordenar funções, como nossos sentidos. Descartes acreditava que quando os átomos do corpo eram acionados pelos átomos que atingiam os órgãos sensoriais (como os olhos, a pele, as narinas e o ouvido interno), eles criavam calor, fome, sede, secura, umidade e toda uma série de outras "condições", que, por sua vez, acionavam a glândula pineal. A alma, ou a mente, então interpretaria esses movimentos como as sensações de tato, visão, olfato, e assim por diante.

"Espere aí", posso ouvir alguém dizer. "E aquele livro sobre os sentimentos — *As paixões da alma*, ou algo assim — mencionado antes? Você não deveria estar falando sobre isso aqui?" Bem, deveria. Mas saber *como* Descartes pensava é essencial por três motivos. Primeiro, as ideias mecânicas, emprestadas de Beeckman, convenceram Descartes de que os sentimentos faziam parte de um corpo mecânico. Em segundo lugar, a maneira como compreendia os sentimentos está diretamente ligada a seu método de conhecer as coisas por meio de crenças fundacionalistas. Terceiro, em seu livro sobre os sentimentos, ele usou uma palavra um tanto nova para descrever um número significativo desses sentimentos: *emoções*.

Para Descartes, a paixão seminal, aquela da qual derivam todas as outras paixões, era a admiração. Tenho certeza de que, a esta altura, você já deve ter suspeitado que a admiração de Descartes não significa a mesma atualmente. Em 1649, a versão francesa da palavra admiração designava alguma coisa como reconhecer a existência de algo e decidir como nos sentiríamos a respeito disso. Faz sentido. Para se ter algum sentimento por alguma coisa, é preciso que algo nos desperte sentimentos, algo que admiremos. Depois da admiração, vêm os sentimentos usados para fazer julgamentos: amor, ódio, desejo, alegria e tristeza. Então, quando Descartes pegou um punhado de cera que havia caído de uma vela e refletiu sobre aquilo — ou "admirou-o" (ele descreveu essa experiência em *Meditações*) —, tanto poderia amá-lo pelo fato de parecer uma coisa boa quanto odiá-lo por ter queimado sua pele. Ele também poderia desejar guardá-lo, pois isso manteria seus fabulosos bigode e cavanhaque macios e pontudos, ou poderia rejeitá-lo, pois os pelos faciais, sua assinatura única, assumiriam a cor de uma vela. Isso, por sua vez, poderia deixá-lo feliz — o que, pergunto eu, torna uma pessoa mais alegre do que ter um belo bigode e um cavanhaque? — ou triste.

Esta é a parte relevante de nossa história: Descartes acreditava que todas as paixões estavam associadas a uma coisa que ele chamou de emoção. A palavra já existia há cerca de cem anos. Tanto em francês quanto em inglês, significava algo como uma "comoção" ou "turbulência" no corpo. Mas Descartes mudou a definição de forma sutil, porém significativa. Para ele, a agitação turbulenta era causada por átomos que atingiam os órgãos sensoriais, que, por sua vez, acionavam outros átomos dentro do corpo até chegar ao coração, ao sangue e a vários fluidos corporais. Nossos sentidos admiram uma determinada coisa, e essa admiração faz com que o coração inicie uma "e-moção", um movimento para fora. A partir daí, os átomos começam a se movimentar de modo frenético, provocando-nos sensações e fazendo nosso corpo reagir de maneiras específicas — corando, rindo, tremendo, e assim por diante. Ele afirmou: "enquanto essa emoção não cessar, [as paixões] continuam presentes em nossos pensamentos".[2] É esse ato de "e-moção" que atinge a glândula pineal, perturbando nossa alma como uma pedrinha arremessada em um lago tranquilo. A perturbação dá a entender que as paixões são sentidas pela alma, quando, na verdade, são apenas movimentos causados por "e-moções" no corpo. Lógico, essa não é a definição que os psicólogos usam hoje em dia. Mas é *uma* compreensão de algo denominado emoção. Se quisermos passar da versão cartesiana para aquela sobre a qual os psicólogos discutem atualmente, precisamos olhar para um dos contemporâneos de Descartes, o filósofo Thomas Hobbes.

Domando o Leviatã

Em 1651, um ano após *As paixões da alma*, de Descartes, sair do prelo, Thomas Hobbes publicou um livro extremamente popular, chamado *Leviatã*. Em sua obra, ele sugeria que as paixões emergem quando os átomos atingem os órgãos sensoriais, causando uma movimentação dentro do corpo. Consideremos a visão, por exemplo. Uma imagem atinge o olho; em seguida, o olho envia corpúsculos (os mesmos corpúsculos nos quais Descartes acreditava) para o cérebro; e, então, o cérebro se movimenta a fim de processar a informação. Para Hobbes, assim como para Descartes, tudo se resumia ao movimento; era tudo mecânico.

No entender de Hobbes, tais movimentos (ele os chamava de *esforços*, uma palavra usada para definir uma espécie de força ou pressão causada por outros movimentos) começam tão sutilmente que nem sequer percebemos que os estamos experimentando. Em algum momento, eles aumentam até conseguirmos percebê-los e, nesse momento, produzem um destes dois sentimentos básicos: o apetite (ou desejo) e seu oposto, a aversão.[3] Tais sentimentos não são diferentes dos que já analisamos — aqueles considerados, com frequência, centrais na categoria chamada paixões desejantes, incluídos o próprio desejo e a fuga, ou abominação. Hobbes sabia disso, é lógico. Ele teria lido Platão, Aristóteles e Tomás de Aquino. Mas escolheu fazer do desejo e da aversão as paixões primárias. Ele também estava ciente da importância que duas outras paixões desejantes, o prazer e a dor, tinham para Tomás de Aquino e Aristóteles, mas, como veremos, atribuiria uma função diferente a esses sentimentos.

Em termos mais simples, na visão de Hobbes, o apetite move uma pessoa ou um animal em direção a algo. A aversão produz o efeito oposto. Qualquer animal pode sentir apetites e aversões, mas quanto mais sofisticado um ser humano se torna — quanto mais instruído e experiente —, mais complexas se tornam suas paixões. Por exemplo, alguém pode sentir "*aversão* com a opinião sobre o possível *dano* causado pelo objeto temido" ou, melhor, a necessidade de evitar algo que possa provocar dor.[4] Hobbes chamou esse tipo de aversão de medo.[5] Mas tanto os humanos como os animais podem aprender essa espécie de medo. No caso de medos mais complexos, como o do desconhecido, faz-se necessária a mente humana. De acordo com Hobbes, os mais complexos eram de dois tipos: religião, quando o medo era tolerado pela sociedade; e superstição, quando não o era. Se o objeto de um temor socialmente tolerado fosse algo genuíno, ele o chamava de "religião verdadeira".[6] Isso lhe causou muitos problemas: algumas pessoas o rotularam de ateu por causa desse ponto de vista, e também porque em nenhum momento de seu livro ele afirma que Deus é, de fato, necessário.

Hobbes também fez afirmações mais inovadoras acerca das emoções do que muitas vezes se reconhece, e é aí que seu uso das palavras *prazer* e *dor* entra em jogo. Até agora, venho afirmando que os sentimentos eram julgados bons ou maus com base na utilização. Em quase todas as discussões sobre as emoções — desde Platão, passando pelo budismo e por Tomás de Aquino —, o consenso era o de que, por um lado, atos como pecar e coisas como quantidades excessivas de sexo, riqueza e posses materiais (com exceção do bom gosto) eram ruins, embora causassem bem-estar. Por outro, fazer como nosso Deus manda, ou o que é considerado virtuoso, como temer a Deus no Islã e seguir o *dharma* no hinduísmo, era bom, mesmo que isso nos trouxesse desconforto. Mas Hobbes não separou as paixões de acordo com esse modelo. Ele as categorizou da mesma maneira que grande parte da psicologia moderna faz — pela *sensação* que elas nos causavam. Se nos faziam *sentir* prazer, ele as chamava de boas; se nos faziam *sentir* dor, ele as chamava de más. Pouco importava se sentíssemos prazer ao pecar ou dor ao orar.[7]

A parte crucial de tudo isso é que Hobbes não estava escrevendo um livro sobre as paixões. Elas desempenhavam apenas um papel em sua agenda mais ampla: provar que as pessoas precisavam de um rei — ou, pelo menos, de algo semelhante. Sendo inglês, havia presenciado muitas coisas — a morte da rainha Elizabeth I, a Conspiração da Pólvora, a instabilidade que levara à Guerra Civil Inglesa. Ele estava morando em Paris, pois não queria ser surpreendido em meio aos conflitos. Certamente era um monarquista, mas o foco principal estava dirigido para a filosofia e o livro que vinha preparando.

Simplificando, ele acreditava que existem duas maneiras pelas quais chegamos a conhecer as coisas. Há algumas coisas que sabemos por serem obviamente verdadeiras — o fato de um triângulo ter três lados, por exemplo. Ninguém tem opinião sobre quantos lados tem um triângulo. Mas as pessoas têm opiniões sobre coisas que não são obviamente verdadeiras, e é aí que começa o problema. As conclusões a que se chegaram sobre essas coisas, acreditava Hobbes, são governadas pela quantidade de prazer ou de dor que tais conclusões nos provocam, e não por algum pensamento racional. Ele achava que esse era o motivo pelos quais as pessoas se tornavam tão dogmáticas em suas crenças, a ponto de entrar em conflito por causa delas. As paixões, pensava ele, são a causa de todas as guerras. A solução seria o povo nomear e apoiar um árbitro supremo: alguém que daria a última palavra, cuja decisão seria a final. Minimizando os riscos, ele chamava esse árbitro de monarca, mas queria dizer rei.

Leviatã foi um livro enormemente influenciado pela política de sua época. Assim como Platão já fizera antes, Hobbes extraía suas percepções dos horrores da guerra, que alimentavam seu intelecto e abriam sua mente. Como tantos outros, percebeu que Aristóteles estava errado. Ele tinha algumas ideias melhores, e estava disposto a colocá-las no papel. Em 1651, conseguiu concluir e publicar seu trabalho, e, desde então, *Leviatã* foi estudado, analisado, provocado, cutucado e virado do avesso. Mas, para mim, trata-se de um livro sobre as emoções: o que elas são capazes de fazer e a melhor forma de controlá-las. Ou melhor, o que acontece quando não conseguimos controlá-las.

Pode se argumentar que, grande parte do tempo, o Iluminismo se ocupou em elencar pessoas para dar uma resposta a Hobbes. Um conjunto de reações partiu de indivíduos em busca de uma solução melhor para opiniões conflitantes do que ter uma única autoridade incontestável tomando as decisões. Hobbes argumentava que precisávamos estar cientes das paixões antes de saber que as tínhamos, e isso significava pensar sobre elas. Mas e se as opiniões pudessem ser analisadas sem que as paixões se intrometessem? E se, assim como Descartes havia separado o corpo e a alma em duas entidades distintas, o pensamento e o sentimento pudessem ser divididos? Seriam necessários mais 150 anos para alguém descobrir um modo de contornar esse problema.

O Iluminismo de Brown

Na segunda década do século XIX, um escocês de 30 e poucos anos, chamado Thomas Brown, aguardava para dar mais uma de suas muitas palestras. Seu colega, o sempre popular Dugald Stewart, estava mais uma vez indisposto, portanto, coube a Brown ocupar o formidável lugar. Brown não estava muito preocupado. Como muitos de seus contemporâneos, ele era um tanto polivalente: estudara direito, medicina, filosofia moral e metafísica. Chegara, inclusive, a trabalhar como médico por um período, antes de assumir o cargo como colega de Dugald na Universidade de Edimburgo. Brown sabia do que estava falando. Além disso, era confiante e bem-apessoado, tinha habilidade para falar em público e uma incrível propensão para descobrir novas maneiras de enxergar as coisas. Ser tão talentoso significava que, uma vez ou outra, seus alunos ficavam à mercê dele.

Embora tivesse estudado os grandes filósofos, Brown nascera algumas décadas depois do Iluminismo, e, portanto, não pudera vivenciá-lo pessoalmente. Mas ele levava a sério um tópico sobre o qual os intelectuais mais influentes do movimento conseguiram estar de acordo: a razão é útil e os sentimentos não. Mantê-los sob controle sempre havia sido importante para o pensamento ocidental. Quando os sentimentos causavam guerras (e, de modo geral, eram eles os principais culpados), isso não conduzia a nada, a não ser tristeza e miséria. Quando a razão causava conflitos, era para acabar com a tristeza e a miséria — em teoria, pelo menos. O problema era que, segundo a filosofia da época, os sentimentos ainda estavam ligados ao pensamento. Para transformar uma das emoções de Descartes em uma paixão, ou em um sentido, ela precisava ser pensada pela mente. O mesmo acontecia com as paixões de Hobbes. Isso significava que os sentimentos sempre influenciavam o pensamento, pelo menos em algum nível. O empirismo e a moderna prática científica de testar ideias fora do cérebro de um indivíduo por meio de experimentos eram decorrentes de uma necessidade desesperada de separar os dois. Mas será mesmo que os sentimentos poderiam ser removidos por inteiro das mesas acadêmicas?

Brown, é evidente, conhecia o empirismo. Na verdade, ele era um empirista e conhecia Hobbes, pois ninguém poderia alegar ser um filósofo moral no século XVIII sem ter lido *Leviatã*. Como ex-médico, também sabia que a medicina entendia as emoções como mudanças e movimentos corporais externos indicadores das paixões sentidas por uma pessoa. Mas houve um filósofo em particular, um dos grandes empiristas do Iluminismo, que influenciou o pensamento de Brown sobre as emoções mais do que qualquer outro, uma vez que ambos discordavam totalmente entre si.

Brown adorava as obras de David Hume, não apenas porque ele era escocês, e portanto um conterrâneo, mas também porque ele era simplesmente brilhante, excetuando-se algumas opiniões bastante desagradáveis sobre raça. O primeiro trabalho de Hume foi o *Tratado da natureza humana*, escrito quando tinha apenas 28 anos de idade. Nessa obra, sugeriu que, em vez de pensarmos na existência de algum tipo de batalha acontecendo enquanto tentamos não pensar sobre o que sentimos, devemos apenas assumir que tudo o que pensamos está sendo controlado por completo pelos sentimentos. Como ele disse: "A razão é, e só pode ser, escrava das paixões, e não pode aspirar a nenhuma outra função além de servir e obedecer a elas."[8] Hume talvez estivesse certo quanto a isso, caso se queira acreditar nos dados mais recentes da ciência. Em trabalhos posteriores, ele atenuou um pouco suas opiniões sobre as paixões, mas sempre permaneceu inflexível ao afirmar a impossibilidade de separar pensamentos de sentimentos, por mais que tentássemos. Quanto à ideia da emoção em si, algumas vezes

Hume usou a palavra *emoções* de forma intercambiável com *paixões*, *sentimentos* e *afetos*, mas tendia a usar *paixões* para a parte mental e *emoções* para a parte física.

Brown se apropriou das ideias de Hume e de todas as outras ideias sobre as paixões e emoções que havia aprendido e tentou observá-las de um novo ângulo. Em um lampejo de inspiração, percebeu que Hume estava errado. Há uma maneira de separar por inteiro os pensamentos dos sentimentos, e pode se fazer isso por meio do uso das emoções. "E se", podemos imaginar Brown refletindo, "as emoções *forem* os sentimentos? E se — da mesma forma que o cérebro *vê* coisas, mesmo os olhos não estando no cérebro, e *ouve* coisas, mesmo os ouvidos não estando no cérebro — ele apenas *sente* as coisas, mesmo as causadoras de tais sentimentos não estando nele? E se tudo o que nos couber for olhar, tocar, saborear, cheirar, ouvir, lembrar, ou, até mesmo, imaginar e, depois, apenas *sentir* imediatamente as emoções em nossa mente, sem a necessidade de pensar? Isso significa que podemos nos libertar das paixões, dos afetos, dos sentidos e de todo esse despropósito e criar apenas um único conceito, livre dos pensamentos, chamado emoção". Ou, como ele de fato escreveu:

> Talvez, se alguma definição [das emoções] for possível, elas podem ser descritas como *sentimentos vívidos*, imediatamente resultantes da consideração de objetos, percebidos, lembrados ou imaginados, ou de outras emoções prévias.[9]

Em uma palestra proferida em uma tarde (quiçá) úmida, em um anfiteatro (possivelmente) gélido da Universidade de Edimburgo, o novo conceito mental das emoções foi inventado.

O que é uma emoção?

O significado de emoção criado por Brown parece ter se tornado popular. Ao que consta, as pessoas estavam precisando da ideia de que,

Tornando-se emotivo

quando vivenciassem um sentimento, ele fosse chamado de emoção. Muitas figuras famosas e influentes, entre elas, Charles Darwin, começaram a usar essa palavra como Brown usava. Darwin chegou, inclusive, a escrever um livro sobre isso, em 1872: *A expressão das emoções no homem e nos animais*. De acordo com essa obra, as emoções, tanto em humanos como em bichos, se originam quando o cérebro e o sistema nervoso reagem a algo, causando mudanças no corpo. Darwin acreditava que algumas dessas mudanças poderiam ser vistas como ações instintivas (por exemplo, levantar uma sobrancelha em sinal de surpresa ou tremer de medo), e seriam compartilhadas por ambos. Para ele, isso era mais uma evidência de que os seres humanos e outros animais têm algum tipo de ancestral evolutivo comum, e que as emoções têm algum tipo de fonte biológica.

Apesar das deficiências das respectivas teorias, Brown e Darwin abriram novos caminhos ao descreverem um mecanismo físico para as emoções. Mas ainda não havia nitidez no trabalho deles, nem no de qualquer outra pessoa, sobre o que elas, de fato, eram, isto é, até 1884, quando dois dos grandes padrinhos da psicologia moderna, William James e Carl Lange, chegaram, de forma independente, a uma ideia conhecida hoje como teoria das emoções de James-Lange.

Os históricos familiares desses dois homens tiveram um papel importante na base das suas teorias específicas sobre as emoções. Tanto James como Lange nasceram em famílias ricas, e ambos, inicialmente, estudaram medicina, mas as semelhanças terminam aí. Lange permaneceu na Dinamarca, seu país natal, a maior parte da vida; estudou em Copenhague e trabalhou como médico nos hospitais locais. Desde o início, se mostrou talentoso, concluindo com facilidade a graduação em medicina e subindo na hierarquia da profissão médica. Ele se interessava por anatomia, em particular pela medula espinhal e sua relação com a dor. A transição para a psicologia e a teoria das emoções ocorreu quando ele associou as sensações causadas pelo excesso de ácido úrico a uma forma de depressão.

James, por sua vez, viajava bastante, passando temporadas em vários lugares da Europa e se tornando fluente em alemão e francês. Ele sofria de crises de depressão e considerava a graduação em medicina um desafio, precisando, muitas vezes, fazer pausas para viajar e colocar a cabeça no lugar. Embora entendesse, e chegasse até mesmo a dar aulas de medicina, fisiologia e biologia, seus demônios interiores o atraíram para a filosofia e, em particular, o florescente campo da psicologia. James era um grande admirador de Brown, e os dois homens, logicamente, já haviam lido Darwin — poucos cientistas no fim dos anos 1800 não haviam feito isso. Com um ano de diferença entre si, James e Lange chegaram à mesma conclusão sobre as emoções, ainda que por caminhos diferentes; um por meio da pesquisa, o outro por meio da própria experiência. Embora existam algumas diferenças técnicas entre as concepções de ambos, o importante são as áreas gerais em que se mostravam de acordo.

Na verdade, a ideia de James e Lange era bastante simples. Enquanto Darwin e seus contemporâneos pensavam que as emoções se originavam no cérebro e causavam mudanças no corpo, os dois pensaram o inverso: que as emoções se originavam no corpo conforme ele reagia a algo, antes mesmo de o cérebro tomar conhecimento disso. Ou, deixando James falar por si mesmo:

> Segundo o senso comum, perdemos a nossa fortuna, lamentamos e choramos; deparamo-nos com um urso, temos medo e fugimos; somos insultados por um rival, temos raiva e revidamos com violência. A hipótese a ser aqui defendida diz que essa ordem de sequência é incorreta. (...) Nós nos sentimos tristes porque choramos, temos raiva porque revidamos e medo porque trememos.[10]

Para James e Lange, a percepção e a reação a algo acontecem quase simultaneamente no corpo e no cérebro, e isso se processa de forma subconsciente. Essa é a emoção. Só depois é que o cérebro tenta dar um nome àquilo a partir dos dados que coleta. Para isso, não se exige nenhum tipo de pensamento, pois o cérebro não tem escolha sobre qual emoção estamos experimentando. Por exemplo, já reparou que quando suas bochechas ficam quentes e avermelhadas, logo depois você constata que está envergonhado? Era sobre isso que os dois homens estavam falando. Nosso corpo reage a uma situação e, em seguida, percebemos o significado daquilo. Entretanto, não temos escolha: o corpo nos diz que estávamos envergonhados. Ele não afirma que estávamos apavorados ou felizes, tristes ou excitados — apenas envergonhados. Muito embora, é óbvio, pudéssemos estar excitados *e* envergonhados.

James, em particular, conquistou um enorme público em decorrência de seu artigo sobre esta ideia: "O que é uma emoção?" Na época, fazia pouquíssimo tempo que a psicologia havia se tornado um campo de estudos importante na Academia, especialmente nos Estados Unidos, sua terra natal. Em 1884, quando o artigo foi publicado, departamentos e novos periódicos de psicologia estavam surgindo em todas as partes dos Estados Unidos e da Europa. James tinha uma plateia cativa e crescente, ávida para tecer algumas críticas. Em virtude de a sua teoria estar longe de ser perfeita por uma série de pequenas razões que não abordarei aqui, ela foi atacada, dissecada, reformulada, repudiada, apropriada e ridicularizada. No entanto, como acontece com muita frequência na maioria dos campos científicos, o fato de ser o ponto de partida para todas as discussões em sua área conferiu-lhe legitimidade. A compreensão das emoções proposta por James passou a ser mencionada repetidamente. Por conta disso, o conceito inglês das emoções substituiu as ideias anteriores sobre paixões, afetos, sentidos, e assim por diante — de uma vez por todas.

Tornando-se totalmente emotivo

A história do nascimento das emoções tem um impacto surpreendentemente significativo. O trabalho de Hobbes, por exemplo, chamou muita atenção. Sua crença de que as pessoas entram em conflito por terem diferentes pontos de vista, e de que tudo se resume aos sentimentos de um indivíduo, é um dos motivos pelos quais a maioria dos países do mundo possui, até hoje, um sistema jurídico com algum tipo de árbitro supremo, seja a Suprema Corte nos Estados Unidos, seja o Tribunal de Justiça da União Europeia seja o Saikō Saibansho no Japão. Hobbes foi pioneiro na defesa da ideia de que as emoções positivas geram uma sensação boa e as negativas uma ruim, algo visto como praticamente óbvio hoje em dia. Ele também se tornou o principal contraponto aos filósofos do Iluminismo. Os pensadores responsáveis por vasculhar suas ideias para encontrar problemas e verdades desempenharam papel importante na formação das democracias, dos sistemas de justiça e das legislações modernas. Tudo isso, em grande parte, graças a um homem e às suas ideias acerca dos sentimentos.

Quanto ao novo conceito de emoções proposto por Brown, independentemente de sua língua materna, ao folhear um livro de psicologia ou de psiquiatria, é a compreensão delas pelo viés do inglês moderno que estará presente naquelas páginas — pelo menos, nas obras dedicadas ao assunto. Isso porque a maior parte dos trabalhos nessa área foi desenvolvida por acadêmicos de língua inglesa, ou, com mais frequência, publicada em periódicos em inglês. Se você for um nativo de língua inglesa, não me surpreenderia se nunca tivesse passado pela sua cabeça que as emoções nada mais são do que uma caixinha na qual os cientistas colocaram alguns sentimentos, deixando outros de fora, pelo menos não até começar a ler este livro. Na verdade, a palavra *emoção* tornou-se tão arraigada na língua e na cultura que pensamos nela tanto quanto pensamos na palavra *braço*. A diferença está em: da última vez que verifiquei, eu sabia exatamente o que era um braço. Em compensação, da última vez que alguém as apurou (no longínquo ano de 1981), havia 101 definições diferentes de *emoção* em uso por psicólogos.[11] Desde então, as coisas só ficaram mais complexas.

Tornando-se emotivo

Cada vez que dizemos que alguém é emotivo, ou que precisamos melhorar nossa saúde emocional, ou, até mesmo, que queremos ouvir alguma música emo, podemos retroceder, acredito eu, a Thomas Brown. Em uma palestra, o novo conceito de emoções foi inventado e a trincheira entre o pensamento e os sentimentos tornou-se ainda mais profunda.

Mas a Europa não é o único lugar no mundo, e, como veremos nos próximos dois capítulos, havia muitos locais onde ninguém nunca ouvira falar de Hobbes e Descartes, muito menos de Brown. Certamente, as pessoas não estavam usando aquela palavra nova, *emoções*. Tratava-se de uma ideia ocidental, que pouco significava para o povo africano axante ou para quem residia no Japão no século XIX.

Nove

A vergonha em flores de cerejeira

Depois de algum tempo, as novas ideias de Brown sobre as emoções ganharam impulso e se espalharam pelo mundo. Mas isso não aconteceu de forma instantânea, e o fogo não se alastrou para todos os lugares. No fim do século XIX, a maior parte do mundo que não falava inglês não tinha a menor ideia do que era aquele novo conceito batizado de emoções. Esse, certamente, era o caso de um japonês de 29 anos de idade, chamado Yoshida Shōin, enquanto repousava em uma cela na prisão, em 1859. Havia coisas mais importantes ocupando a mente dele, como a fracassada tentativa de assassinar um representante do xogunato e, assim, impedir a assinatura de um tratado entre os Estados Unidos e o Japão.

Shōin era um tanto desordeiro. Ele havia sido obrigado a abdicar de seu status de samurai por estudar *rangaku* — estudos holandeses —, poluindo, assim, a mente com ideias estrangeiras. As viagens ao exterior sempre haviam sido um de seus focos de interesse. Em seguida, ele desafiou um tabu ainda maior, em uma tentativa de aprender mais filosofia estrangeira ao manifestar seu desejo de entrar em um navio norte-americano que havia atracado na costa do Japão. Seu pedido foi recusado pelo capitão, sua tentativa de subir a bordo o colocou em prisão domiciliar e, logo depois, na cadeia. Shōin acabou sendo libertado e ficou afastado de problemas por algum tempo. Mas entrar no ramo de homicídios o fez conhecer a prisão novamente, e dessa vez o caso era mais sério.

A vergonha em flores de cerejeira

Shōin não sabia disso (tecnicamente, nunca ficaria sabendo), mas ele se tornaria um herói. Ainda assim, ele não era um herói típico. Seu amigo Taizo Masaki o descreveu a Robert Louis Stevenson como

feio e risivelmente desfigurado pela varíola. (...) Seus hábitos pessoais chegavam a ser desleixados. As roupas eram deploráveis; quando comia ou se lavava, limpava as mãos nas mangas da camisa; e como seu cabelo só era amarrado cerca de uma vez a cada dois meses, era amiúde nojento de se ver. Com esse quadro, é fácil acreditar que ele nunca se casou. Bom professor, gentil no trato, embora violento e abusivo no discurso, suas aulas podiam ser ininteligíveis para os alunos e provocar-lhes estupefação ou, com mais frequência, gargalhadas.[1]

E, não nos esqueçamos, isso vinha de um homem que o amava e respeitava.

Nascido em 1830, filho de um samurai de baixo escalão, Shōin foi adotado, como era o costume, por outro samurai, Yoshida Daisuke, que morreu logo depois, fazendo de Shōin, com apenas 5 anos de idade, o herdeiro da linhagem Yoshida. Ele cometeu seu primeiro e grave ato de rebeldia ao partir para um passeio ao norte do país antes de obter a devida permissão para fazê-lo. Tinha 21 anos e estava ávido para conhecer o máximo possível do mundo. Ao retornar, foi destituído de seu posto de samurai e recebeu uma punição que, para ele, soou mais como uma recompensa: disseram-lhe que teria dez anos para estudar em qualquer lugar do Japão que quisesse. Foi durante sua volta para casa, ao fim do primeiro ano de estudos, que os norte-americanos apareceram.

Em 1853, o comodoro Matthew Perry, da Marinha dos Estados Unidos, deslocou quatro "barcos negros" blindados para a baía de Edo e exigiu, em nome de seu governo, que o Japão abrisse seu comércio ao mundo. Embora o Japão tivesse se mantido pacífico e isolacionista, também ficara para trás em termos de avanços tecnológicos. Não era páreo para os norte-americanos. Após esse incidente, Shōin, assim como alguns outros, ficou preocupado com a relativa incapacidade de seu país de se defender dos forasteiros. A paz civil era muito positiva, mas ela significava que não havia uma força de combate bem treinada e equipada com os melhores e mais recentes armamentos.

As sementes desse problema haviam sido plantadas nos primórdios do xogunato Tokugawa. Desde 1603, os Tokugawa governavam o Japão. Por um lado, eles haviam trazido a paz, encerrando as constantes guerras incentivadas pelos samurais do período feudal. Logo após chegar ao poder, dividiram o país em 260 domínios menores e mais facilmente gerenciáveis. Cada um deles foi concedido a um *daimyo*, ou senhor, que governava sua pequena seção de forma quase independente. Os outrora poderosos samurais empunhando uma *katana*, cuja destreza nas batalhas alimentara a lenda, decidiram trocar sua espada de luta por pincéis de escrita e servir de administradores para seu *daimyo*. Isso manteve as políticas locais e nacionais apartadas. Os samurais de alto escalão e seu *daimyo* se concentravam nas questões locais, enquanto o xógum e seus conselheiros tratavam de assuntos em nível nacional. Dessa forma, as coisas se mantinham pacificadas.

Por outro lado, os Tokugawa isolaram o Japão quase inteiramente do mundo exterior, exceto por uma pequena colônia holandesa situada em Nagasaki. O xogunato não se interessava pelo que estava acontecendo além de suas fronteiras. Ele estava farto de ser visto como um apêndice da China — apenas um pequeno grupo de ilhas recobertas por flores de cerejeira ao largo da costa de um centro de grande riqueza e poder. O clã baniu por completo tanto a filosofia como o compartilhamento de ideias estrangeiras. Isso significava não apenas os estudos holandeses, apesar do nome *rangaku*, mas também qualquer coisa que não fosse japonesa — cristianismo, islamismo, budismo, confucionismo, taoismo e qualquer tradição — intelectual, espiritual, artística — que não tivesse suas origens no período anterior ao Japão feudal, quando a religião xintoísta e seus muitos deuses dominavam o pensamento e as crenças.

A nação estava em paz e era absolutamente independente. Mas a chegada dos norte-americanos mudou tudo. O Japão precisava ser capaz de se defender. Não seria mais possível garantir a estabilidade mantendo o isolamento. Algo tinha de ser feito. Uma faísca precisava ser reacesa na alma guerreira dos samurais.

Shōin decidiu tentar acender essa faísca usando o conceito japonês de *haji*, ou o que hoje poderíamos chamar de vergonha.[2] Para Shōin, a vergonha não era um sentimento interno que a pessoa guardava para si: tratava-se de uma emoção social, algo compartilhado por um grupo. Ao realizar sua tentativa de assassinato, ele se deixara motivar pela crença de que era pior sentir a vergonha da inação do que cometer um crime para tentar mudar uma situação inaceitável. Envolver-se na política nacional era um crime, ele reconhecia, mas não fazer nada causaria a *haji*, e isso era pior. Se todos os samurais se comportassem daquela forma desonrosa, significaria uma calamidade para a nação japonesa.

É muito fácil traduzir *haji* como "vergonha", mas (a esta altura, tenho certeza de que você já deve ter suspeitado) os significados das duas palavras não combinam perfeitamente. A *haji* é um tipo particular de vergonha coletiva, e, para entender seu sentido e sua importância, é necessário que se conheça um pouco mais do caldeirão de tradições responsável por embasar a maneira como os japoneses a entendiam naquela época. Entretanto, antes de fazermos isso, vale a pena dar uma olhada no que a Academia tem a dizer sobre a vergonha, pois algumas pesquisas contemporâneas sobre essa emoção podem nos ajudar a entender o regime emocional que dominava o Japão na época de Shōin.

O que é a vergonha?

Em termos científicos, a vergonha ocorre quando nosso sistema nervoso parassimpático é ativado por uma *falha na sintonização* — quando alguém perde a sincronia com as emoções das outras pessoas ao redor. Ou, dito de outra forma, ele é ativado quando percebemos que quebramos as regras de um regime emocional. O papel da vergonha parece ser comunitário, ou seja, é uma emoção social que nos permite saber quando cruzamos um limite moral.[3]

A vergonha foi associada a algo denominado *teoria da autodiscrepância*, uma ideia desenvolvida por Edward Tory Higgins, em 1987. Ele sugeriu que todos nós temos um *eu ideal* internalizado. Uma pessoa pode se perceber como ética, inteligente e honesta, por exemplo. E por que não deveria? Ela dirige com cautela, diz "por favor" e "obrigada" e sempre se comporta de modo respeitoso — um membro correto e adequado da sociedade. Para chegarmos aos eus ideais, existem maneiras pelas quais devemos nos comportar, e o eu que se comporta de acordo com tais maneiras é chamado de *eu obrigatório*. O primeiro é algo a que aspiramos ser, quem idealmente gostaríamos de ser. O segundo é o eu que tem um senso de dever, adere a códigos e cumpre obrigações. Ele faz as coisas que devem ser feitas. O eu ideal dirige com cautela porque deveria ser assim, e porque não fazer isso colocaria outras pessoas em risco, algo moralmente inaceitável. O eu obrigatório dirige com cautela porque esta é a lei, e nós não somos transgressores da lei. No entanto, sempre haverá lacunas entre esses dois e o *eu real* — por exemplo, é possível que, apesar da nossa autopercepção, sejamos, na verdade, péssimos motoristas e praguejemos sem parar. Ao perceber que este último não está correspondendo ao nosso eu ideal/obrigatório, podemos experimentar uma sensação de vergonha.[4] Nosso humor muda; os músculos se movem de forma involuntária, em especial os do rosto e os dos ombros, parecendo se encolher; e nosso sistema endócrino libera um coquetel de hormônios do estresse: cortisol, adrenalina e uma pitada de oxitocina. É essa oxitocina que parece tornar a vergonha uma emoção social, reforçando os laços rompidos.

E, então, a vergonha faz mais uma coisa — ela inicia uma reação de luta-fuga-congelamento: o medo. Normalmente, acabamos congelando, preocupados com a opinião alheia. Mas se acreditarmos que nossa vergonha foi causada por outra pessoa, a necessidade de lutar pode se tornar mais forte. Ficamos irritados. Ainda assim, sendo uma emoção social, ela não está ligada apenas a sentimentos individuais. De acordo com uma antropóloga, Ruth Benedict, o equilíbrio entre a vergonha, o medo e a raiva pode escorar os regimes emocionais de culturas inteiras.

Uma cultura da vergonha?

Em um livro publicado em 1946, chamado *O crisântemo e a espada*, Benedict descreveu o Japão como uma "cultura da vergonha". Ela estava comparando o Japão com os Estados Unidos, o qual apelidou de "cultura da culpa". As principais diferenças, de acordo com ela, dizem respeito ao fato de as culturas da culpa levarem as pessoas a se sentirem culpadas por coisas que fizeram. Quem vive nessas culturas se preocupa com punições pessoais: prisão, inferno, e assim por diante. Os indivíduos que vivem em culturas da vergonha, como o Japão, estão mais preocupados, na opinião deles, em ser rejeitados pela sociedade, em desonrar as pessoas ao redor. Benedict também identificou um outro tipo de cultura — a do medo. Trata-se daquela em que todos têm pavor de fazer algo errado, sob pena de se prejudicar ou morrer. As culturas responsáveis pelas ondas de bruxaria exploradas anteriormente seriam, na visão de Benedict, culturas do medo.

Uma das maiores críticas dirigidas à antropóloga reside no fato de ela se concentrar não no povo japonês como um todo, mas apenas nas elites do país. Além disso, é importante observar que Benedict escreveu sobre o Japão durante uma época de revolta nacional, isto é, em uma época em que a cultura japonesa estava passando por mudanças intensas e dramáticas. Por um lado, o país havia começado a se valer de guerras de agressão, em vez de se manter isolado. Por outro, no entanto, e isso pode parecer um pouco estranho, pois ela era uma estrangeira, as ideias de Benedict foram adotadas por inúmeros japoneses. Desde sua tradução, *O crisântemo e a espada* já vendeu dois milhões de cópias no país. O livro liderou uma alta na publicação de *nihonjinron* — obras sobre "japonicidade". Ele ajudou, inclusive, a incorporar as noções de cultura da vergonha e cultura da culpa na psique nacional.

Lógico, a realidade é que todas as culturas se permitem um pouco de vergonha, de culpa e de medo. Elas também se definem por um pouco de amor, de desejo e de coragem. Chamar o Japão de cultura da vergonha pode parecer um tanto reducionista, e quase certamente é, mas o fato é que o conceito japonês de vergonha, *haji*, desempenhou papel importante para levar o país de volta ao mundo. Para entender a *haji*, porém, é preciso ir além da atual compreensão científica da vergonha. Apesar das tentativas do xogunato Tokugawa de expurgar as ideias estrangeiras do Japão, no fim de seu domínio a *haji* se baseava em uma constelação de crenças sobre a vergonha, que haviam chegado ao país no milênio anterior, começando com a antiga prática do xintoísmo.

A vergonha dos deuses

De acordo com a religião xintoísta, em algum momento no passado distante, os primeiros deuses, Kuninotokotachi-no-Kami e Ame-no--Minakanushi, criaram dois seres divinos, Izanami e Izanagi. Eles receberam a tarefa de construir o primeiro pedaço de terra. Usaram uma lança sagrada para revolver o mar sob a ponte que ligava o céu e a terra, retirando a massa do fundo do oceano para criar a ilha de Onogoroshima. Felizes com o que haviam concebido, decidiram viver naquele novo lugar. Eles construíram um pilar celestial para sustentar um grande palácio e começaram a dar à luz deuses, criados como filhos — muitos deles. Também fundaram as ilhas restantes do arquipélago japonês para os humanos morarem ali.

A vergonha em flores de cerejeira

Ao fim de algum tempo, aconteceu uma tragédia. De acordo com um dos mais antigos textos imperiais japoneses, o *Kojiki* (712 d.C.), Izanami morreu no parto. Izanagi ficou tão furioso e inconsolável que assassinou a criança recém-nascida, a quem atribuía a culpa pela morte da esposa. Mas não se preocupe muito. Devido à criança ser de fato uma deidade, seu assassinato gerou dezenas de variedades de deuses, espalhadas por todo o céu e a terra. A tristeza de Izanagi o levou, então, a uma viagem até Yomi, o mundo subterrâneo, com o intuito de encontrar seu amor perdido. Mas ele não estava autorizado a ir até lá. Quando a encontrou, implorou que voltasse, mas ela não podia. Izanami havia ingerido a comida dos mortos, e não era mais capaz de existir entre os vivos. Mas Izanagi não queria deixar seu amor para trás. Ele queria ver seu lindo rosto novamente. Isso também era proibido na escuridão daquele mundo subterrâneo.

Uma noite, enquanto Izanami dormia, Izanagi decidiu usar seus longos cabelos para fazer uma tocha, a fim de iluminar a escuridão e olhar para a esposa. Quando a luz cobriu o corpo dela, ele não viu as delicadas formas da mulher, mas, sim, um cadáver retorcido, putrefato e cheio de vermes. Izanagi gritou e fugiu apavorado, correndo até a entrada da caverna que levava ao mundo dos vivos. Izanami, cheia de vergonha e raiva pelo que ele havia feito, o perseguiu, tentando desesperadamente impedi-lo de sair. Ele deu um salto e escapou pela porta, sobre a qual conseguiu arrastar uma enorme rocha. Os mundos dos vivos e dos mortos estariam separados para sempre. Sua furiosa esposa, ainda consumida pela *haji* que estava sentindo por ter sido vista pelo marido, amaldiçoou os vivos, levando a morte ao mundo dos homens.

Izanagi realizou um ritual de purificação conhecido como *harae* para se livrar da profanação que havia presenciado. De acordo com o *Kojiki*, tal profanação também configurava uma *haji*. Assim como sua esposa sentira vergonha por ter sido vista, Izanagi sentia vergonha de si mesmo por quebrar as regras. Ele havia se comportado mal, almejando algo que não deveria ter. A prática de purificação do *harae* continua sendo um ritual xintoísta até hoje.

Esse antigo mito japonês nos diz algo sobre como o Japão do século VIII entendia as emoções, e como elas parecem se encaixar perfeitamente nas atuais ideias científicas a respeito da vergonha. As emoções japonesas daquele século baseavam-se em como a pessoa *deveria* se sentir e se comportar em determinada situação. O luto pela perda de uma esposa é apropriado, mas quebrar as regras para proveito próprio, não. Fazer uma coisa dessas seria se afastar de seu eu ideal e quebrar as regras do regime emocional. Isso causaria a *haji*, ou, pelo menos, deveria causar. Ao mesmo tempo, a *haji* do século VIII traz consigo elementos de repulsa e uma necessidade de depurar a vergonha — uma necessidade tão poderosa que continua sendo praticada até hoje.

Em um exemplo fantástico do caldeirão que é a cultura japonesa, as origens dessa ideia sobre os sentimentos não provêm da religião xintoísta, mas do confucionismo. Para explicar essa influência na *haji*, preciso contar uma outra história, dessa vez adaptada dos escritos do grande filósofo confucionista Mêncio.

O poço de Qing

Certa noite, em algum momento no século III a.C., uma mulher estava indo buscar água no poço local. Ele era profundo e abundante, mas o que o tornava especial também o tornava perigoso. Com muita frequência, e para preocupação dela, havia crianças brincando ao redor daquele buraco desprotegido. Ao se aproximar, ela viu uma delas chegando cada vez mais perto da borda. E, então, a criança desapareceu. Imediatamente, a mulher largou seus baldes e saiu correndo em direção ao buraco. Olhando para baixo, conseguiu ver o corpo imóvel flutuando na água.

Seu sentimento imediato foi de alarme e angústia. A preocupação com os outros a oprimia. Isso porque seu bem mais importante, seu *jen*, ou bondade, a dominava. Ela também estava repleta de um senso de *yi*, o desejo de fazer o bem, de ser ética. E foi por isso que ela não se limitou a ficar dando voltas em torno do poço, agitando os braços em pânico. Foi por isso que não fugiu, temendo ser responsabilizada. E foi também por isso que se valeu das cinco virtudes — bondade, retidão moral, decoro, sabedoria e sinceridade — e começou a procurar ajuda. Ela sabia que a melhor maneira de ajudar a criança era agir como haviam lhe ensinado, seguir o *dao*, ou princípios orientadores, os quais a guiavam através da *li*, a conduta, os rituais e os comportamentos corretos. Mais importante ainda, ela precisava manter os sentimentos apropriados nos níveis adequados: não devia ser insensível nem entrar em pânico. Esse processo de controlar os próprios sentimentos envolvia a *zhongyong*, muitas vezes traduzida como "doutrina do meio". Essa doutrina era tão importante que existia um livro inteiramente dedicado ao seu estudo, o qual dizia:

> Quando não há agitações de prazer, de cólera, de pesar ou de alegria, pode se dizer que a mente se encontra em estado de Equilíbrio. Quando esses sentimentos se agitam e atuam em seu devido grau, produz-se o que se pode chamar de estado de Harmonia. Esse Equilíbrio é a grande base da qual procedem todos os atos humanos no mundo, e essa Harmonia é o caminho universal que todos eles devem seguir.[5]

A mulher procurou ajuda de maneira adequada, conforme lhe ensinaram; ela havia sido uma boa aluna. Poderia escolher — dependendo dos livros que lera — entre quatro, seis ou sete emoções. As quatro básicas, provenientes da *zhongyong*, eram deleite (ou amor), cólera, pesar e alegria. Segundo o autor, eram sentimentos inatos com os quais todos os seres humanos nasciam. Caso a mulher tivesse lido a obra de Xunzi, um filósofo do século III a.C., talvez também conhecesse as duas paixões eruditas adicionais, gostar e desgostar. Se tivesse lido o restante da coleção de onde a *zhongyong* foi extraída, o *Li Ji*, ou *Livro dos ritos*, também saberia qual a melhor forma de agir quando sentisse medo. Independentemente do sentimento que tivesse, ela sabia que deveria continuar questionando, disciplinando e educando a si mesma para ser uma pessoa melhor na sociedade. Sabia que sentir raiva dos pais da criança afogada era inútil, e que o perdão por suas ações e a sinceridade sobre o acontecido era o que importava naquele momento; compreendia que o medo e o pesar, embora apropriados, não deveriam ser usados em excesso. Ela também tinha a exata compreensão de sua *hsiao*, sua profunda reverência e seu bom relacionamento com as pessoas da aldeia. Essa só perdia para a *hsiao* direcionada à própria família. Isso era mais importante do que a antipatia pela natureza rebelde da criança.

Ela sabia de tudo isso em uma fração de segundo. Entendia tão bem sua *li* que, imediatamente, foi ao encontro da família da criança. Disse-lhes, com calma, mas com urgência, para levarem cordas e escadas. Aquele era o caminho de Confúcio. O caminho do equilíbrio.

Isso pode fazer ainda mais sentido se eu chamar a atenção para o fato de que a antiga palavra chinesa *qing* (o equivalente mais próximo da palavra *emoções*) é mais bem traduzida como "uma prática de vontades e desejos incorporados ao mundo real". A *qing* sempre deveria ser equilibrada; nunca demais, nunca de menos. O caminho para esse equilíbrio é ditado pela *li* — aprender os rituais, os costumes e as formas de comportamento adequados de nossa sociedade, mesmo quando eles se opõem às nossas vontades e aos nossos desejos pessoais.

É por isso que, do ponto de vista confucionista, Izanagi se envergonhou. O mais profundo sentimento de vergonha vinha do fato de ele ter deixado de agir de acordo com a *li* e divergido do *dao*. Pouco importa que a pessoa seja um camponês ou um deus: contradizer a *li* de sua sociedade é envergonhar-se. A *li* não equivale ao *dharma*. Não é um caminho ou um destino que a pessoa deva seguir, independentemente de quem possa magoar ou de quão magoada esteja. É uma maneira de alcançar o equilíbrio na sociedade equilibrando a si mesmo. O destino não tem nada a ver com isso.

Voltemos agora ao Japão. No período Tokugawa, um dos objetivos do xogunato era ressuscitar crenças xintoístas japonesas mais antigas por meio dos *kokugaku*, ou "estudos nativos". Não era apenas uma rejeição aos estudos holandeses; tratava-se, também, de uma tentativa de resistir à influência confucionista no pensamento japonês. E, mesmo assim, durante o período Tokugawa houve um ressurgimento do confucionismo, conhecido como *shushi-gaku*, ou neoconfucionismo. Os japoneses traduziram *li* para *ri*, e os neoconfucionistas associaram *ri* a um conceito que eles conheciam bem: *zhong*, derivado da já mencionada *zhongyong*. A *zhong* é a lealdade ou uma reverência filial que as pessoas têm pela própria família, por amigos e, mais importante ainda, governantes. Isso ajudava a fortalecer as estruturas sociais estabelecidas pelo xogunato. Também aprofundava o foco na cultura japonesa como fonte da *ri*.

Mas o *shushi-gaku* também estava em total desacordo com o outro sistema de crenças dominante no Japão até então, e que representa mais um elo na cadeia de ideias formadoras da *haji* do século XVIII — o budismo. Os neoconfucionistas acreditavam piamente que o mundo era real, físico e tangível, e que as ações praticadas nele tinham consequências. Para os budistas, nada era real. Nem você, nem eu, nem este livro. O mundo era uma ilusão, e tanto a *ri* quanto a *zhong*, para usar uma frase emprestada de Douglas Adams, eram duplamente ilusórias.

Como não sentir nada

Inicialmente, o xogunato Tokugawa tentou reprimir a influência estrangeira do budismo.[6] Com o advento do século XIX, porém, as coisas haviam melhorado tanto para o budismo que um dos xóguns Tokugawa chegou, até mesmo, a apoiar a impressão completa do cânone budista.[7]

A vertente do budismo que varreu o Japão no século V e atravessou o período do xogunato Tokugawa não era bem o mesmo budismo descrito quando falamos sobre Ashoka. Essa nova forma se baseava em um espectro um tanto amplo de tradições e sistemas de crenças budistas, usualmente abarcadas sob o termo *mahayana*, ou "grande veículo" (alguns estudiosos argumentam que uma tradução mais precisa seria "grande compreensão"). Muitos de seus princípios básicos eram compartilhados com vertentes anteriores do budismo, em especial quando se tratava de sentimentos, mas havia algumas notáveis diferenças. Uma delas era a ideia de *bodhisattva* — isto é, alguém que se esforça para atingir o estado búdico. Em muitas seitas budistas, não se pode ser um *bodhisattva*, a menos que isso tenha sido previsto por quem já tenha alcançado o estado búdico. No budismo mahayana, qualquer pessoa que comece a trilhar esse caminho já é uma *bodhisattva*, a despeito de o Buda atual ter previsto isso ou não. Mais especificamente, os budistas mahayana acreditam que toda pessoa que acatar seus textos canônicos, os *sutras* mahayana, seguirá, em algum momento, o caminho de *bodhisattva*.

O budismo mahayana também era um pouco mais místico do que os tipos mais antigos de budismo. Nessa tradição, o estado búdico não era apenas um caminho para o *nirvana*, mas também uma via para se tornar um ser transcendente e imortal que se elevaria para além dos confins deste mundo e se provaria capaz de ajudar outros seres. Eles acreditavam que o próprio Buda, Sidarta Gautama, agira como um humano, apesar de ser um rei espiritual. Ele tinha vindo rapidamente à nossa terra para guiar a humanidade.

Outro aspecto importante do budismo mahayana é a doutrina do *sunyata* — uma palavra mais bem traduzida como "vazio" ou "não substancialidade". O significado exato desse conceito muda ligeiramente entre as várias linhas, ou seitas, dessa vertente, mas, em suma, ele se refere a uma consciência de que tudo é vazio em sua essência: a vida, o mundo, e até os *dharmas* são um sonho (*svapna*) ou uma ilusão (*maya*). Isso significa que quando nos apegamos aos desejos, na verdade, somos nada, nos apegando a nada. O *sunyata* também pode se referir à noção de uma natureza búdica, ou à capacidade de nos tornarmos o Buda existente dentro de nós. Alguns tipos de budismo mahayana chegam a ponto de afirmar que o *sunyata* é o *nirvana*.

Os budistas japoneses tendiam a pertencer a uma das três linhas compreendidas no budismo mahayana. A primeira, o budismo de Nichiren, foi introduzida no Japão por um homem chamado Nichiren, que viveu entre 1222 e 1282. Ele acreditava que todos poderíamos alcançar o *sunyata* e éramos dotados de uma natureza búdica. O segredo para acessá-la era entoar repetidamente o mantra *Namu myōhō renge kyō* (que significa algo como "Glória ao *dharma* do *sutra* do Lótus"). Muitos budistas consideram o *Myōhō renge kyō*, ou o *sutra* do Lótus, a palavra final no budismo — na verdade, o simples ato de pronunciá-lo pode nos ajudar a percorrer o caminho. Mas o mais crucial, para nós, é o Zen Budismo, pois, no século XIX, quando nosso amigo Shōin estava na prisão, essa era a vertente mais proeminente.

Os zen budistas acreditam que tudo faz parte da natureza búdica. Em vez da capacidade de atingir o vazio do *nirvana* e se tornar Buda, a natureza búdica zen é a habilidade de entender que tudo está conectado e tudo muda constantemente, desde o cérebro em nossa cabeça até as rochas em um longínquo exoplaneta. Inclusive, o *sunyata* zen não é um vazio ou um nada.[8] Ao contrário, a realidade como a entendemos é uma ilusão, e isso inclui os sentimentos. Mas existe uma realidade para além disso, e é essa, idealmente, que as pessoas devem se esforçar para alcançar.

Os zen budistas não acreditam que a maneira de atingir o *nirvana* seja aprendendo *sutras* ou entoando cânticos para exaltá-los. Eles acreditam que é preciso meditar, limpar a mente. Não são os únicos budistas que meditam, é lógico; a meditação faz parte da religião desde que Sidarta Gautama sentou-se sob a Árvore de Bodhi. Mas eles argumentam que, se o próprio Buda não precisava de nenhuma pompa, cerimônia, *sutras* ou lemas para alcançar o *nirvana*, ninguém mais precisa. Afinal, essas regras confundem uma mente que deveria estar vazia.

Os zen budistas usam as emoções como parte do processo de meditação. Para os budistas japoneses do século XIX, tal como hoje, o objetivo era o *mono no aware*: "o *páthos* das coisas", ou "o sentimento profundo evocado pelas coisas", uma espécie de compaixão. Isso significa estar ciente dos sentimentos que possuímos e perceber que nossos sentimentos dialogam com o *hon'i*, ou natureza essencial, do lugar e do momento em que estamos. Gostaria de explicar compartilhando um poema.

> *Solidão:*
> *O sentimento veio*
> *De onde não sei dizer;*
> *Em uma montanha totalmente coberta de verde*
> *Em um fim de tarde de outono.*[9]

Esse poema foi composto pelo monge budista japonês Jakuren, falecido em 1202. Aqui, Jakuren está dissolvendo sua solidão pessoal no mundo em seu redor. Mas ele não está realmente sozinho; está circundado pela beleza das montanhas e do sol poente. *Mono no aware* é um caminho para o *nirvana* que não exige a renúncia de todos os sentimentos, ao contrário: compreendemos como eles se relacionam com o mundo a nossa volta. Nós os usamos para nos dissolver no vazio do Universo. Para nos tornar um só. E percebermos que a maneira como nos sentimos interage com a ilusão do mundo.

Mas o que isso tem a ver com a *haji*? No caso do budismo japonês, a *haji* ocorre quando as pessoas nos veem de uma forma que preferiríamos não ser vistos, quando o conhecimento que elas tem sobre algo que queríamos manter escondido torna impossível nossa perfeita dissolução no vazio. Podemos chamar isso de uma espécie de *falha na sintonização*.

Uma forma japonesa de dança teatralizada conhecida como nô pode ajudar a ilustrar esse ponto. Em uma das peças, chamada *Eguchi*, dois personagens, um monge e uma *asobi* (membra de um grupo de dançarinas itinerantes antes associadas à prostituição, mas, depois, convertido praticamente em uma ordem de freiras budistas), estão conversando. Naquela época da história japonesa, o trabalho sexual era considerado uma enorme fonte de *haji*. O monge reconhece a *asobi* e se lembra de quando ela era uma trabalhadora do sexo. Ele recita um poema pedindo-lhe "alojamento" e "refúgio" (estou certo de que não é muito difícil descobrir o significado de "alojamento" e "refúgio" nesse contexto. Ele não estava solicitando apenas um leito para passar a noite). Ela, evidentemente, se recusa e é dominada pela *haji*.[10] Ser lembrada de quem havia sido é uma fonte de vergonha para a *asobi*. De forma ainda mais potente, é a *haji* habilmente despertada pelo monge ao lembrá-la de seu *eu real* do passado que reforça seus sentimentos de vergonha quando contrastada com seu *eu ideal*, o qual ela vinha se esforçando para alcançar.

O historiador Gary Ebersole assinalou que a *haji* da *asobi* é muito parecida com a vergonha que Izanami sentiu quando o marido avistou seu cadáver: "A emoção da vergonha é produzida quando alguém vê determinada pessoa de uma forma que não corresponde ao seu senso de identidade ou à sua autorrepresentação pública."[11] Ficamos com medo de alguém descobrir algo sobre nós que desejamos manter escondido — por exemplo, estarmos nos decompondo ou que costumávamos trabalhar em uma profissão considerada tabu. De acordo com o linguista Gian Marco Farese, o medo de as pessoas descobrirem algo que preferiríamos que não descobrissem é uma parte central da *haji*, mesmo nos dias de hoje.[12] Em uma religião cujo objetivo é evaporar-se de um mundo considerado uma ilusão, a *haji* tinha o poder de fazer tudo parecer tremendamente real.

Vergonha revolucionária

Agora podemos voltar a 1859 e nos reencontrar com nosso velho amigo Shōin e os samurais. Na época, os samurais tinham seu senso de *haji*, depurado a partir das muitas influências que haviam absorvido durante a vida. Isso incluía a relutância budista em revelar algo que preferiam manter em segredo, o ideal confucionista da contenção emocional, e a repulsa (muitas vezes, a repulsa por si mesmo) associada às noções xintoístas de *haji*. Os samurais tinham uma cultura da honra que girava em torno de uma constelação de ideias: *na*, ou "nome"; *iji*, ou "orgulho"; *mengoku*, ou "aparências" (como em "salvar as aparências"); *meiyo*, ou "honra"; e dois tipos de vergonha, *chijoku*, com o significado de estigma ou desgraça, e *haji*.

Como já afirmei, a *haji* era um elemento importante do regime emocional japonês, e Shōin estava disposto a explorá-lo. Ele acreditava que esse seria o segredo para reacender a antiga e adormecida honra dos samurais.[13] Essa *haji* em particular, vale a pena frisar, era sobretudo uma preocupação da elite. Era improvável que o agricultor japonês comum se preocupasse tanto com a honra e a vergonha quanto os samurais que o supervisionavam. Esse, evidentemente, é um dos problemas do livro de Ruth Benedict. Ela relatou a vergonha como onipresente em todo o Japão, quando na verdade, estava olhando apenas para uma parte do país. Mas, ao contrário de Benedict, Shōin tinha como alvo a elite. Ele queria irritar seus superiores, abalá-los, fazê-los entender seu dever para com o mundo ao redor. Sem dúvidas, descobrir-se despreparado quando uma potência estrangeira chega com armas excessivamente superiores às suas seria uma maneira de insuflar a *haji* nos detentores do poder. Ele acreditava que o Japão havia sido forçado a revelar algo sobre si mesmo quando preferiria que os outros países não tivessem ficado sabendo: tratava-se de uma nação obrigada a aceitar o modo como seu *eu real* ficava aquém do seu *eu ideal*. Uma nação que havia falhado em se comportar como deveria, que havia se afastado de sua *ri*, colocando-se em perigo. Um país que, na opinião de Shōin, deveria sentir repulsa de si mesmo.

A história não terminou bem para Shōin. Em 21 de novembro de 1859, após confessar a trama da tentativa de homicídio, ele foi executado. As últimas palavras que escreveu foram sobre seus pais: "O amor dos pais excede o amor de alguém pelos pais. Como eles vão receber as notícias de hoje?" Nunca saberemos. O que sabemos é o modo como cerca de cinquenta de seus alunos se engajaram em sua causa. Eles se empenharam em derrubar o xogunato e em reformar a nação. A vergonha de não estarem preparados para resistir aos forasteiros e de permitirem o declínio da sociedade japonesa, formou a base do que hoje conhecemos como Restauração Meiji.

Depois da deposição dos Tokugawa, vários dos novos governantes haviam sido alunos de Shōin. Um indivíduo notável foi Katsura Kogorō, mais conhecido como um dos *Ishin no Sanketsu*, ou Três Grandes Nobres da Restauração. O novo governo usou a vergonha de o Japão ser pouco competitivo como incentivo para industrializar o país a uma velocidade vertiginosa, para se modernizar e recuperar o atraso — no fim das contas, para se superar. Aquele jovem destoante que havia perdido o posto de samurai colocara algo em movimento; algo que, suspeito, o faria morrer feliz.

Dez

A ira de uma rainha africana

Antes de partirmos para os entendimentos científicos das emoções que ocuparam as mentes e as tramas do Ocidente durante o século XX, gostaria de me afastar da Europa por um momento. Pretendo visitar uma parte do mundo na qual outro regime emocional, diferente das ideias apresentadas por Brown e seus seguidores, exercia seu domínio — um lugar onde florescia, e ainda floresce, outra forma de compreender os sentimentos. Vamos embarcar agora para a cintilante costa da África Ocidental, onde, na virada do século XX, uma rainha do grupo étnico acã estava se preparando para uma batalha.

Yaa Asantewaa, a *edwesohemaa*, ou rainha-mãe do povo edweso dos axantes, estava enfurecida. Durante séculos, seu povo havia comercializado e lutado tanto a favor como contra os britânicos. No passado, os axantes haviam tido o próprio e vasto império, cuja expansão os enriquecera com a venda de ouro, e que, infelizmente, escravizara criminosos e prisioneiros de guerra. Eles se igualavam à Grã-Bretanha em número de batalhas travadas ao longo dos séculos XVIII e XIX, tornando-se um dos poucos povos no continente africano a combater com sucesso as repetidas tentativas de colonização. Em 1896, porém, seus inimigos finalmente conseguiram assumir o controle da região, então conhecida como parte da Costa do Ouro e hoje conhecida como sul de Gana. Deportar os chefes axantes e substituí-los por líderes de fachada seria o próximo passo no usual método de conquista. Os britânicos fizeram isso, mas não atentaram para uma das sedes fundamentais do poder, bastante literal até. Um trono que o governador britânico da região, Frederick Mitchell Hodgson, desejava com muita intensidade.

Em 28 de março de 1900, Hodgson convocou uma reunião com os novos e inexperientes chefes axantes. De forma equivocada, ele os enxergava como desorganizados e incapazes de revidar, inobstante do que lhes fosse ordenado. Hodgson queria se apossar de algo precioso pertencente ao povo, visando consolidar o domínio britânico no território, algo que ele sabia que mantinha viva a centelha da rebelião. Por coincidência, dizia-se que o tal objeto era feito de ouro maciço. De acordo com o missionário metodista Edwin Smith, que pode ou não ter ouvido isso em primeira mão, Hodgson exigiu dos axantes a sede do poder, tanto figurativa quanto literalmente: o Trono de Ouro.[1]

Mais uma vez, os britânicos estavam em busca de algo reluzente e precioso que não lhes pertencia. Isso enfureceu Yaa Asantewaa, mas sua fúria nada tinha a ver com o valor financeiro do trono.

O *Sika Dwa Kofi*, cujo significado é "o Trono de Ouro nascido em uma sexta-feira", era a principal sede do poder axante. Esse povo acreditava que ele descera do céu em uma sexta-feira e pousara no colo do primeiro rei axante, Osei Tutu, e que qualquer assento ocupado por uma pessoa abrigaria a alma do ocupante enquanto ele estivesse ali sentado. Cada elemento da liderança axante tinha o próprio trono. Acreditava-se que quando aquele elemento se sentasse no trono, sua alma estaria conectada às almas das pessoas por ele representadas. Por exemplo, se a pessoa ocupasse um assento que a colocasse no comando dos guerreiros da nação, sua alma e as almas de todos os guerreiros estariam conectadas por meio dele (na verdade, até hoje as posições de poder na cultura axante são chamadas de tronos). O Trono de Ouro tinha um significado particular. Seus laços emocionais eram ainda mais profundos. Ele unia a alma de toda a nação por meio do governante que se sentava nele. O ultrajante desejo de Hodgson de roubá-lo não agradara em nada à rainha-mãe.

Yaa Asantewaa era uma mulher poderosa. O povo edweso havia emergido como clã governante após anos de uma violenta guerra civil. Por conta disso, ela não era apenas a mãe de um líder: era a mãe do rei dos axantes, àquela altura exilado, era *asantehemaa* e também *edwesohemaa* — a rainha-mãe de todos eles. Cada posição de poder no território axante era ocupada por um casal de líderes, sendo um do sexo masculino e outro do sexo feminino, que supervisionavam, respectivamente, as obrigações de homens e mulheres. Cada um deles recebia um trono, representando seu status. Yaa Asantewaa tinha um poderoso assento no governativo Conselho de Kotoko, que lhe concedia o poder de distribuir terras, envolver-se em processos judiciais e declarar guerra. Naquele momento, seu filho não estava em condições de ocupá-lo, e, assim, seguindo a tradição, ela mesma se sentou no Trono de Ouro.

Yaa Asantewaa queria exercer parte do seu poder. Ela estava furiosa com o que vinha observando. Não bastasse Hodgson ter lhe exigido o objeto mais sagrado da sua cultura, os chefes do conselho também pareciam estar considerando aquiescer, usando palavras como *ceder* e *oferecer dinheiro* em suas deliberações. Eles entraram em conflito. Discutiram. A rainha-mãe já estava farta. Para ela, o caminho estava evidente. Ela se levantou e gritou com os homens em volta.

> Como pode um povo orgulhoso e corajoso como os axantes sentar e ficar olhando enquanto os homens brancos levavam embora seu rei e seus chefes, e os humilhavam com a exigência do Trono de Ouro? O Trono de Ouro significa apenas dinheiro para os homens brancos; eles procuraram e escavaram em todos os lugares atrás disso. Não pagarei um *predwan* sequer ao governador. Se vocês, os chefes dos axantes, vão se comportar como covardes e não vão lutar, deveriam trocar suas tangas por minhas roupas de baixo.[2]

Em seguida, ela pegou um rifle e o disparou diante dos homens ali reunidos. Foi mais do que uma reprimenda. Foi um lembrete de que as mulheres axantes eram tão capazes de lutar quanto os homens. Se eles não defendessem o Trono de Ouro, as mulheres o fariam; foi o primeiro tiro de insurreição, o martelo de resistência atingindo o solo, e também o suficiente para colocar aqueles homens em ação. Eles sabiam que Yaa Asantewaa poderia ser difícil, caprichosa e beligerante, mas tinham consciência de que ela estava certa. A primeira linha de conduta, é lógico, era embriagar-se — passar a noite inteira bebendo em homenagem aos deuses. A segunda era jurar seguir a rainha-mãe batalha adentro. Yaa Asantewaa se tornou a líder de um grupo de guerreiros, e também de algumas guerreiras, na rebelião contra o opressor.

O que a levou a fazer isso? Aparentemente, parece óbvio. Os britânicos queriam tirar o trono do seu povo, e isso a deixou irritada. Mas essa explicação, além de ser um tanto superficial, só funciona se desconhecermos o modo como os axantes e, em realidade, o grupo maior do qual fazem parte, os acãs, veem o mundo e entendem os próprios sentimentos. Para compreender a raiva dos acãs, vejamos como a ciência moderna explica a raiva, para podermos avaliar quão bem ela corresponde, ou não, à ira de uma rainha africana.

O que é a raiva?

A psicologia moderna afirma que ficamos com raiva quando alguma coisa nos faz sentir ameaçados ou, por algum motivo, nos afasta de algo que queremos. Quando estamos furiosos, podemos enfrentar a ameaça ou revidar, na tentativa de superar a frustração. Até aqui, tudo bem, e isso se encaixa perfeitamente na ideia de raiva tal como os gregos e Tomás de Aquino a entenderiam, pelo menos até certo ponto. Também funciona com os axantes, como veremos. Mas a ciência não para por aí.

Do ponto de vista neurocientífico, a raiva estimula a amígdala e várias outras áreas relacionadas ao medo. A raiva, ao que parece, pode ser uma reação a ele. Afinal, o medo é, por definição, uma resposta a uma ameaça. Em específico, um sistema chamado amígdala-hipotálamo--substância-cinzenta-periaquedutal parece controlar nossa "agressão reativa", que, como se pode imaginar, é uma agressão derivada de uma reação a algo. Mas as emoções são mais do que estímulo e resposta, e a neurociência moderna sabe disso. O córtex frontal do cérebro (a parte onde os planos são idealizados e o pensamento é articulado) também está ligado à raiva. O problema é quando o circuito da amígdala age de forma mais rápida do que a nossa capacidade de pensar, então, se alguém parece estar revidando sem nenhuma prudência, é exatamente isso o que está acontecendo.[3]

Mas a raiva não funciona apenas como nosso velho amigo medo: ela também pode ser encontrada caminhando ao lado do desejo. Ficar decepcionado ao ser impedido de conseguir algo que se deseja também pode causar raiva, embora o grau dela pareça depender da criação que a pessoa recebeu. Em um extremo, alguém que tenha sido budista por toda a vida talvez nunca perca a paciência simplesmente pelo fato de que seus desejos tenham sido frustrados. No extremo oposto, algumas pessoas sentem raiva ao menor indício de frustração, acreditando serem merecedoras da satisfação de suas vontades mesmo sem fazer qualquer esforço.

Acredita-se que a raiva, assim como a vergonha, seja uma emoção social — isto é, uma emoção que sempre tem um alvo. Quando uma pessoa está irritada, é porque alguém — ou alguma coisa — a deixou assim. Sente raiva das coisas ou dos outros, e até de si mesma. É diferente de uma emoção como a tristeza, por exemplo: quando a pessoa se sente triste, é improvável que sinta tristeza *por aquilo* que a deixou triste. Mas ela pode sentir raiva.

A rainha dos axantes tinha um alvo. Ela estava sob uma ameaça iminente (os britânicos) e estava frustrada (com o desejo dos britânicos de se apossar do Trono de Ouro). Não é de surpreender que ela tenha agido sob o efeito da ira.

No colo dos deuses

Em algumas partes do mundo, compreender as emoções, em especial as históricas, pode ser um tanto desafiador. Enquanto as pessoas na Europa, na América do Norte e na Ásia tendiam a registrar por escrito suas reflexões sobre os sentimentos, as que viviam em lugares como a costa ocidental da África não costumavam fazê-lo. Os métodos usados por nós, historiadores das emoções, para estudar como elas operavam em tais culturas são, por necessidade, um pouco mais criativos do que os normalmente utilizados — debruçar-se sobre os documentos históricos. Talvez não haja nenhuma possibilidade de leitura minuciosa de textos, busca aprofundada em arquivos ou ponderação sobre o significado das inscrições em lápides. Em vez disso, temos de pegar conceitos emprestados de outras disciplinas, tal qual a linguística, pois o idioma pode nos dizer muito sobre a maneira como as pessoas se sentem e se sentiam. Podemos aprender muitas coisas sobre o modo como um determinado grupo entende as emoções rastreando a evolução de sua língua e identificando palavras que compartilham significados semelhantes, como, por exemplo, radicais (partes de palavras) e raízes (origens). Mencionei essa técnica no capítulo anterior, quando usei a definição de *haji* proposta pelo linguista Gian Marco Farese.

Também é possível encontrar fragmentos de linguagem emocional transmitidos oralmente de geração para geração em parábolas, lendas e provérbios. Os axantes e, em um sentido mais abrangente, os acás gostam dos seus provérbios, o que nos dá muito material para seguir em frente. Os acás também têm um conjunto compartilhado de dialetos razoavelmente bem compreendidos por todos aqueles que os usam de forma intercambiável, apesar de algumas significativas diferenças ocasionais. Mas vamos nos basear, sobretudo, no idioma axante twi, pois esse era o idioma falado por Yaa Asantewaa.

O que apresento a seguir é uma jornada através das emoções acãs conforme compreendidas por meio da língua. Antes, porém, gostaria de preparar um pouco o terreno, porque, para entender uma língua, primeiro temos de entender como ela é usada. E, para isso, precisamos saber como os acãs entendem o mundo.

Os acãs acreditam que a *ōkra* (alma) de um ser humano é a centelha de vida proveniente de Onyame (Deus). Não é exatamente o mesmo que a concepção da alma nas religiões abraâmicas. No islamismo e no cristianismo, ela é considerada aquela parte nossa que pensa, deseja, imagina, e assim por diante — a parte consciente, ou a mente. Tente conceber um tipo de mente similar, mas descarte a parte que pensa de forma ativa. Não é tão difícil quanto se possa supor.[4] Analise todas as vezes em que saiu de casa e se deslocou até o trabalho, de carro ou de trem, ou por qualquer outro meio, e não conseguiu se lembrar do trajeto realizado. Conscientemente, você comprou uma passagem, dirigiu seu veículo ou andou com sua bicicleta. Mas não estava *pensando* naquilo. Seu cérebro, é óbvio, sabia o que estava fazendo. Ele foi capaz de dirigir ou pedalar, seguir as instruções e levá-lo com segurança aonde você precisava chegar. Mas tudo isso aconteceu subconscientemente — abaixo do nível de atenção. Essa parte quase automática do cérebro é a *ōkra*.

A *sunsum* é uma parte da *ōkra* encontrada em todas as coisas vivas. Pode ser chamada de sobrenatural ou espiritual, mas não no sentido de não ser *real*. Quase todas as concepções cristãs e islâmicas do espírito sobrenatural o descrevem como algo imaterial, pertencente a um reino que quase nunca interage com as coisas materiais. Não é o caso da *sunsum*. É possível constatar o efeito dela pela influência que tem sobre o mundo físico. Apenas não é diretamente perceptível. Isso ocorre porque ela é, para citar o filósofo africano Kwame Gyekye, quase física — isto é, não faz parte, em si, do mundo que vemos, tocamos ou ouvimos. No entanto, é capaz de assumir as propriedades de todas as coisas vivas. A *sunsum* é essencial para que qualquer coisa no mundo físico aja. É diferente das religiões abraâmicas, as quais sustentam que Deus incute uma alma em um pedaço de carne para fazê-lo funcionar, assim como um motorista se senta ao volante de um carro. A *sunsum é* o carro *e* o motorista. É a diferença entre a matéria inanimada e a vida. Cada um de nós — eu, você, minha gata, Zazzy — tem, ou melhor, é uma *sunsum*. É a capacidade que as coisas têm para fazer as coisas — para que as ações aconteçam;[5] a parte que pensa, deseja e executa.

No que diz respeito aos sentimentos, a *sunsum* é uma parte essencial da personalidade adulta. Frequentemente, a palavra é usada para analisar as disposições pessoais de cada um, incluindo quão digna é a presença e quão forte ou poderosa é a personalidade.[6] Mas os sentimentos complexos, as coisas que poderíamos chamar de emoções, existem fora da *sunsum*. Há certas coisas que os acãs diriam sobre sua *ōkra* que nunca diriam sobre sua *sunsum*. Por exemplo, a *sunsum* não pode se entristecer, ficar preocupada nem ter o ímpeto de fugir, mas a *ōkra* pode.[7]

Gyekye acredita que a ideia acã sobre a pessoa é bipartida — isto é, está dividida em duas partes: o *honam* (corpo) e a *ōkra/sunsum* (alma). Imagina-se que esta última sobreviva à morte; o primeiro, não. Alguns acãs parecem acreditar que o corpo e a alma estão tão unidos a ponto de serem inseparáveis. Um muçulmano, um judeu ou um cristão talvez viessem a pensar que isso significaria que a *sunsum* e a *ōkra* morreriam com o *honam*. Não é bem isso. Para entender o porquê, é preciso abandonar as ideias sobre a alma postuladas pelas principais religiões do mundo. Para os acãs, a alma não é uma espécie de cérebro incorpóreo e imaterial para além do reino físico. Ao contrário, eles pensam a *ōkra* e a *sunsum* como uma substância impossível de ser destruída.[8] Essa substância, acreditam eles, é repassada adiante por meio da concepção, e pode ser encontrada na *ti* (cabeça). Isso significa que, na morte, existem duas substâncias — a carne mortal do *honam* e a substância imortal da *ōkra* e da *sunsum*. Apenas o primeiro é destruído. Em algum momento, as substâncias das duas últimas reencarnarão em nossa linhagem de descendentes.

A *ōkra* é passada de mãe para filho por meio do *mogya*, ou sangue. A *sunsum*, acreditam alguns, vem do *ntoro*, descrito por Gyekye como "características transmitidas pelo esperma".[9] O *ntoro* não é apenas esperma; é parcialmente físico, mas também é o que se pode chamar de espiritual. O *mogya* e o *ntoro* são os meios físicos pelos quais parte da alma se liga a um novo corpo. Os acãs acreditam que esse é o processo pelo qual as pessoas herdam características de seus pais e ancestrais.

O *mogya* serve para vincular as pessoas, por sua ancestralidade materna, a um dos oito grupos principais: agona (papagaio), aduana (cachorro), asenie (morcego), oyoko (falcão/gavião), asakyiri (abutre), asona (corvo), bretuo (leopardo) e ekuona (touro). Cada um desses grupos maternos tem a própria saudação e a própria casa ancestral. Em geral, eles se organizam em torno de um aglomerado de cidades. Às vezes, têm papéis a desempenhar, como a função dos bretuos na guerra e a dos asenies como membros da realeza de sua região. Yaa Asantewaa, provavelmente, era asenie. Ou, pelo menos, ela teria assumido tal papel.

O *ntoro* é o instrumento pelo qual as pessoas obtêm o que é mais bem descrito como temperamento ou personalidade. Existem 12 tipos, e eles se vinculam aos laços de ancestralidade paterna. São eles:

1. Bosompra (o resistente)
2. Bosomtwe (o empático)
3. Bosomakom (o entusiasta)
4. Bosompo ou Bosomnketia (o corajoso)
5. Bosommuru (o respeitável)
6. Bosomkonsi (o virtuoso)

7. Bosomdwerebe (o excêntrico)
8. Bosomayensu (o desafiador)
9. Bosomsika (o exigente)
10. Bosomkrete (o cavalheiresco)
11. Bosomafram (o gentil)
12. Bosomafi (o casto)

Só nos resta fazer conjecturas sobre qual seria o *ntoro* de Yaa Asantewaa, mas gosto de pensar nela como bosomayensu (a desafiadora). À medida que as pessoas vão amadurecendo, o *ntoro* passa a ser influenciado pela *sunsum*, que ganha experiência e conhecimento.

Resumindo, acredita-se que a composição emocional dos indivíduos acãs seja uma mistura de um temperamento herdado da mãe e do pai por meio do *mogya* e do *ntoro*. Ao mesmo tempo, o que nos influencia, com o passar dos anos, se manifesta por meio da *sunsum*. A alma tem duas partes imortais: a *ōkra*, que sente e sabe, e a *sunsum*, que deseja e conduz o corpo. Ela também tem uma parte mortal: o *honam*, ou corpo. Essas são as bases sobre as quais as emoções acãs foram e são construídas.

Sentimentos, sentimentos

Lamentavelmente, é complicado estudar a sutileza das emoções conforme entendidas no idioma twi. Não conheço nenhum estudo apropriado que tenha sido realizado a esse respeito. Por sorte, o fante, um dos idiomas acãs mais estudados e difundidos, é entendido de forma mútua pelos falantes de twi. Isso significa que podemos comparar e contrastar palavras do primeiro com palavras do segundo.

Tenho certeza de que, a esta altura, você já está se acostumando com o primeiro obstáculo: não existem palavras nem em fante nem em twi que correspondam precisamente à palavra *emoção*. Na verdade, muitos idiomas semelhantes ao fante, como o dagbani e o ewe, não possuem nenhuma palavra para agrupar os sentimentos. Em fante, existe a palavra *atsinka*, equivalente a *atenka* em twi. Esses termos se referem a todos os sentimentos internos: fome, sede, cansaço, os sentimentos que chamamos de emoções, o conjunto todo. Se a pessoa sentir tudo isso dentro do próprio corpo, fala-se em *atenka*.

Em um estudo recente, pessoas que falavam apenas fante foram solicitadas a elencar o maior número possível desses tipos de sentimentos de que conseguissem se lembrar.[10] A maioria deles tem equivalentes em twi. Elas pensaram em 16 sentimentos que nós entenderíamos como emoções. Quase todos têm algo a ver com o corpo. Provavelmente, conseguiremos explicar melhor usando uma tabela.

Twi	Fante	Parte do corpo	Tradução literal	Tradução aproximada
Anigyee	Anika	Rosto: olhos	Concordância visual e alívio	Alegria ou contentamento
	Anigye		Captação ou redenção visual	Empolgação ou felicidade
Anibere	Anibre		Olhos vermelhos	Determinação ou ciúme
Amiwuo	Aniwu		Olhos murchos	Vergonha
	Anyito		Olhos fixos	Culpa ou vergonha
Asomdwoee	Asomdwee	Rosto: ouvidos	Ouvidos tranquilos	Paz ou contentamento
Anyimguase	Animguasee	Rosto: geral	Rosto voltado para o chão	Vergonha ou desonra (mais do que perder o prestígio)
Ahooyaa	Anowoyaw	Pele	Dor na pele/ autossofrimento	Inveja
Anwonwa	Ahobo		Eu (em twi) e beber pela pele (em fante)	Surpresa
Ahobreasee	Ahobrase		Eu, pele por baixo e pele em submissão	Humildade

A ira de uma rainha africana

Abufuo	Ebufo	Peito	Peito estufado ou cultivar ervas daninhas no peito	Raiva
Ayamkeka	Ayemhyehye	Estômago	Queimação no estômago	Ansiedade
Adwenemuhaw	n.d.	Mente	twi moderno: problema de cabeça	
n.d.	Akomatu	Coração	Coração volante	Medo
n.d.	Yawdzi	Fome devastadora	Engolir a dor ou sentir dor	Pesar
n.d.	Bre	n.d.		Cansaço ou exaustão
n.d.	Basa	n.d.		Agitação, doença ou irritabilidade
Yawdzi	Tan	n.d.		Ódio

Tabela 1: Emoções em twi e em fante.

Normalmente, quando os acãs estão felizes, eles sentem isso no rosto; em específico, nos olhos. A felicidade é descrita como algo que permite que os olhos das pessoas se encontrem, assim como suas crenças e opiniões. Ela é conhecida como redenção visual ou concordância visual. Os bons sentimentos parecem ser mútuos, compartilhados; algo voltado para toda a comunidade.

Os velhos provérbios nos dizem praticamente a mesma coisa. Se um acã do início do século XIX sentia felicidade (concordância visual ou redenção visual), era porque "o amor traz bons modos de viver aos lares" e "o que é agradável agrada a todos".[11] *Atenkas* prazerosos são bons para a sociedade. Eles devem ser compartilhados com o intuito de fortalecer os laços comunitários. Ainda assim, isso pode ir longe demais. Um provérbio diz: "Muita benevolência traz sofrimento aos generosos." Compartilhar, mas não demais, é algo bom para a comunidade.

Com os sentimentos ruins é diferente. Engolir a dor, ou comer quando estamos sentindo dor ou pesar (uma situação com a qual consigo me identificar), é algo que deve ser guardado para nós. Os provérbios acãs recomendam: "Aquele que chora não deve chorar além do cemitério" e "Um homem experiente não cede ao sofrimento em público". Eles alertam que "chorar é contagioso". O fato de os acãs acreditarem nisso talvez explique por que os linguistas não conseguiram detectar uma palavra que signifique "tristeza". A tristeza é um sentimento duradouro, muitas vezes impossível de disfarçar. O pesar é um *atenka* pessoal, propício para ser escondido do coletivo.

A vermelhidão nos olhos e a dor autoinfligida na pele, características da inveja, também devem ser evitadas. A inveja pode causar autossofrimento ou deixar nossos olhos vermelhos: "Se um homem suspeita que sua esposa esteja cometendo adultério, então ele deveria suspeitar da árvore caída no caminho até a granja de sua esposa", o que significa que devemos manter nosso ciúme dentro dos limites, e, talvez, tentar descobrir o verdadeiro motivo pelo qual ela está se afastando. Devemos controlar nossos *atenkas* negativos e guardar nossos sentimentos ruins para nós. Como dizem os antigos provérbios acãs: "Se você está com fome, é só você que está sentindo isso" e "Se uma pessoa está infeliz [engole a dor, ou se alimenta em situações de pesar], a culpa é dela".

Mas também temos a responsabilidade de ajudar as pessoas que estão se sentindo mal. Os velhos provérbios sugerem que os acãs do início do século XIX deveriam acalmar os indivíduos que se mostrassem irritados: "Misturamos água quente com água fria." Eles alegam que é preciso ter cuidado com os membros indisciplinados da família: "Se entre os membros de sua família houver um cachorro, você nunca estará livre das lágrimas."

Caso os acãs falhassem em suas tentativas de controlar seus sentimentos ruins, havia toda uma hierarquia de vergonha à espera, começando nos olhos como indício de culpa, ou nos olhos fixos (referindo-se, possivelmente, à incapacidade de fazer contato visual ao sentir vergonha, em contraste com a captação visual, típica da felicidade).

Talvez seja aí que provérbios como "O sal não deveria se autoelogiar, dizendo 'Eu sou doce'" estejam querendo chegar: nos sugerir que evitemos a arrogância de um orgulho nascido da inveja. Em seguida, havia os olhos murchos, um olhar de morte, que significa vergonha. Por fim, há a sensação do rosto voltado para o chão, equivalente a sentir-se desonrado.

É bem possível que a ansiedade e o medo, ou melhor, a queimação no estômago e o coração volante, talvez significando palpitações cardíacas, exerçam a função de manter os membros da comunidade sob controle. As pessoas das camadas mais baixas da sociedade experimentam ansiedade, ou queimação no estômago, quando cogitam usufruir qualquer coisa considerada um luxo para elas, em vez de deixá-la para aqueles que ocupam uma posição social mais elevada: "Os escravizados evitam as melhores nozes da palmeira."

Vamos fazer uma pausa e dar uma olhada em outra parte da moderna teoria das emoções, que, espero, se revele útil conforme avançamos. Gostaria de falar sobre algo que surge com bastante frequência na história das emoções, e na história em geral, chamado de corporificação. Em psicologia, a corporificação é a ideia de que não basta apenas um cérebro para agir, pensar e sentir. A cognição e a emoção não são apenas a descarga de neurônios no cérebro; são, também, a forma como o corpo interage com o meio ambiente por meio dos sentidos. A corporificação é "os laços processuais que resultam em ação inteligente", como afirmou a pessoa responsável por popularizar a ideia, o filósofo Andy Clark.[12] Não é uma noção tão estranha quanto alguns podem pensar. As culturas ocidentais entendem os rostos avermelhados e envergonhados, a ansiedade visceral, a empolgação ou o medo capazes de fazer o coração disparar e as lágrimas de tristeza. Em termos históricos, já exploramos as antigas ideias islâmicas que associam as paixões à respiração e as muitas maneiras pelas quais os antigos hebreus vinculavam partes do corpo aos sentimentos. O mesmo acontece com os acãs, embora talvez de uma forma mais direta. A maioria das palavras que eles usam para designar sentimentos não estão apenas *correlacionadas* ao corpo; elas também *se referem*, literalmente, a uma parte dele.

Apagar o fogo

Uma curiosidade da sociedade acã, e, na realidade, das sociedades de muitas culturas da África Ocidental, é o fato de ela ter um forte senso comunitário, o que alguns pesquisadores chamam de senso de inimizade.[13] Os acãs são — e sempre foram —, uma sociedade coletivista, que prioriza o grupo e não os indivíduos pertencentes a ele. Os sentimentos não estão livres desse coletivismo. Os sentimentos de muitos pesam mais do que os sentimentos de poucos.

Em culturas individualistas como a dos Estados Unidos, o foco está no eu. Vivemos nossa vida com base em nossas vontades e nossos desejos, com a ideia subjacente sendo que se todos se tornarem as melhores pessoas que puderem ser, toda a sociedade melhorará. Em sociedades coletivistas como os acãs, acontece exatamente o contrário. Para eles, os relacionamentos dos seres humanos, a interconectividade, são os formadores do eu. Somos humanos nascidos em uma rede de interações sociais existente muito antes de nascermos, e que continuará existindo muito depois de nossa morte. Somos apenas parte disso, por um breve momento. E essa rede se estende para além das pessoas. Ela inclui a terra, a ordem política do nosso mundo e o reino espiritual. Tudo isso é anterior a nós e vai durar mais do que nós, então fomos criados para nos enquadrar a essa realidade.[14]

O certo é que os laços sociais eram significativos para a sociedade acã do início do século XIX. Alguns dos velhos provérbios destacam sua importância. Por exemplo: "Quando alguém está em dificuldades, uma das mãos pousa na palma da outra." Alguns mencionam quanto era mais difícil para os pobres do que para os ricos: "Até o oceano mais profundo tem sal em abundância; muito mais do que a vala rasa." Também há provérbios para descrever a necessidade de cuidado mútuo: "O gato diz que se esfrega no homem para se consolar." A perda de afinidades é considerada dolorosa: "Antigamente ele me conhecia, mas não me conhece mais; [é] amargo."

A comunidade sempre teve inimigos. Antes da instalação dos poderes coloniais, os acãs entravam em conflitos com os vizinhos por causa de terras e recursos. Tal situação só era evitada pela ideia de que "um exército teme outro exército".

Os provérbios nos dizem que os *atenkas* acãs estão, e estavam, vinculados ao comportamento das pessoas, especialmente aos comportamentos que envolviam interação com os outros. Guardar o pesar para si mesmo, apesar das pontadas de fome que castigam o corpo, é algo feito para o bem da sociedade, assim como não ficar com o peito estufado de raiva nem com os olhos vermelhos de ciúme. Os acãs têm uma abordagem "irritadiça" dos sentimentos. Demonstrar em público aquelas emoções que, em geral, são consideradas negativas seria um ato de *anyimguase*, ou uma desonra indiscutível. De qualquer maneira, estamos falando em termos gerais.

Há uma exceção, e aqui entra em jogo o senso de inimizade. É mais provável que os grupos tenham mais inimigos do que os indivíduos. Isso significa que as sociedades individualistas têm menos probabilidade de ter inimigos do que as sociedades coletivistas. Ou, pelo menos, essa é a teoria. Nas comunidades acãs do início do século XIX, a única emoção negativa passível de ser expressa publicamente parecia ser o ódio ao outro. A antipatia por certos grupos fazia parte da identidade coletiva, à qual os ocãs pertenciam. E, como costuma acontecer com os inimigos, os piores inimigos dos acãs do início do século XIX eram os grupos mais distintos deles: as pessoas que demonstravam as emoções ruins com a mesma facilidade com que demonstravam as boas.

Uma história das emoções humanas

A raiva era e é muito importante para os acás, mas, como veremos, o medo e o desejo eram e são menos presentes. Com certeza, no entanto, há elementos que fazem parte da vontade de lutar. Particularmente em twi, a raiva é descrita como um "peito onde se cultivam ervas daninhas". Mais uma vez, trata-se de uma corporificação. O peito é onde mora essa emoção, onde ela cresce como uma erva daninha. Essa expressão sugere algo indesejado, até mesmo perigoso, sobre o sentimento. Ela sugere que a raiva é capaz de envenenar o jardim da alma e impedir que o restante floresça. Talvez isso aconteça porque, como afirmei, ela pode entrar em ação antes de o cérebro — ou melhor, da *ōkra* — ter a chance de controlá-la.

Na raiva acá, essas ervas daninhas, ao que parece, podem se nutrir da pressão e do calor. O peito de um acá pode ferver ou queimar, levando, talvez, à sensação de estar sendo dilacerado pela tensão da ira nele contida.[15] Certamente, na cultura dele, essa emoção não produz nenhum tipo de prazer. O calor, a pressão e a sensação de ervas daninhas crescendo no peito podem ser interpretados como algum tipo de doença ou enfermidade — algo errado, até mesmo contagioso. Provérbios alertam que a raiva "torna violento o homem fraco" e que "(...) é como um estranho; não fica apenas na casa de uma pessoa". Ao mesmo tempo, os provérbios sugerem maneiras de curá-la: "Se alguém me enfurece, posso espancá-lo e me rafazer" e "Quando alguém me deixa com raiva e eu insulto a pessoa, me recomponho".[16] São sentimentos, tenho certeza, que quase todo mundo é capaz de reconhecer. Se eu fosse um acá, espancar ou insultar alguém que tivesse me deixado enfurecido poderia fazer meu peito desabar sobre minha barriga, ajudando a acalmar os ânimos.[17] O problema, óbvio, é que apesar de eu me sentir melhor, a pessoa insultada ou espancada poderia muito bem contrair a doença da raiva e, assim, perpetuar o ciclo.

O processo da raiva é corporal, e deve ser mantido sob controle. Quando o peito de alguém é aquecido ou colocado sob determinada pressão, o controle exercido pela *ōkra* não se faz suficiente: o fogo se acende e as ervas daninhas começam a proliferar. A *ōkra* é dominada pela ira. A *sunsum*, então, decide se deve expressá-la ou não.

Sociedades com uma robusta cultura coletivista podem dar origem a uma dinâmica poderosa entre os chamados grupos de dentro e grupos de fora. Lembremos que o motor responsável por impulsionar a atração pelas pessoas de nosso grupo de dentro, ou pertencimento, é abastecido por uma substância neuroquímica chamada oxitocina. O problema é que qualquer pessoa que não provoque uma descarga de oxitocina tão intensa pode se tornar o "outro", por meio de um processo denominado alteridade. Esse é o momento em que projetamos todos os piores atributos e hábitos de nosso grupo em um grupo de fora, e tem início a estereotipagem. O outro se torna a pior versão de nós. Os católicos se tornam anticristos aos olhos dos protestantes. Os protestantes se tornam anticristos aos olhos dos católicos. Os torcedores do Manchester United se tornam anticristos aos olhos de... todos os outros. O efeito é que, pelo menos de acordo com os torcedores do Manchester City, os jogadores de seu time quase nunca merecem um cartão amarelo. Aquela provocação mais agressiva foi apenas parte do jogo, certo? Ao mesmo tempo, eles sentem que os jogadores do Manchester United precisam receber um cartão vermelho inclusive pelas marcações ligeiramente mais incisivas. Esse viés existe porque tendemos a perdoar ou, até mesmo, ignorar qualquer coisa que, feita por alguém de nosso grupo, seria considerada uma ofensa grave se cometida por outros.

A luta interior

Para os axantes, os britânicos eram, principalmente, um grupo de fora. As ervas daninhas irrompiam do peito de Yaa Asantewaa, em uma ira incandescente que precisava ser compartilhada com seu povo.

Como é possível compreender, sua ira contagiaria os chefes axantes, os quais se resguardavam para conter a própria raiva e o próprio pesar, possivelmente porque acreditavam que aquela era a maneira correta de agir. Mas o *mogya* real asenie da rainha-mãe e o *ntoro* bosomayensu de seu pai significavam que ela era desafiadora. Ela teve um surto de tal ordem que as *ōkras* se alvoroçaram e a rebelião pôde começar.

Os axantes começaram atacando os soldados britânicos que vinham procurar o trono, fazendo-os recuar até uma paliçada. Doze mil guerreiros, com ervas daninhas crescendo no peito, mantiveram os soldados britânicos, junto com alguns administradores mestiços e quinhentos soldados hauçás da Nigéria, sitiados na barreira de defesa por três meses. O cerco continuou, mas, de alguma forma, Hodgson e os britânicos conseguiram escapar. Em breve, mais tropas chegariam do Império Britânico. Para azar dos axantes, o exército da Grã--Bretanha, que eles já haviam combatido e derrotado no passado, tinha sido modernizado e aprimorado durante a Revolução Industrial. Eles eram uma força a ser reconhecida. O fim era inevitável.

Os axantes, apesar de toda a ira, foram derrotados. Yaa Asantewaa foi exilada para as ilhas Seychelles a fim de se juntar ao filho, e os britânicos anexaram toda a região, então conhecida como Costa do Ouro. Ela teve sorte. Quase todos os outros que a seguiram na batalha foram massacrados pelos reforços militares. Mas a guerra havia sido mais incômoda do que os britânicos supuseram. Eles permitiram que os axantes passassem, mais ou menos, a se autogovernar de forma autônoma. Embora não fosse uma colônia autossuficiente por completo, era quase sempre deixada em paz, e seus costumes e o sistema jurídico permaneceram praticamente intactos, pelo menos em comparação com algumas outras colônias britânicas da época. Contudo, isso não significa, lógico, que a Grã-Bretanha não interferiu no governo axante.

Em 1926, o filho de Yaa Asantewaa, Prempeh I, voltou para o seu povo. Ele não tinha permissão para se chamar de *asantehene*, ou rei, mas, apesar disso, estava autorizado a governar de forma um tanto livre. O Trono de Ouro estava tão bem escondido que só fora encontrado em 1921. Infelizmente, os operários africanos responsáveis por encontrá-lo tiveram vários problemas depois de remover uma parte do ouro. Eles foram condenados à morte pelos tribunais locais por profanarem o objeto sagrado. Para sorte deles, os britânicos viram ali uma oportunidade de interferir e comutaram a sentença para banimento. A Grã-Bretanha, talvez demonstrando ter aprendido a lição de vinte anos atrás, prometeu não tocar no trono.

Em 1931, o Trono de Ouro, mais uma vez, se tornou a sede do poder axante. Aquele foi o ano em que Prempeh II, neto de Yaa Asantewaa e sobrinho de Prempeh I, sentou-se nele para ser coroado o novo *asantehene*. Hoje, podemos apreciar o trono no palácio real axante, em Kumasi, Gana. É aqui que o atual *asantehene*, Otumfuo Nana Osei Tutu II, ainda governa com bastante liberdade política. Essa liberdade pode ser atribuída a Yaa Asantewaa e à sua rebelião.

A influência da ira de Yaa Asantewaa se estendeu para muito além da região onde ela viveu e combateu. Em todo o mundo, seu nome é sinônimo dos empoderamentos feminino, africano e negro e da coragem diante da opressão. Em Gana, o apelido de Yaa Asantewaa costuma ser dado a mulheres que rompem as barreiras invisíveis e derrubam os mitos sobre profissões dominadas por homens. Sua memória influencia membros da diáspora africana global, particularmente os afro-americanos que desejam personificar o espírito da rainha-mãe na própria vida.

Além disso, ela ainda tem o poder de agitar as tensões políticas na região. O atual *asantehene*, por exemplo, vem de uma linhagem que remonta ao primeiro rei axante, Osei Tutu, o homem em cujo colo recaiu pela primeira vez o Trono de Ouro. Os descendentes de Yaa Asantewaa constituem uma linhagem rival. Em julho de 2004, o Museu Yaa Asantewaa, no distrito de Atwima Mponua, foi incendiado por completo, no que pareceu ser um incêndio criminoso. Vários dos artefatos antes pertencentes à falecida rainha-mãe foram destruídos. Rapidamente, muitas pessoas de todo o espectro político começaram a culpar umas às outras. Bem mais de um século depois, aquelas tensões históricas persistem.[18] A forte *sunsum* que garantiu a existência da *edwesohemaa* Yaa Asantewaa, em conjunto com as ervas daninhas que irromperam de seu peito quando sua *ōkra* se inflamou de *abufuo*, ainda está gravando seu nome na história da África Ocidental e mais além.

Onze

Neuroses de guerra

Acontece que muitos do nosso grupo não usavam ataduras: tínhamos poucos indícios, exteriores e visíveis, de que havíamos sido feridos. Não éramos os heróis marcados pela batalha esperados por todos. Havia um silêncio perceptível. Baixamos a cabeça em uma vergonha inexplicável. "Vamos embora para casa", aconselhou uma senhora rechonchuda e de voz estridente. "Esses aí são só uns malucos."[1]

Essa passagem, escrita no início da Primeira Guerra Mundial por um soldado chamado W. D. Esplin, resume as atitudes comuns em relação às doenças mentais da época. Esplin estava escrevendo sobre a experiência de voltar da guerra para casa, já emocionalmente exausto, sem forças para continuar lutando. Arrasado pelo conflito, ele achava que voltar para casa e ir até o Hospital Netley lhe traria alívio. A resposta da multidão hostil acabou com suas esperanças.

O problema era que aqueles homens haviam se tornado histéricos, e não se supunha que isso pudesse acontecer com homens. As teorias predominantes da época culpavam tudo, do desequilíbrio nos humores a úteros capazes de vagar caoticamente pelo corpo, no que era considerado, de forma errônea, uma "doença feminina". Mas, desde o início da Grande Guerra, caminhões repletos de soldados haviam retornado das linhas de frente exibindo um conjunto bastante consistente de aflições: pânico, náusea, cegueira, alucinações, revivescência de situações estressantes e uma série de outras queixas. Tanto os Aliados (Grã-Bretanha, França, Rússia, Itália, Romênia, Japão e Estados Unidos) como as Potências Centrais (Império Alemão, Áustria-Hungria, Bulgária e Império Otomano) tiveram de enfrentar o que viria a ser conhecido como neurose de guerra — uma doença mental com um amplo conjunto de sintomas. Um livro de 1918 sobre as neuroses de guerra descreveu o fenômeno como

> perda de memória, insônia, pesadelos, dores, instabilidade emocional, diminuição da autoconfiança e do autocontrole, ataques de inconsciência ou de mudança de consciência, às vezes acompanhados por movimentos convulsivos semelhantes aos característicos de ataques epilépticos, incapacidade de compreender as coisas, exceto os assuntos mais simples, pensamentos obsessivos, geralmente do tipo mais sombrio e doloroso e até mesmo, em alguns casos, alucinações e delírios incipientes.[2]

Além disso, foram relatados episódios de ansiedade, cegueira súbita e pânico, sonambulismo e uma série de outras doenças físicas e mentais capazes de afetar de forma repentina os combatentes. Não era a mesma coisa que o atual TEPT, ou transtorno do estresse pós-traumático; seus sintomas eram muito mais amplos e as causas subjacentes eram consideradas bastante diferentes. A neurose de guerra está mais próxima do que a psiquiatria moderna costuma chamar de reação ao estresse de combate, ou CSR (na sigla em inglês).[3] Ela era imediata, resultante de trauma ou choque repentinos, ao passo que, geralmente, o TEPT ocorre meses ou anos após os acontecimentos causadores do trauma. Além disso, os sentimentos de culpa e hostilidade, com frequência associados ao transtorno, não apareciam no estado de neurose de guerra. Esta, por sua vez, se apresentava como "descarga somática": a descarga de emoções extremas por meio do choro, calafrios e tremores. A CSR pode levar ao TEPT, mas os dois são entendidos e tratados de forma diferente. Tanto os efeitos de longo prazo da neurose de guerra como o próprio trauma inicial foram agrupados em um só diagnóstico.

A última diferença é aquela que exploraremos com mais detalhes a seguir: nunca se considerou que a causa do transtorno (nem da CSR, aliás) pudesse ser a falta de força de vontade, ao contrário da neurose de guerra. Algumas pessoas chegaram, inclusive, a descrever as vítimas de neurose de guerra como covardes.[4] Ela era mais parecida com uma doença emocional muito mais antiga: a *histeria*.

As tentativas de compreender essa nova versão de um transtorno emocional bastante antigo moldaram a história, quiçá de um modo tão profundo quanto a violência da guerra que o causara. Tais tentativas geraram o florescimento de um novo campo da ciência cada vez mais proeminente: a psicologia. A aplicação da psicologia ao problema da neurose de guerra inspirou uma reavaliação da natureza das doenças mentais. Sua prevalência também instigou a necessidade de compreender melhor as emoções, por uma razão igualmente significativa: ambos os lados queriam ganhar a guerra. A neurose precisava ser curada, para que os homens pudessem ser devolvidos ao conflito. Ela mudou para sempre os tempos de guerra e os tempos de paz. Mas as tentativas de entender de forma científica as emoções não começaram com os primeiros tiros disparados em 1914.

Serás um homem, meu filho!

Antes de explorarmos a ciência das emoções tal como era compreendida na época da Primeira Guerra Mundial, precisamos entender algo sobre a noção de masculinidade daqueles tempos. Para os homens ocidentais contemporâneos, a despeito da consciência da masculinidade tóxica e das novas crenças flexíveis sobre os papéis de gênero, as exigências de "se tornar um homem" ou agir "como um homem de verdade" evocam uma rigidez, uma intolerância e o desejo de serem absolvidos no tribunal da virilidade. Esse tipo de masculinidade é uma invenção surpreendentemente recente. Na verdade, de uma forma ou de outra, ideias sobre virilidade e masculinidade sempre existiram. Mas, como qualquer identidade de gênero, sabe-se que o significado de ser homem tem flutuado e mudado com o tempo.

Na época de Platão, ser um doador ativo, em vez de um receptor, era algo másculo. O papel de um ateniense adulto era ser *ativo*, como lutar em guerras e se envolver em política. Esperava-se que as mulheres, as pessoas escravizadas e os rapazes fossem *passivos*. Eles recebiam o que lhes era ofertado por homens gregos mais velhos. No caso das mulheres, isso incluía dinheiro para cuidar da casa, bens, presentes e similares. Elas não deveriam se envolver em política, embora, na prática, às vezes o fizessem. Enquanto isso, eram normais as relações sexuais pederásticas nas quais o rapaz era, por falta de termo melhor, o receptor. O sexo entre homens adultos era tabu, ainda que pela simples razão de tornar mais complicada a questão de saber quem seria ativo e quem seria passivo. Um homem adulto passivo e "receptivo" poderia ser visto como fraco.

A ascensão do cristianismo e do Islã inspirou-se nos antigos hebreus ao associar a masculinidade ao fato de ser o provedor, o patriarca, o chefe de família. Tratava-se de uma masculinidade de classe e poder, de quem mandava e tomava decisões. A um menino coroado rei poderia ser atribuída mais virilidade do que a qualquer trabalhador idoso. Os poderosos estavam autorizados a expressar suas paixões de formas que os pobres não podiam. Um faz-tudo precisava controlar a exacerbação das emoções, enquanto um cavaleiro poderia chorar abertamente por um camarada caído. A Revolução Industrial mudou tudo isso. Um novo tipo de homem da classe trabalhadora saía de casa para começar a trabalhar como operário. O trabalho tornou-se mais sujo, mais difícil e mais organizado do que nunca. Exigia resistência, disciplina e força de vontade para subjugar as próprias emoções o tempo todo.

Uma das melhores descrições dessa nova masculinidade aparece no poema "Se...", de Rudyard Kipling. Raramente encontraremos uma discussão sobre a masculinidade do fim do período vitoriano que não mergulhe nesse trabalho, e há uma boa razão para isso.[5] O poema inteiro, escrito por volta de 1895, é uma lista de coisas que fazem de um homem um homem. Ele contém preciosidades como:

> *Se és capaz de manter a calma, quando*
> *Todo mundo ao teu redor já a perdeu e te culpa,*
> *(...)*
> *Se és capaz de forçar coração, nervos, músculos, tudo*
> *A dar seja o que for que neles ainda existe,*
> *(...)*
> *E de amigos, quer bons, quer maus, te defenderes,*
> *Se a todos podes ser de alguma utilidade;*
> *(...)*
> *Tua é a Terra com tudo que existe no mundo,*
> *E — o que ainda é muito mais — serás um Homem, meu filho!*[6]

O guia de virilidade de Kipling também se aplicava perfeitamente a quase todas as culturas europeias civilizadas da época. O surgimento da máquina trouxe consigo um novo ideal, segundo o qual ser um homem intransigente e sem emoções era considerado o epítome da masculinidade. Além do mais, Darwin havia proposto uma teoria que, se observada de certo ângulo, parecia legitimar a visão de Kipling. Logo chegarei lá. Mas, primeiro, preciso fazer um breve desvio até um hospital na França.

A histeria masculina

Às 10 horas de uma fria manhã de outubro de 1885, um homem alto, de quase 60 anos de idade, entrou no auditório do hospital da Salpêtrière, em Paris. Seus olhos eram escuros, suavizados pela passagem do tempo. Longas mechas de cabelo caíam por trás de cada orelha e os lábios eram grandes, projetando-se acima do queixo bem barbeado. Ele tinha o ar de "um sacerdote do mundo, de quem se espera um espírito ágil e a apreciação do bom viver".[7] Pelo menos, essa era a imagem que ele transmitia a um dos alunos presentes naquele dia — um jovem chamado Sigmund Freud. Freud estava a par dos 21 estudos de caso que seu professor, Jean-Martin Charcot, escrevera sobre homens histéricos. Aquela era apenas a ponta do iceberg. Ele escreveria e publicaria mais quarenta estudos nos três anos seguintes. Antes de Charcot, não se admitiam homens na Salpêtrière. Mas o crescente número de trabalhadores relatando sintomas que pareciam — para ele, ao menos — quase idênticos aos sintomas das mulheres o deixara curioso. Freud deveria estar assistindo a tudo com grande expectativa. Ele admirava tanto Charcot a ponto de precisar usar cocaína para ter coragem de conversar com ele nas confraternizações.

O exame de Charcot, realizado na frente de seus alunos, tinha início com dois sujeitos: um homem e uma mulher. Ele começava com a hipnose. Primeiro, os pacientes relaxavam. A ansiedade diminuía e o pânico do casal parecia se dissipar. Charcot chamava esse estado de letargia. Em seguida, ele os conduzia a um estado de sono profundo, ou catalepsia. Finalmente, colocava-os em um estado de sonho — sonambulismo —, e começava a vasculhar-lhes a mente para descobrir o que havia de errado. Foi esse tipo de sondagem a razão de Charcot se tornar famoso: sua crença de que doenças semelhantes à histeria poderiam ser exploradas na mente, e não no corpo, era um passo bastante ousado.

Com seus pacientes sob hipnose, Charcot mostraria aos espectadores que o homem e a mulher não sofriam de epilepsia, mas de *grande hystérie*. Anteriormente, era difícil distinguir uma da outra. Mas ele se valia de um artifício. Usando a hipnose, trocava os sintomas dos dois pacientes. O homem ficava histérico e a mulher se comportava como se tivesse epilepsia. Isso, acreditava, provava que a doença era causada por trauma emocional na mente, e não por danos físicos. Mas não significa que Charcot pensasse que as doenças eram causadas de forma exclusiva pelo cérebro. Havia, segundo ele, uma diferença entre como a doença afetava os homens e como afetava as mulheres.

Primeiro, ele acreditava que, nas mulheres, a histeria poderia ser natural — algo bem na superfície, prestes a eclodir. Mas nos homens deveria haver algum tipo de trauma capaz de desencadeá-la. Os homens do século XIX que trabalhavam em fábricas sofriam acidentes frequentemente enquanto operavam as máquinas. Um dos pacientes do sexo masculino de Charcot quase se afogou enquanto pescava; outro quase foi atingido por um raio enquanto trabalhava no campo; vários tinham sofrido algum tipo de desastre relacionado ao trabalho. Acidentes ferroviários eram comuns.[8] Na Grã-Bretanha, esses colapsos emocionais associados às ferrovias tinham até um nome: coluna ferroviária.

Mas o trauma, por si só, não era suficiente. Na opinião de Charcot, a outra influência era hereditária. Emitir um diagnóstico era uma questão simples se a mãe do paciente tivesse sofrido de histeria. Nesses casos, os pacientes haviam, simplesmente, herdado a aflição das respectivas progenitoras. Mas se isso não tivesse acontecido, Charcot optaria por analisar o pai. Talvez ele fosse um etilista. Talvez fosse um criminoso. Ou louco. Se o problema não estivesse no pai, então poderia estar no avô ou no bisavô.

Como mencionei acima, o fato de Charcot achar que a histeria era uma doença do cérebro não significava que não fosse causada por uma enfermidade física. Ele não acreditava em tolices como a alma; era um homem da ciência. Não, a histeria tinha uma causa física e, nesse caso, a causa era uma *tara nervosa*, ou uma falha no sistema nervoso. Poderia ser um desequilíbrio químico — ainda falamos sobre desequilíbrios até os dias atuais. Poderia ser um tumor intracraniano, ou algum tipo de abrasão na coluna. Charcot chamava o último dos fatores desencadeantes de "lesões dinâmicas funcionais", mas, na verdade, significavam "lesões que não conseguimos encontrar quando procuramos por elas".[9] Essas chagas seriam herdadas e permaneceriam latentes, prontas para causar algum tipo de deficiência, fosse alcoolismo, comportamento criminoso, insanidade, fosse histeria. Poderiam até pular uma geração. É por isso que ele se mostrava tão interessado nos avós das pessoas.

Para resumir, Charcot acreditava que os homens poderiam desenvolver histeria, mas ela não se assemelhava à das mulheres. Era marcante, física, e causada pelos tipos de coisas viris às quais eles se dedicavam, como trabalhar na indústria pesada, pescar e sair em meio a uma tempestade. A histeria feminina eram apenas mulheres sendo mulheres. Essa visão misógina não é tão surpreendente se também considerarmos que, na época, a comunidade médica, com exceção da enfermagem, era quase inteiramente masculina. E os médicos não eram quaisquer homens: eram machos viris, buscando subjugar a vontade, pois era isso que tornava viris os homens. Algumas pessoas sugeriram que a histeria em homens significava que eles eram afeminados, quiçá homossexuais, mas Charcot não concordava com isso. Não, os culpados eram aqueles dedicados ao trabalho masculino — em específico, os que tiveram a infelicidade de portar lesões invisíveis no sistema nervoso.

Aluno de Charcot, Freud tinha teorias próprias sobre as emoções capazes de despertar a neurose de guerra. Freud agrupava todos os tipos de sentimentos — desejos, impulsos, estados de espírito, e até experiências incomuns como o déjà vu — sob o termo *afetos*. Os afetos, acreditava ele, eram manifestações físicas, algo que acontecia no corpo e no cérebro. Eles surgem quando nos deparamos com um objeto, o qual, nesse caso, não é apenas uma coisa, embora possa ser. Mas também pode ser uma experiência, como ganhar um troféu, ou um acontecimento, como caminhar ou ir para a guerra. Frequentemente, o afeto sentido por um objeto se altera ou se conecta a outro objeto. Por exemplo, uma pessoa gosta de fazer uma longa caminhada até ficar cansada e, depois, assistir ao pôr do sol enquanto descansa. Ela se recorda do prazer proporcionado pelo vínculo cansaço-tranquilidade, e isso faz com que ela queira repetir a experiência.

Geralmente, os afetos exibidos diante de um objeto não fogem ao esperado, mas, em algumas poucas ocasiões, eles podem se mostrar um tanto estranhos. De forma geral, a estranheza é inofensiva. Pode significar que a pessoa que reage ao objeto pertence a outra cultura, ou está cansada, ou com fome. Às vezes, é algo arraigado e problemático e, quando for assim, é preciso investigar essa peculiaridade para descobrir suas origens.

Outra coisa vital a se considerar quando se trata da relação entre objetos e afetos é que não associamos um ao outro por acaso. Via de regra, pensava Freud, estamos tentando nos afastar de alguma coisa da infância, ou tentando obtê-la. Daí vem a ideia do complexo de Édipo — um homem que deseja ter relações sexuais com a mãe e matar o pai. É uma teoria que nos dá um vislumbre da dinâmica emocional de uma família alemã de meados do século XIX, a qual, de modo geral, era composta por um pai ferozmente disciplinante com quem um filho se relacionaria por medo, quiçá ódio, e uma mãe carinhosa, em quem esse filho pensaria com amor.

Freud discordou firmemente de James e Lange. Quando publicou seu ensaio "O inconsciente", de 1915, ele, de uma forma um tanto irônica, não achava que os afetos eram inconscientes. Freud escreveu: "É, certamente, da essência de uma emoção que estejamos conscientes dela." Os motivos pelos quais podemos sentir um afeto, ou a ideia provocadora dos sentimentos que experimentamos, podem muito bem ser inconscientes. Mas os afetos em si, pensava ele, são "processos de descarga" dos quais estamos conscientes em algum nível.[10]

A mais perigosa dessas descargas de tensão era a ansiedade. Ela, conforme Freud acreditava na época da Primeira Guerra Mundial, era uma válvula de escape para sentimentos reprimidos. Era uma mistura corrosiva de partículas de emoção que não havíamos conseguido descarregar completamente. É aqui, nessa ansiedade, que alguns transtornos mentais poderiam tomar forma — e, com eles, as estranhas reações a objetos. A neurose de guerra seria uma dessas reações peculiares.

Histeria coletiva

Apesar da indiscutível influência de Charcot e Freud, as ideias mais prevalentes sobre as emoções na época da Primeira Guerra Mundial ainda eram um pouco, digamos, antiquadas. Nem todos haviam aceitado o novo conceito de emoção descrito por Brown, James e Lange. O problema é que ideias antigas tendem a demorar a morrer, e, em 1917, ainda infectavam grande parte do pensamento acerca do tema dos sentimentos.

Do ponto de vista da evolução darwiniana, aquelas velhas ideias eram vistas como algo um pouco mais próximo da ciência do que da religião. A hierarquia da alma havia desaparecido, e, em seu lugar, entrara a ordem de prioridade da evolução — uma escada da vida. Mas esse também não era um conceito totalmente novo. A Grande Cadeia do Ser, de Aristóteles, já havia classificado toda a matéria do Universo, com as pedras ocupando a parte inferior, Deus no topo e tudo o mais na parte intermediária. Para os cristãos, essa cadeia colocava os seres humanos (ou melhor, os homens) a apenas um elo abaixo dos anjos e a dois do próprio Deus. As mulheres, infelizmente, tendiam a ocupar um elo da cadeia abaixo dos homens. A fêmea da espécie era considerada, inclusive na época dos antigos gregos, menos evoluída. Para que fique registrado, pessoalmente suspeito que o oposto seja verdadeiro.

A nova cadeia darwiniana do ser emocional também tomava emprestados elementos da teoria da tripartição da alma, de Aristóteles. A diferença mais significativa era que, de acordo com Darwin, seres humanos e animais não eram separados pela razão. Ele argumentava que o tipo de inteligência animal descrito naquele período como instinto era inseparável da inteligência. Ou seja, todo ser humano, não importando quão inteligente fosse, possuía os instintos de um animal dentro de si. O que tornava os seres humanos especiais era a *volição*. A capacidade de escolher e exercer o livre-arbítrio era a conquista suprema de uma mente tripartida. Até a criatura mais simples poderia reconhecer as coisas, mesmo que não conseguia planejar como usá-las da melhor forma para além do instinto. O *intelecto* estava abaixo da *volição* nessa cadeia do ser. Finalmente, vinha o *afeto*, ou *emoção*. Mas, como mencionei no início desta seção, as emoções ainda não eram uma categoria psicológica única, apesar do trabalho de algumas pessoas nesse sentido. Elas também estavam divididas em uma hierarquia com três partes.

Uma excelente maneira de obter uma visão geral de antigos panoramas intelectuais é descobrir o que era ensinado às pessoas em uma determinada época. O manual do psiquiatra Robert Henry Cole, *Doenças mentais*, de 1913, oferece uma dessas oportunidades, sendo uma ferramenta de ensino popular na Grã-Bretanha do pré-guerra. Segundo Cole, os *afetos* tinham hierarquia própria. Eles eram "atraídos pelo prazeroso, e (...) repelidos pelo desagradável, prejudicial ou doloroso". Sendo três um número mágico, havia também três tipos de afeto. No nível mais baixo estavam "os sentimentos, (...) na base da luta pela existência", o que estava "em conformidade com as leis primordiais de autopreservação e reprodução".[11] Eram as sensações brutas: um estímulo seguido por uma resposta, sem pensar duas vezes. Elas alteravam o corpo, aumentando ou diminuindo a dilatação dos pequenos vasos sanguíneos e, portanto, interferindo na frequência cardíaca, a respiração e o controle muscular. No "insano", sugeriu Cole, essa categoria de afeto poderia estar "pervertida, de modo que um estado de dor fosse despertado por algo que deveria ser prazeroso".[12] Só então se poderia chegar às emoções.

De acordo com Cole, as emoções não estavam relacionadas à súbita percepção de que estamos ficando ruborizados, nem a qualquer coisa desse tipo. Elas estavam "conectadas com os processos mentais superiores de percepção e ideação".[13] Eram sentimentos construídos sobre ideias que podem ser breves (*paixão*), extensas (*estado de espírito*) ou tão extensas capazes de se tornarem parte da personalidade de uma pessoa (*temperamento*). Curiosamente, Cole distribuía os temperamentos em quatro classificações humorais: sanguíneo, fleumático, colérico e melancólico. Isso é um tanto surpreendente, pois, com quase certeza, ele não acreditava na velha teoria dos humores. Às vezes, as ideias ruins podem durar muito tempo.

Emoções eram as coisas às quais Cole dava nomes como medo, terror, raiva e amor.[14] As emoções, ao contrário dos sentimentos, exigiam conscientização — pensamentos. Ele também escreveu que elas causam loucura quando excessivas, deficientes ou, de alguma forma, pervertidas.[15]

Por fim, no topo da hierarquia, estavam os sensos. Esses, considerados elevados, "diferem das emoções já descritas, pois as reações voluntárias que envolvem atenção e julgamento entram em ação". Em outras palavras, são os afetos que usam a vontade. Eles incluem nossos velhos amigos, os sensos morais e estéticos, bem como os "sensos intelectuais". Estes últimos, de acordo com Cole, "resultam das emoções superiores postas em ação no estabelecimento da *Verdade* ou da *Crença* de qualquer afirmativa, algo além da contradição ou da dúvida da pessoa". Sendo assim, eles são um pouco parecidos com os sensos morais, mas dizem respeito a coisas mais científicas; são os sentimentos que justificam uma ação e nos dão a confiança de que estamos certos. Analogamente, em excesso, deficiência ou perversão, tais sensos podem levar à loucura. É assim que a moral é corrompida, a justiça subvertida e a arte pode se tornar "grotesca".[16]

Os sensos e a vontade separavam os seres humanos civilizados dos animais. E não apenas dos animais, mas também dos primitivos e dos insanos. Quanto mais um ser humano dependia dos sentimentos e das emoções/intelecto em detrimento dos sensos/vontade, mais abaixo, em uma espécie de cadeia evolutiva do ser, ele se encontrava. O homem civilizado estava no auge da evolução. Adoecer mentalmente era despencar alguns degraus na cadeia, perder a força de seu autocontrole, de seus princípios e de seus julgamentos e tornar-se primitivo e selvagem. Como afirmou Claye Shaw, superintendente do Hospital

Psiquiátrico Banstead, em Sutton, Inglaterra, em 1904, a loucura era uma "dissolução do 'estado mais elevado do indivíduo'".[17]

A luta pelo controle da vontade e o uso adequado dos sensos morais, intelectuais e estéticos era a maneira que um pensador descreveria a virilidade da era vitoriana. As mulheres estavam mais em sintonia com suas emoções/intelecto do que com seus sensos/vontade. Por esse motivo, de acordo com as crenças predominantes da época, elas pareciam mais suscetíveis a doenças mentais. O pensamento de que os índices mais altos de histeria entre as mulheres poderiam ter sido causados pela opressão nunca passou pela cabeça dos homens. E continuaria não passando por um longo tempo. Mas, como sabemos, a persistente ideia de que a histeria era uma doença exclusivamente feminina estava prestes a ruir sobre a cabeça de todos com a força de um morteiro.

Isso nos leva de volta à Primeira Guerra Mundial, quando milhares e milhares de homens começaram a exibir sintomas que, para todos os efeitos, eram parecidos com os da histeria. Acreditava-se que os horrores da guerra haviam diminuído a virilidade, tendo-os reduzido a criaturas emocionais equiparáveis às mulheres; separados de seus sensos e com as vontades despedaçadas, eles haviam se tornado "malucos". Ou, se alguém estivesse inclinado a seguir Freud, todos aqueles homens haviam experimentado algo na juventude capaz de provocar uma descarga de ansiedade. De toda forma, o mundo teria de aceitar que tanto homens quanto mulheres poderiam sofrer aquele tipo de doença mental, independentemente das causas subjacentes. Independentemente de quão famosa a pessoa fosse.

Justiça poética

Em julho de 1917, o presidente da Câmara dos Comuns preparava-se para ler uma carta no Parlamento. Era uma carta breve, que ia direto ao ponto. O autor afirmava: "Tenho visto e suportado os sofrimentos das tropas, e não posso mais participar da prorrogação desses sofrimentos para fins considerados, por mim, perversos e injustos."[18] O autor afirmava que a guerra havia se deteriorado, deixando de ser uma causa nobre para se tornar uma questão de conquista e expansão imperialista, e ele não queria mais fazer parte de nada daquilo. Naquele dia, as pessoas presentes devem ter se perguntado por que aquele delinquente presunçoso não tinha simplesmente sido preso, levado à corte marcial e fuzilado por deserção. Elas devem ter ficado frustradas, pois aquela mensagem tinha o patrocínio de dois dos mais respeitados pensadores britânicos da época: o filósofo Bertrand Russell e o autor John Middleton Murry. Aqueles dois homens eram muito considerados, e, na realidade, ainda são. Foi a intervenção de ambos que levou aquela carta a ser retirada da gaveta de um oficial de comando e enviada para a imprensa. As autoridades tinham de fazer algo a respeito do soldado insatisfeito responsável por escrevê-la, porque o moral é uma coisa frágil, mesmo nos melhores tempos. De toda maneira, se fosse qualquer outra pessoa, poderiam tê-lo executado. Ter feito dele um exemplo. Mas o autor daquela carta não era qualquer soldado. Era Mad Jack. Um homem mais conhecido como Siegfried Sassoon.

Siegfried Sassoon era filho de um rico pai judeu e de mãe católica. Ele era bem-educado, alto, bonito e, embora fosse casado com uma mulher, era gay. Sassoon ingressara no Exército voluntariamente, por patriotismo, antes mesmo do início da Primeira Guerra Mundial. A mera ameaça da guerra já tinha sido suficiente para que ele vestisse o uniforme, o qual ostentava com toda a virilidade que alguém conseguisse reunir. O nome Mad Jack refletia sua bravura — às vezes, Sassoon se mostrava um pouco valente demais. Em uma ocasião, e para fúria de seu comandante, ele capturou sozinho uma trincheira alemã usando apenas um punhado de granadas. Em muitas outras oportunidades, Mad Jack se afastou da área protegida em patrulhas de bombardeio noturno, exibindo o tipo de coragem maníaca que inspirava seus subordinados e dava confiança aos que estavam acima dele na hierarquia. Ele chegou a ser condecorado com uma medalha, a Cruz Militar, "por notável galhardia durante um ataque às trincheiras inimigas". Na época em que escreveu sua carta, uma recomendação para receber a mais prestigiosa honra militar concedida pelo Reino Unido, a Cruz Vitória, estava sobre a mesa de seus superiores. Siegfried Sassoon era o garoto-propaganda dos homens viris.

Isso até seu querido amigo David Cuthbert Thomas ser morto. Sassoon ficou inconsolável, acreditando ser completamente impossível se livrar da dor. A morte de Thomas foi a gota d'água. O sangue, a carnificina e o horror que já o afetavam há anos irromperam. Sua persona Mad Jack era apenas um estratagema para encobrir o profundo medo e a depressão que o consumiam. Em uma das viagens de volta à Inglaterra, ele arremessou sua Cruz Militar no rio Mersey — um ato de catarse para domar um de seus mais sombrios estados de espírito. Então, enquanto repousava no hospital após contrair sarampo, escreveu aquela carta. Sassoon a chamou de "Declaração de um soldado".

O clima no Parlamento após ouvir a carta era, quase certamente, de fúria. Quem Mad Jack Sassoon pensava que era? O que acontecera com a virilidade dele? O que os legisladores deveriam fazer? A solução era simples: se Sassoon não estava mais agindo como um homem, talvez, como tantos outros, ele tivesse se tornado "maluco". Então, eles o colocaram em um barco de volta à Inglaterra para ser recepcionado por senhoras desapontadas e, posteriormente, em um ônibus até o Hospital de Guerra Craiglockhart, perto de Edimburgo.

Hoje em dia, Sassoon não é famoso por ter arremessado a medalha no rio, nem mesmo por ter protestado contra uma guerra a qual parecia ter apoiado tanto. Sassoon é conhecido por seus poemas. Seu trabalho foi escrito como um meio de se libertar das violentas emoções sentidas durante a guerra e de manter Mad Jack apartado de Siegfried. Sua necessidade de escrever não o abandonara enquanto esteve em Craiglockhart, mas mudou ligeiramente de foco. Em vez dos horrores físicos da guerra, ele nos ofereceu uma visão da mente dos traumatizados por ela.

Sobreviventes

Não há dúvida de que logo vão melhorar; o choque e a tensão
Causaram sua conversa gaguejante e desconexa.
Lógico que eles estão "ansiosos para sair de novo" —
Esses garotos com rostos velhos e assustados, aprendendo a andar,
Eles logo esquecerão suas noites assombradas; sua intimidação
Sujeição aos fantasmas dos amigos que morreram —
Seus sonhos que gotejam com o assassinato; e eles ficarão orgulhosos
Da gloriosa guerra que despedaçou todo o seu orgulho...
Homens que saíram para a batalha, sombrios e contentes;
Crianças, com olhos que te odeiam, quebrantadas e loucas.[19]

O interessante é que Sassoon se concentrou no desejo de melhorar de seus colegas feridos e traumatizados; na vontade de voltar à linha de frente. De modo evidente, era isso que o governo também queria: que aqueles homens melhorassem e voltassem a lutar. O próprio Sassoon, sentindo-se mentalmente revigorado, reintegrou-se no Exército em 1918. De acordo com Sassoon, até mesmo os destroçados pela guerra desejavam voltar às batalhas e vencê-las. Mas o que também desperta interesse, para nossa discussão atual, é o último verso: "Crianças, com olhos que te odeiam, quebrantadas e loucas." Ele não sugere que aqueles homens fossem efeminados ou sofressem de doenças femininas. Sassoon afirma que eles haviam se tornado crianças.

E aqui está a grande reviravolta: um dos fatos estranhos sobre a neurose de guerra é que raramente as mulheres são mencionadas. Elas nunca ficavam em estado de choque, nem mesmo as enfermeiras trabalhando na linha de frente. As mulheres sofriam de histeria. A neurose de guerra era uma doença masculina, e sempre foi uma doença masculina. Essa distinção permitia que os homens traumatizados não fossem vistos como homens portadores de uma doença feminina, mas como outra coisa. E isso me traz de volta ao famoso verso final de "Se...", de Rudyard Kipling:

E — o que ainda é muito mais — serás um Homem, meu filho!

Assim como Sassoon comparara seus colegas feridos com crianças, Kipling descreveu o que torna um *rapaz* um homem. A lista de Kipling dos traços de virilidade era um inventário das coisas que diferençavam os homens adultos das crianças. Esse é o segredo para entender como a neurose de guerra era vista na época: ela não era causada pela emasculação; era o resultado de algo, chamado por Freud, de regressão.

A regressão era a ideia de que um grande trauma poderia fazer a pessoa regredir a um estágio anterior de desenvolvimento. Era uma extensão da teoria da recapitulação. Essa teoria é mais conhecida pela frase "a ontogenia recapitula a filogenia". Simplificando, muitos cientistas pensavam que, à medida que o feto se desenvolvia no útero, ele deixava de ser um organismo unicelular para se tornar o embrião de um mamífero; mais tarde, transformava-se em um primata simples. Em seguida, ele se tornava um primata complexo. Finalmente, transformava-se em humano. Óbvio, hoje sabemos que isso está muito longe de ser verdadeiro, mas era algo amplamente aceito. Da mesma forma, Freud descreveu a regressão como uma espécie de "involução" ou "um retorno às fases anteriores da vida sexual".[20]

Na época, pensava-se que o auge da evolução não era apenas ser humano: era ser um homem adulto civilizado e sexualmente maduro. Os jovens ainda estavam avançando em direção a tal estágio, e apenas quando o alcançassem é que a vontade e os sensos poderiam ser controlados de maneira adequada. Só então eles poderiam ser homens (meu filho). Mas os psicólogos também acreditavam que nem todos os rapazes percorriam o caminho até a vida adulta no mesmo ritmo. Para alguns, talvez a virilidade chegasse cedo, mas outros poderiam não ter atingido a plena maturidade no momento em que eram enviados para a guerra. A neurose de guerra, pensava-se, mostrara ao mundo que os horrores da moderna batalha industrial poderiam aniquilar homens que ainda não tivessem ido além da maturidade emocional de rapazes, infantilizados em sua falta de força de vontade e controle emocional.

Às vezes, tais rapazes imaturos poderiam parecer homens totalmente crescidos, até voltarem de maneira forçada ao estado infantil devido às devastações das batalhas. Essa ideia era tão comum que ultrapassou as fronteiras do mundo da ciência e adentrou a cultura popular. Por exemplo, o romance de Rebecca West, *O regresso do soldado*, de 1918, conta a história do capitão Chris Baldry, um soldado que retorna em choque das trincheiras e regressa a um estado de adolescência, como se 15 anos de sua vida tivessem sido apagados de sua memória.[21]

Das cinzas, uma fênix

As guerras são terríveis, e, na Primeira Guerra Mundial, o papel que a doença mental exerceu foi significativo. Nunca, porém, conseguiremos calcular com exatidão o papel desempenhado, à época, pelas emoções subjacentes à neurose de guerra e pela compreensão delas na definição do resultado do conflito. Mas é bem provável que não tenha sido pequeno. De qualquer forma, a história da psicologia como uma disciplina científica importante foi irrevogavelmente alterada pelo surgimento da neurose de guerra e pelo desejo de compreendê-la e tratá-la. Quando a compreensão então prevalente das emoções foi contrastada com a realidade da neurose, tivemos o primeiro teste real da ideia de que elas são produtos do cérebro. De modo geral, não foi um teste no qual os principais intelectuais obtiveram aprovação — muitas de suas ideias se revelaram erradas. Mas, naqueles tempos, a psiquiatria e a psicologia eram jovens. A boa notícia é que nós melhoramos.

O primo contemporâneo da neurose de guerra, o TEPT, é levado mais a sério quando se fala de tratamento e prevenção. E, embora nossa compreensão acerca desse transtorno esteja longe de ser perfeita, é improvável que estivéssemos no ponto em que estamos sem o trabalho daqueles pioneiros da ciência das emoções. Qualquer leitor que tenha procurado a ajuda de uma orientação psicológica deve algo àqueles pensadores, os quais se empenharam cegamente para que as pessoas continuassem lutando. Eles estavam quase sempre errados sobre tudo, mas conferiram certa legitimidade à psicologia, permitindo que ela começasse a se tornar mais precisa. Em algumas coisas, digamos. Ela ainda enfrenta dificuldades com as emoções, mas vamos chegar lá.

Primeiro, devemos voltar nossa atenção para um entendimento diferente das emoções, que estava surgindo do outro lado do globo, prestes a despertar um dragão adormecido. Isso levaria seu povo à revolução e colocaria todo um país em vias de se tornar uma das forças dominantes do mundo moderno.

Doze

A humilhação do dragão

No auge da Segunda Guerra Sino-Japonesa, um conflito que coincidiu com a Segunda Guerra Mundial, membros do Partido Comunista Chinês estavam ocupados fazendo uma série de apresentações em aldeias por toda a China. Não eram apresentações no sentido de shows de canto e dança — embora houvesse muito disso também. Eram mais reais. Mais ameaçadoras. Em algum momento do início da década de 1940 (ninguém sabe exatamente quando), no vilarejo de Zhangzhuangcun, na província sudestina de Shanxi, uma delas estava para começar.

O primeiro ato envolvia convocar todos os membros locais do Partido Comunista para uma reunião. O objetivo dessa reunião era se organizar. Cada membro do partido recebia uma função, um alvo e uma série de acusações para serem levantadas contra o alvo. Normalmente, os membros visavam aos proprietários de terras, funcionários que abusavam de seus poderes e qualquer outra pessoa que fizesse uso da posição social para exercer opressão. Eles também recebiam patentes: presidente, primeiro acusador, segundo acusador, guarda, tesoureiro, e assim por diante.

O objetivo do segundo ato era "lotar a plateia" — mobilizar a comunidade e atrair público. As apresentações aconteciam dentro do que se tornou conhecido como reunião de luta. A ideia era que, por meio de uma série de movimentos bem ensaiados, os comunistas fizessem o público participar e denunciar as transgressões dos acusados. Mas a força dos números era preponderante: quanto maior a multidão,

240

A humilhação do dragão

melhor a resposta. Eles precisavam de tantos moradores locais quanto pudessem atrair; se tivessem apenas uma dúzia ou mais, a apresentação teatral não seria bem-sucedida.

Quando a sala de reuniões estava lotada, tinha início o terceiro ato. Os membros do partido traziam os acusados. Os primeiros acusadores atacavam. Eles gritavam, choravam e apontavam o dedo para as pessoas acusadas. Os segundos acusadores faziam o mesmo, todos apoiados pelas palavras de ordem comunistas entoadas pelos membros estrategicamente posicionados na plateia. Quem participava dessas apresentações não fingia tais sentimentos. Eles eram genuínos; precisavam ser, a fim de se alcançar o efeito desejado. Era um tribunal de emoções em estado bruto, em que as paixões eram extravasadas.[1]

Naquela ocasião específica em Zhangzhuangcun, entretanto, a multidão permaneceu em silêncio; nenhuma palavra, nenhuma acusação. Todos haviam sido ensinados de que deveriam respeitar o acusado. A *li*, ou as regras de conduta (uma noção analisada no Capítulo 9) era fundamental para aquela cultura. O homem sob julgamento era a autoridade local, o governante da região, um de seus melhores quadros. A tradição ditava uma maneira adequada de se comportar diante daquela autoridade. O presidente comunista perguntou: "Vamos lá: quem tem provas contra este homem?" Não havia nada contra ele. Por fim, o vice-presidente perdeu a paciência, deu um tapa no queixo do acusado e exigiu: "Diga à plateia quanto você roubou." O tapa provocou um efeito imediato.

Naquela noite, poucos conseguiram dormir na aldeia; nunca tinham visto um camponês atacar uma autoridade antes. Para eles, era surreal; era como assistir a uma peça. Mas eles sabiam que não era ficção. O tapa do vice-presidente havia destravado medos e línguas. Os camponeses se libertaram das restrições de seu regime emocional e aderiram.

Primeiro, as mulheres confrontavam seu agressor. Geralmente, elas tinham mais motivos para se zangar do que os homens, pois, como costuma acontecer, eram mais oprimidas. Eles, então, seguiam o exemplo, apresentando as próprias queixas. O acusado quase sempre revidava. Na verdade, os acusados de quem se esperava tal comportamento tinham preferência no processo de seleção. Um homem desfigurado pelo choro poderia evocar piedade. Um oponente robusto e desafiador só causaria mais raiva. Era tudo parte do show, uma autêntica performance projetada para provocar uma resposta emocional e eletrizar as massas. E funcionava. Se o acusado tivesse sorte, a reunião terminaria com ele sendo conduzido pelas ruas usando um chapéu de burro. Se não tivesse sorte... bem, tenho certeza de que você é capaz de adivinhar.

Esse tipo de teatro emocional fazia parte de um longo e árduo trabalho até a vitória. O Partido Comunista Chinês (PCC) existia formalmente na China desde 1921. Ele havia passado a maior parte do tempo construindo uma rede de bases secretas na zona rural e reunindo as pessoas em torno da causa. Com frequência, os membros eram obrigados a tomar parte no que ficou conhecido como *Chángzheng*, ou Longa Expedição — às vezes, chamada de Longa Marcha ou Grande Marcha. Tratava-se de uma série de recuos para o norte e o oeste da China com o intuito de escapar das garras do Kuomintang, ou Partido Nacionalista Chinês. Graças à ajuda norte-americana, as forças do Kuomintang somavam impressionantes 4,3 milhões de homens, mas, mesmo assim, elas foram derrotadas quando os comunistas, mais bem organizados, tornaram quase inevitável a sua derrubada, na Batalha de Liaoshi. Em 1º de outubro de 1949, a República Popular da China foi criada, tendo Mao Tsé-Tung como líder.

O sucesso do comunismo na China de meados do século XX, após dois mil anos de domínio imperial e nacionalista, não é surpreendente se considerarmos o que o precedeu. O país havia passado mais de cem anos sendo subjugado, invadido, humilhado e ridicularizado. O Japão e o Ocidente tinham sido agressores particularmente implacáveis. Os ânimos se exaltaram. E é por isso que as reuniões de luta eram tão importantes. Os comunistas conseguiram conquistar o povo da China porque, em grande parte, eles entenderam o poder dos sentimentos — e como manipulá-los.

Assim como no Japão, a compreensão das emoções predominante na China pré-revolucionária vinha de uma mistura de tradições e ideias, a maioria das quais remontava a milênios. Mao e seus aliados no PCC as compreendiam bem — tão bem que elas acabaram servindo como arma secreta. Mas antes de analisarmos essa arma, vamos conhecer as emoções responsáveis por abastecer aquelas ideias e tradições. Tudo havia começado com um homem caminhando pelas montanhas chinesas, há mais de dois mil anos.

O dao *de não fazer nada*

Em um dia quente no século III a.C., nas montanhas da província chinesa hoje conhecida como Méngchéng Xiàn, o lendário filósofo taoista Chuang Tzu estava passeando com amigos.[2] Ele parou para observar uma árvore particularmente resplandecente, com os longos galhos pesados carregados de folhas do mais vibrante verde. Enquanto estava parado admirando-a, um lenhador passou, sem demonstrar interesse. Chuang Tzu perguntou ao lenhador por que ele tinha passado direto por uma árvore tão impressionante. Ele respondeu: "Não podemos usá-la para nada."

"Considerando-se que sua madeira não serve para nada", disse Chuang Tzu, "esta árvore deverá viver até esgotar o tempo que os céus determinaram para ela, não é?".

O lenhador concordou.

No dia seguinte, Chuang Tzu voltou caminhando até a casa de um amigo, onde estava hospedado. O amigo, feliz por ver seu mentor, mandou matar um ganso para que os companheiros pudessem desfrutar um bom jantar juntos. O filho do anfitrião perguntou, então, qual de seus dois gansos deveria ser abatido.

"Um deles consegue grasnar; o outro não. Qual devo matar, por favor?"

"Aquele que não consegue grasnar", respondeu o pai.

Mais tarde, depois de ouvir as aventuras de Chuang Tzu, um de seus companheiros de viagem perguntou:

"Ontem, pelo fato de sua madeira não servir para nada, a árvore das montanhas deveria viver até esgotar o tempo que os céus determinaram para ela. Hoje, pelo fato de a matéria da qual era feito não servir para nada, um dos gansos de nosso anfitrião está morto. Afinal, com qual dos lados você vai se conformar, mestre?"

Um sorriso iluminou o rosto de Chuang Tzu. "Eu deveria estar inclinado a me conformar como ponto intermediário entre ser bom para algo e não ser bom para nada. (...) Ora um dragão, ora uma cobra. Transformamo-nos com as estações."[3]

Parte disso é um aprofundamento no confucionismo — como quase tudo escrito por Chuang Tzu. Ele gostava de salientar que a noção de *li* fazia mais mal do que bem. As coisas mudam, pensava ele. "As pontas ásperas da honestidade perderão o corte." A questão é que todos são "ora um dragão, ora uma cobra". Regras categóricas que afirmam controlar circunstâncias particulares, sempre e para sempre, não funcionam. Existe uma maneira melhor, ponderou ele. E isso me leva a outra história.

Hui Shih, um dos amigos mais próximos de Chuang Tzu, recebeu a notícia da morte da esposa de Chuang Tzu. Normalmente, seguindo a tradição confucionista, a reação correta de alguém ao perder a esposa era guardar luto por três anos. Diz-se que o próprio Confúcio considerou imoral um outro homem, Zai Wo, por perguntar se as pessoas poderiam parar de prantear seus entes queridos depois de apenas um ano. O simples fato de sugerir tal violação da *li* significava que seu *xin* (coração) não estava no caminho certo, sua *ren* (humanidade) estava desajustada, sua *chih* (compreensão do certo e do errado) estava distorcida e, o pior de tudo, sua *hsiao*, ou responsabilidade para com sua

A humilhação do dragão

família, estava abandonada por completo. A *li* determinava que três anos era o período correto de luto; portanto, deveriam ser três anos.[4]

Podemos imaginar a surpresa de Hui Shih quando ele chegou à casa de seu velho amigo e o encontrou batucando nos utensílios de cozinha e cantando. Hui Shih perguntou:

Você viveu com essa mulher... tiveram filhos, e os dois envelheceram juntos. Recusar-se a lamentar sua morte já seria suficientemente ruim, mas tamborilar em uma panela e essa cantoria — poderia haver algo mais vergonhoso?

Como sempre, Chuang Tzu tinha uma resposta:

Não. As coisas não são assim. Logo que ela morreu, como poderia deixar de me sentir triste? Mas examinei o seu início e houve um tempo antes de existir uma vida. E não só não havia vida, como também não havia forma. E não só não havia forma, como nem sequer havia energia. Em algum lugar lá no vasto imperceptível, houve uma mudança, e logo veio a energia; pela alteração da energia, surgiu a forma; pela alteração da forma, surgiu a vida. Então, ocorreu uma nova mudança, e ela está morta. Esse processo acompanha a primavera e o outono, o verão e o inverno, no ciclo das quatro estações. Agora ela repousa tranquilamente na Grande Câmara. Se eu saísse correndo para me lamentar em altos brados pela morte dela, isso com certeza exibiria falta de compreensão do que é o destino. Por isso, parei.[5]

Até a vida é inconstante e transitória. Morte e vida são *wu* e *yu*; não ser e ser. Elas são os dois lados necessários da mesma coisa — o *dao*, ou o caminho. Na opinião de Chuang Tzu, não há razão alguma para a vida ser considerada melhor do que a morte. Esquecer isso e ir a extremos é "ir contra o Poder (*de*) [do *dao*]; e nada no mundo que vá contra o Poder [do *dao*] pode durar muito tempo".[6] Não se torne a bela árvore nem o ganso que não grasna. A única maneira é se submeter ao poder do *dao,* e para isso é preciso equilíbrio. É preciso serenidade.

O segredo é evitar coisas capazes de nos deixar agitados. O taoismo afirma que as cinco cores, os cinco sabores e os cinco tons (responsáveis por vermos, saborearmos e ouvirmos, respectivamente) são os culpados pelo nosso excesso de agitação. Se essa busca tomar conta de nossa vida, ficamos estressados. A melhor maneira de ser, de acordo com um texto taoista chamado *Daodejing*, "é ser 'como um recém-nascido que ainda não consegue sorrir' e ter 'o coração de um tolo'",[7] impassível, calmo, tranquilo.

Introduzo o tema do taoismo em parte porque sua influência na China representava um obstáculo para o Partido Comunista Chinês. O taoismo não tinha utilidade para Mao Tsé-Tung. Ele não via o mundo como algo a ser simplesmente aceito, não achava que o estado da China do início do século XX exigia calma. Era a hora de ser um dragão — e uma cobra. De arriscar o pescoço; de escolher ser o ganso que grasna, não a árvore que vive para sempre sem nada fazer. Nem a mente de um recém-nascido nem o coração de um tolo lhe serviam. Ele precisava encontrar uma maneira de fazer os taoistas o deixarem seguir em frente, ou precisava deixá-los seguir em frente. E isso significava confiar em uma compreensão mais visceral dos sentimentos.

O qi *das emoções*

Para explicar como os chineses costumavam entender seus sentimentos, primeiro preciso tentar explicar o conceito de *qi*. O *qi* é um pouco parecido com a energia, ou a força vital. É algo criado por todas as coisas. Flui através e entre elas. Pense na Força de *Guerra nas estrelas*, embora não exatamente no que diz respeito a mover objetos com a mente, e você estará no caminho certo.

A humilhação do dragão

Outra maneira de pensar o *qi* é em contraste com a *li*. A *li*, como afirmei, refere-se à maneira correta de se comportar, mas, basicamente, significa "padrão" — padrões de conduta, assim como os padrões de coisas no Universo que são formadas e reformadas em várias combinações possíveis, sem nunca serem destruídas. Ou, para citar Alan Watts, a *li* é "a ordem assimétrica, não repetitiva e não regulamentada encontrada nos padrões da água em movimento, nas formas das árvores e nuvens, nos cristais de gelo na janela ou na dispersão das pedrinhas na areia da praia".[8] Esse conceito está ligado ao comportamento, pois entender os padrões que formam algo é entender o que é esse algo e como ele pode ser usado. Por exemplo, compreender os vários padrões criados pela água pode nos ajudar a aproveitar a energia dela e construir uma roda-d'água. Da mesma forma, compreender o papel dos vários padrões de conduta e respeitá-los pode ajudar a manter a vida ordenada — manter as rodas-d'água da sociedade girando como deveriam.

Se pensarmos o *qi* como tudo o que não é *li*, mas que, ao mesmo tempo, flui e conecta os padrões do segundo, então teremos uma boa estimativa da realidade. Ainda não está de todo correto, mas seria o mais próximo que poderíamos chegar. Na verdade, o significado exato de *qi* muda de autor para autor e de período para período. Assim como flui livremente por todas as coisas, ele deveria fluir da mesma forma pelo corpo. Os bloqueios de *qi* em certos órgãos, de acordo com antigos textos médicos chineses, são a causa de certas emoções.

Todas as emoções têm origem no fígado, pois este é o primeiro lugar onde o *qi* é bloqueado, fazendo com que as outras vísceras se tornem desequilibradas e comecem a superproduzir os respectivos elementos. Por elementos quero dizer madeira, fogo, terra, metal e água — os cinco dos quais, acreditavam os antigos chineses, todas as coisas são feitas. Cada órgão principal é responsável pela produção de um deles, e uma produção equilibrada é essencial para a vida e o bom fluxo do *qi*.

Quando o coração é incapaz de receber o *qi*, seu fogo se torna muito intenso para ser controlado e toda a alegria é extinta, afetando o *shen*, ou espírito, deixando-o inquieto. Como um médico confucionista desconhecido escreveu *ca.* 502 a.C.:

> Se o espírito está em paz, o coração está em harmonia; quando o coração está em harmonia, o corpo é um todo; se o espírito fica exacerbado, o coração vacila, e quando o coração vacila, o corpo fica prejudicado; se alguém busca curar o corpo físico, portanto, é preciso, primeiro, regular o espírito.[9]

Se o coração estiver desregulado, isso pode causar distúrbios de humor. Mas a vergonha não é um determinante na medicina chinesa, o que é estranho, dada a sua importância no confucionismo e no pensamento oriental de modo geral. Por falar nisso, a depressão, a ansiedade e o estresse também não o são — nem qualquer outra emoção facilmente reconhecível pela psicologia moderna. Em vez disso, os equivalentes aproximados de vergonha, depressão, ansiedade e estresse são encontrados agrupados em algo melhor descrito como um distúrbio emocional — *bēi díe*.[10] Ele engloba elementos de vergonha e constrangimento, bem como aspectos de depressão. Outra palavra para isso poderia ser *humilhação*. É o que acontece quando a raiva no fígado acaba bloqueando o *qi* do coração, fazendo com que a alegria desapareça e o *bēi díe* consuma a alma. No fim, depois de tanta humilhação, talvez só reste mesmo a raiva.

Um século de humilhação

Em 1839, Lin Hse Tsu estava escrevendo uma carta. Político de carreira e também filho de um, ele ascendera rapidamente na hierarquia, tornando-se governador-geral das províncias de Hunan e Hubei em 1837, antes de chegar ao cargo de comissário imperial. Para ele, o problema estava no desejo do Ocidente por artigos de luxo orientais e, em específico, no modo como eram comercializados. Os chineses não recebiam dinheiro pelas mercadorias que vendiam aos britânicos: em vez disso, eram pagos em ópio. E a China já estava farta disso.

Tudo começara de forma relativamente inofensiva: o uso do ópio como um ingrediente do chá chinês para fins medicinais remontava ao século VII. No entanto, desde que as pessoas começaram a misturá--lo com tabaco em uma substância chamada *madak*, ele assumira um tenebroso papel recreativo. A China proibiu o *madak* em 1729, mas isso não impediu que o ópio continuasse chegando nem que as pessoas se tornassem viciadas. As coisas só pioraram quando os britânicos aumentaram suas importações de ópio indiano para a China, em 1781. Toda a sórdida indústria, do produtor ao consumidor, havia sido monopolizada pela Companhia Britânica das Índias Orientais — não era a primeira vez que essa empresa lucrava com a desgraça alheia.

Em toda a China, tal desgraça era profunda. O vício generalizado no ópio estava causando sérios problemas, uma vez que as pessoas estavam se comportando de maneira errática: abandonando as obrigações da *li* e afastando-se do *dao*. O uso do ópio no país não estava circunscrito apenas a antros decadentes, repletos de maltrapilhos. Ele havia se tornado a droga preferencial dos ricos e das autoridades chinesas. Era um símbolo de status, uma medalha de honra. Algo precisava ser feito. Considerando-se que a punição por consumir ópio era a morte, romper com esse devido decoro era uma preocupação especial. Devido a tudo isso, Lin Hse Tsu resolveu escrever uma carta para alguém que ele achava ser capaz de ajudar: a imperatriz do Império Britânico, rainha Vitória.

Ele começou dizendo como achava bom o comércio entre os dois impérios, lembrando à rainha quanto a Grã-Bretanha havia ganhado com aquilo:

Nós, da dinastia celestial, nutrimos e cuidamos do seu povo a distância, e demos a ele provas redobradas de nossa urbanidade e gentileza. É meramente por essas circunstâncias que seu país —

obtendo imensa vantagem de suas relações comerciais conosco, as quais perduram há cerca de duzentos anos — se tornou o reino rico e próspero que dizem ser!

E, então, ele foi direto ao ponto:

Mas, ao longo desse intercâmbio comercial que existe há tanto tempo, em meio aos numerosos mercadores estrangeiros que para cá se dirigem, estão o trigo e o joio, os bons e os maus; e, dentre estes últimos, há alguns que, por meio da introdução furtiva do ópio, seduziram nosso povo chinês e fizeram com que todas as províncias desta terra transbordassem com aquele veneno. Eles querem saber apenas de se beneficiar; eles não se preocupam em prejudicar os outros! Esse é um princípio cuja Providência do céu repugna; e cuja humanidade, em conjunto, olha com aversão!

E destacou:

Ouvimos dizer que em seu país o ópio é proibido com o maior rigor e rigidez — essa é uma forte prova de que vocês sabem muito bem quanto ele é nocivo para a humanidade.

Por fim, exortando a boa vontade da rainha Vitória, ele terminou com um apelo:

Que Vossa Alteza, assim que receber esta comunicação, possa nos informar prontamente sobre o estado das coisas e sobre as medidas que estão sendo adotadas para acabar com o mal do ópio. Por favor, dê uma resposta rápida. Em hipótese alguma apresente desculpas ou procrastine. Trata-se de uma comunicação muito importante.[11]

Com boa vontade ou não, a carta nunca chegou às mãos da rainha Vitória. Mesmo também tendo sido publicada nos jornais, é improvável que ela a tenha lido.

Quando ficou nítido que não haveria nenhuma resposta, o imperador chinês exigiu que Lin Hse Tsu tomasse uma atitude, e foi o que ele fez. Lin deteve os traficantes de ópio chineses e sitiou fábricas e armazéns estrangeiros, até eles se desfazerem de todos os estoques da droga, os quais foram imediatamente destruídos. Mas os mercadores britânicos queriam uma compensação. Contudo, nem Lin Hse Tsu nem seu imperador tinham a intenção de ceder. Eles esperavam que aquilo liquidasse o assunto — que os britânicos reconhecessem o erro dos seus métodos e começassem a comercializar mercadorias que não destruíssem as pessoas com quem precisavam negociar. Tinham se esquecido da teimosia e da arrogância do Império Britânico e de seu total compromisso com o enriquecimento desenfreado.

Sem dúvida, eles não tinham ideia de que os britânicos enviariam navios de guerra para reaver o dinheiro dos mercadores. Mas, evidentemente, a Grã-Bretanha era um Estado fiscal-militar. O dinheiro obtido com as vendas de ópio e outros negócios financiava sua marinha, cuja principal tarefa era manter aquele dinheiro fluindo. Em um prenúncio do que aconteceria quando os norte-americanos aportassem no Japão, os britânicos chegaram à China com armas muito superiores a qualquer outra coisa que os chineses tivessem.

E, assim, começou a primeira das Guerras do Ópio. Os chineses foram derrotados de forma decisiva, obrigados a pagar pelo veneno que os britânicos lhes impunham e forçados a ceder a ilha de Hong Kong ao Império Britânico (eles não a receberiam de volta até 1997). Pior de tudo, os estrangeiros haviam defendido o direito dos cidadãos chineses de ignorar o comportamento adequado. Não foi apenas um choque de culturas; foi, também, um choque do individualismo contra o coletivismo. Os estrangeiros britânicos tinham legitimado o abandono da *li* em troca do vício. Foi o início do que ficou conhecido como o século da humilhação — uma nação desonrada, forçada à vergonha, oprimida pelo *bēi díe*.

Ao longo dos cem anos seguintes, a China seria humilhada repetidamente. Ela perderia a segunda Guerra do Ópio, e o palácio de verão imperial seria destruído nesse processo. Seria derrotada pela França, pelo Japão e pela Rússia, resultando em uma perda ainda mais significativa de seu território. Além disso, eclodiram lutas internas. Em 1899, um levante antiestrangeiro e anti-imperialista, o Movimento Yijetuan, ou Rebelião dos Boxers, como era conhecido pelos britânicos, foi debelado não pelas forças chinesas, mas por uma invasão de oito nações: Estados Unidos, Áustria-Hungria, Grã-Bretanha, França, Alemanha, Itália, Japão e Rússia. Posteriormente, durante a Primeira Guerra Mundial, o Japão publicou uma lista de 21 demandas, a *Taika Nijuikkajo Yokyu*, conferindo-lhe ainda mais poder sobre partes da China e sua economia. Embora a China tivesse conseguido se tornar uma república em 1911 por meio da *Xinhài Géming*, ou Revolução Xinhai, ela ainda não era forte o suficiente. Os poderes que acabaram por refrear o controle japonês sobre os chineses foram estrangeiros, em específico, a Grã-Bretanha e os Estados Unidos. Essa foi mais uma humilhação.

Mais tarde, veio a Segunda Guerra Mundial. Tudo começou pela China, argumentam alguns, quando, em 1931, os japoneses invadiram a Manchúria, uma região situada no nordeste do país. Quando a China apelou para a ajuda do Ocidente com o propósito de defender seu território, a resposta foi um pouco mais do que uma reprimenda ao Japão, levando à retirada deste país da Liga das Nações. O Japão acabou permanecendo na Manchúria. De modo ainda mais humilhante para a China, ele instalou o imperador que os chineses haviam expulsado do poder em 1911, Puyi, como o governante de fachada da província.

O conflito recomeçou em 1937, quando os japoneses promoveram uma invasão em grande escala à China. À medida que o papel do Japão como uma das potências do Eixo crescia, aliado da Itália e da

Alemanha, esse conflito foi sugado para dentro do tornado da Segunda Guerra Mundial. Mais uma vez, o Ocidente ajudou de forma discreta, fornecendo recursos suficientes para permitir que os chineses lutassem até o fim. Mas quando o fim finalmente veio, pouco teve a ver com a China. O Japão só bateu em retirada do território chinês quando, pela segunda vez em sua história, foi colocado de joelhos pela tecnologia norte-americana. Dessa vez, porém, não foram os navios blindados; foram as bombas atômicas, que transformaram as cidades de Hiroshima e Nagasaki em terras devastadas e apocalípticas.

A revolução emocional

Digo tudo isso porque, sem alguma ideia da vergonha, da desonra forçada e da humilhação que a China sofreu ao longo desse longo período da história, é difícil compreender como e por que as táticas do Partido Comunista funcionaram.

Há muita discussão sobre como o partido levou a melhor sobre o Kuomintang. Na maioria das vezes, os historiadores argumentam que tudo se resumiu a algo dolorosamente banal, como, por exemplo, os comunistas desnacionalizando os nacionalistas, ou tendo ideias melhores sobre a reforma agrária. Alguns citam a maneira como eles usaram o simbolismo para deixar sua marca na mente das pessoas. Outros acreditam que foi uma questão de organização. Os comunistas eram apenas mais organizados do que o Kuomintang. Mas para cada item que essas explicações acertam, todas elas deixam escapar um ponto importante.

Um aspecto fundamental da estratégia dos comunistas era uma técnica conhecida como *tigao qingxu*, ou "despertar de emoções". O despertar de emoções envolvia métodos como *sixiang gaizao* (reestruturação do pensamento), *suku* (mordacidade na fala), *piping-ziwo piping* (autocrítica) e *kongsu* (denúncia).[12] Também envolvia técnicas mais antigas: rotinas de artes marciais, meditação, juramentos e outras maneiras de criar um *dao* novo e melhor e, com isso, novas e aprimoradas regras de *li*. O artifício dos comunistas era mostrar ao povo que a *li* dos nacionalistas estava tão desajustada quanto sair de um luto com muita rapidez. Eles precisavam desbloquear o *qi* de toda a nação e curá-la de seu golpe de *bēi díe*, o qual já durava um século.

Certamente, Mao Tsé-Tung sabia como manejar as emoções e as melhores maneiras de direcionar os sentimentos das pessoas para outro caminho. Além das reuniões de luta, o PCC usava shows reais de música e dança como parte de seu esforço para conquistar a mente e, mais importante ainda, o coração das pessoas. Os comunistas encenavam peças representando proprietários de terras e autoridades do governo sob formatos que visavam evocar fortes emoções — risos, raiva, pesar. Um jornalista que entrevistou os soldados comunistas após a Longa Marcha descobriu que

> não havia arma de propaganda mais poderosa no movimento comunista do que as tropas teatrais dos revolucionários, e nenhuma mais sutilmente manipulada. (...) Quando os comunistas passaram a ocupar novas áreas, foi o Teatro Vermelho que acalmou os medos das pessoas, transmitiu-lhes ideias rudimentares do programa comunista e distribuiu grandes quantidades de pensamentos revolucionários, para ganhar a confiança do povo.[13]

As peças eram um dispositivo criado para provocar uma sede de vingança contra as nações responsáveis por humilhar a China e a afastar de seu caminho. Obviamente, a abordagem dos comunistas envolvia mais do que apenas peças de teatro. Como apontou a professora Elizabeth Perry: "[A peça] era, em certo sentido, uma metáfora de todo o empreendimento."[14] Até mesmo as revoluções agrárias, quando os camponeses foram instados por eles a confiscar qualquer propriedade que seus senhorios possuíssem durante os últimos estágios da Segunda Guerra Sino-Japonesa, eram uma espécie de teatro emocional, assim

A humilhação do dragão

como as reuniões de luta. E o teatro não parou com o sucesso dos exércitos comunistas.

A China se levanta

Em 21 de setembro de 1949, logo após o Partido Comunista ter se tornado o vencedor absoluto ao derrotar o Kuomintang na Guerra Civil Chinesa, Mao Tsé-Tung fez um discurso, no qual afirmou: "Estamos todos convencidos de que nosso trabalho entrará para a história da humanidade, demonstrando que o povo chinês, o qual compreende um quarto da raça humana, já se levantou." Ele prometeu que "nenhum imperialista jamais poderá invadir nossa terra" e declarou: "Deixem os reacionários nacionais e estrangeiros tremerem diante de nós! Deixe-os dizer que não somos bons nisso nem naquilo. Por meio de nossos esforços indomáveis, nós, o povo chinês, alcançaremos de forma inabalável nosso objetivo."[15]

Mao estava reconhecendo as humilhações do século anterior. O objetivo de seu discurso era fazer com que os chineses superassem um senso comum de *bēi díe*, para levá-los a algo melhor. Também aqui, ele estava usando as técnicas de despertar de emoções para construir um novo regime emocional, novos padrões e novas *li*. Mao deu início a uma busca contínua dos chineses por status, honra e respeito internacionais. Mas ele ainda não havia erradicado a humilhação do próprio país.

Apenas uma década depois, em 1958, Mao lançou seu Segundo Plano Quinquenal, também conhecido como o Grande Salto Adiante. Infelizmente, foi um retrocesso gigantesco. O objetivo desse salto era a modernização, deixando a economia agropecuária para trás e substituindo-a por algo muito mais industrial. Um infeliz efeito colateral foi que as autoridades das áreas rurais da China enviaram mais produtos a Pequim do que o necessário para sustentar os habitantes

Uma história das emoções humanas

locais. Isso levou à pior fome da história da humanidade, matando entre 15 e 45 milhões de pessoas.

Após essa catástrofe, Mao mudou de direção. Ele se perguntou se não seria mais fácil transformar a China por meio de uma Grande Revolução Cultural Proletária, como veio a ser conhecida. O plano era voltar ao processo de despertar de emoções que tão bem o servira no passado e livrar-se dos últimos resquícios de humilhação. A Revolução Cultural começou em 1966 e foi conduzida, principalmente, pela juventude do país. Em vez de uma explosão na arte e na literatura, como se poderia esperar, tratava-se de mudar a cultura em um nível básico, consolidando, de uma vez por todas, uma nova *li*.

As técnicas que haviam sido usadas nos primeiros dias da revolução voltaram a ser utilizadas, mas dessa vez com mais frequência em escolas e universidades. As reuniões de luta foram substituídas por "sessões de crítica de massa", nas quais pessoas suspeitas de tendências capitalistas — em geral, homens de meia-idade — eram expostas e humilhadas. De acordo com uma testemunha ocular chamada Liang Heng, as sessões eram mais ou menos assim — e cabe um aviso pertinente: não é uma leitura exatamente agradável.

O alto-falante nos chamou para o lado de fora e, em poucos minutos, vi as pessoas se aproximando. Um grupo de rebeldes estava na linha de frente, gritando "Abaixo os caminhos capitalistas" e "Vida longa ao pensamento do presidente Mao". Atrás deles, estavam cerca de dez dos velhos "camaradas líderes", amarrados por uma longa corda, como se fossem contas em um cordão, com as mãos atadas. Eles usavam chapéus de papel, em formato quadrado, onde se liam frases como EU SOU UM BASTARDO ou EU SOU UM IDIOTA, e, ao redor do pescoço de cada um, havia uma placa de madeira com os respectivos nomes e os crimes dos quais eram acusados. (...)

A humilhação do dragão

Os seguidores dos caminhos capitalistas [se ajoelharam] na plataforma, as mãos amarradas com longas cordas atrás das costas. (...) A reunião prosseguiu indefinidamente, e sempre que alguém tropeçava, ouviam-se gritos de "Vamos dar uma viagem de avião para ele, vamos dar uma viagem de avião para ele!". Sob esse comando, os rebeldes pegavam a corda que prendia os braços do homem às costas e a lançavam sobre uma tubulação no alto do auditório. Em seguida, içavam o homem no ar, deixando-o ele se contorcer em agonia, como uma libélula com as asas esmagadas.[16]

O papel das cruéis sessões de crítica de massa era o mesmo que o das reuniões de luta: libertar o *qi* e redirecionar a *li*; impor um novo regime emocional. O fato de Mao não ter nenhuma relação com a medicina tradicional chinesa não afetaria, de forma alguma, o bilhão de pessoas na China que sempre acreditaram no *qi*. Para elas, descarregar a raiva reabria um caminho de volta à alegria, por meio da liberação do *qi* reprimido.

Essas sessões foram o último suspiro de um século de humilhação; uma recuperação final da honra da China pela transferência da vergonha para seus inimigos. Como aponta Elizabeth Perry: "Mais uma vez, a Revolução Cultural mostrava, como se ainda fosse necessário, quão voláteis e fluidas as emoções individuais podem se tornar no contexto da política de grupo."[17] Sob muitos aspectos, Chuang Tzu estava certo: as coisas realmente mudam. Em especial as marés políticas. Os regimes emocionais, os padrões e a *li* não são e não podem ser considerados inalteráveis. Se há algo universal sobre as emoções, é que elas fluem e refluem — um pouco como o *qi*.

O esforço para superar o século de humilhação, tanto interna como internacionalmente, ainda motiva a China nos dias de hoje. Desde então, ela se tornou um dos países mais ricos e poderosos do planeta, e isso, em grande parte, é o resultado de uma maré emocional iniciada no começo do século de humilhação. Era inevitável, dada a compreensão dos sentimentos manifestada por seu povo, sua vasta população e seus imensos recursos, que a China se libertasse da condição de oprimida para se tornar a potência econômica e militar que é hoje. Um dragão ferido não consegue dormir por muito tempo.

Treze

O amor e a (terra) mãe

Estamos em 12 de setembro de 1962, no Estádio Rice, em Houston, Texas. Nesse dia, o time de futebol americano da Universidade Rice, o Rice Owls, não está jogando nem treinando. As animadoras de torcida não estão presentes e a multidão é um pouco mais velha do que a habitual. Isso porque, no dia em questão, o presidente John F. Kennedy (JKF) está fazendo um discurso, e ele prometeu dizer algo importante. Dois anos antes, Kennedy superara o favoritismo de seu oponente, Richard Nixon. Toda a mensagem de sua campanha tinha sido sobre reacender o amor pelos Estados Unidos. Em seu discurso de posse, o presidente afirmou: "Não pergunte o que seu país pode fazer por você. Pergunte o que você pode fazer pelo seu país." Ele estava desafiando cada cidadão dos Estados Unidos a ter orgulho de ser norte-americano, a amar sua nação e a trabalhar juntos por um futuro dourado. Ao mesmo tempo, estava reforçando o ódio dos Estados Unidos ao comunismo e à União Soviética, referindo-se continuamente aos seus cidadãos como "eles". O objetivo dessa mensagem era usar um ódio coletivo à União Soviética para reforçar um conjunto de emoções intergrupais baseadas no amor pelos Estados Unidos.

Para surpresa dos Estados Unidos, os soviéticos tinham sido os primeiros a enviar um veículo para o espaço sideral. A verdadeira largada da Corrida Espacial havia sido dada quando um satélite chamado *Sputnik* 1 foi lançado em órbita, em 4 de outubro de 1957. Até então, a União Soviética tinha se mostrado discreta em relação à sua ciência aeroespacial — em parte porque queria surpreender os norte-

-americanos e em parte porque as coisas continuavam dando errado. Quando o governo soviético finalmente revelou o que havia feito com o programa Sputnik, as autoridades ficaram impressionadas com a reação em sua terra-mãe. Camaradas do país inteiro estavam entusiasmados e orgulhosos, e não demorou muito para o Estado explorar essa efusão emocional, fomentando a propaganda em torno de suas realizações extraplanetárias. O governo pediu à população que procurasse pelo satélite quando ele sobrevoasse a cabeça de todos (embora fosse quase impossível avistá-lo) e sintonizasse seu agora famoso sinal de "bip, bip". Cartazes de propaganda com imagens encorajadoras e slogans como "Nascemos para tornar o sonho realidade!" e "Filhos de Outubro — pioneiros do Universo!" foram impressos e espalhados nas principais cidades. A União Soviética estava, de repente, muito orgulhosa de seu programa espacial. Seus vínculos intergrupais foram se estreitando conforme o orgulho nacional crescia.

Os Estados Unidos ficaram abismados. Desde o início da Guerra Fria, os norte-americanos vinham sendo informados de que não havia motivos para se preocupar, pois os Estados Unidos eram muito superiores tecnologicamente aos "retrógrados comunistas". Descobrir que isso não era cem por cento verdade apagou parte do fogo responsável por alimentar os motores do orgulho nacional norte-americano. Algo precisava ser feito para restaurá-lo. Eles precisavam lançar um satélite próprio no espaço. Em 1958, o projeto teve êxito, não muito depois de os soviéticos terem lançado seu segundo satélite, o *Sputnik* 2, para circular sobre a cabeça dos decadentes ocidentais.

O presidente recém-reeleito, Dwight Eisenhower, sabia que precisava mudar o jogo para torná-lo favorável aos Estados Unidos. Portanto, alguns meses após o primeiro e bem-sucedido lançamento de satélite do país, ele criou a Administração Nacional da Aeronáutica e Espaço, mais conhecida como NASA. A tarefa da organização era restaurar o orgulho nacional, ou, melhor, amenizar os temores, provando a superioridade tecnológica dos Estados Unidos em relação à União

Soviética. O plano era fazer isso enviando um ser humano ao espaço e, em seguida, fazê-lo regressar são e salvo para casa. Estava tudo preparado. Incorrendo em elevados custos, a NASA desenvolveu um novo foguete especialmente para a tarefa — parte do Projeto Mercury — e estava prestes a fazer de Alan Shepard o primeiro homem a conhecer o espaço.

Então, os soviéticos os surpreenderam novamente. Em abril de 1961 (um mês antes do lançamento planejado pelos Estados Unidos), de forma silenciosa e secreta, eles colocaram o tenente sênior Yuri Gagarin, das Forças Aéreas Soviéticas, em órbita ao redor da Terra e, depois, o levaram para casa em segurança. Em pouco tempo, as autoridades soviéticas estavam se gabando de suas realizações para quem quisesse ouvir. Mais uma vez, os norte-americanos ficaram perplexos; pela segunda vez, eles eram os vice-campeões. Os estadunidenses não gostam muito de ser vice-campeões. O orgulho dos Estados Unidos foi bastante abalado, e a preocupação de que a União Soviética também poderia estar à frente militarmente começou a crescer. O novo presidente dos Estados Unidos, John F. Kennedy, tinha apenas uma opção disponível se quisesse reacender o amor pela nação. Ele precisava apostar suas fichas na Lua.

Quando Kennedy subiu ao pódio no Estádio Rice em 1962, ele estava prestes a fazer, talvez, a promessa científica mais ambiciosa da história. Não importando o que custasse, o primeiro homem a pisar na Lua seria um norte-americano. Ele disse:

Nós escolhemos ir à Lua. Escolhemos ir para à Lua nesta década e fazer as outras coisas, não porque elas são fáceis, mas porque elas são difíceis. (...) Esse é um desafio que estamos dispostos a aceitar, que não estamos dispostos a adiar e que temos a intenção de vencer.[1]

JFK tornou a corrida até a Lua mais do que apenas uma busca pela excelência tecnológica. Para ele, era uma batalha entre o bem e o mal. Ele queria que os Estados Unidos colocassem uma "bandeira de liberdade e paz" na Lua antes que a União Soviética pudesse implantar uma "bandeira hostil de conquista". Lógico, aqueles odiosos soviéticos só queriam chegar à Lua para poderem ocupá-la e dominá-la. Eles queriam expandir seu império comunista pelo espaço — ou, ao menos, era nisso que o norte-americano médio acreditava na época, graças a JFK. Em suma, Kennedy misturou deliberadamente o amor pelos Estados Unidos com o ódio ao inimigo e organizou a expedição à Lua.

Infelizmente, Kennedy não viveu o suficiente para ver os homens pousarem na Lua; ele foi assassinado seis anos antes de seu sonho se tornar realidade. No entanto, às 16h17 do dia 20 de julho de 1969, horário de verão do leste dos Estados Unidos, com o mundo inteiro reunido em torno de milhões de aparelhos de televisão, a missão Apollo 11 cumpriria a promessa do ex-presidente. Após uma jornada de 386 mil quilômetros, a qual durou pouco mais de quatro dias, os norte--americanos colocaram os pés na superfície da Lua. Embora houvesse a sensação de que o mundo todo se reunira para compartilhar aquele momento, o maior impacto do pouso foi sentido nos Estados Unidos. Isso desencadeou uma onda de orgulho e amor pelos Estados Unidos da América. Jornais e políticos estadunidenses exultaram de entusiasmo. O *New York Times* declarou que era um "antigo sonho realizado", e o presidente Richard Nixon afirmou: "Para todo norte-americano, este deve ser o dia mais orgulhoso de nossa vida."[2] Chegar à Lua havia cumprido, mesmo que brevemente, aquilo que JFK havia se determinado a alcançar. Não se tratava apenas de uma conquista tecnológica, mas também de um acontecimento capaz de inspirar de forma ainda mais profunda os desejos que ele almejava.

"Eu sou a morte futura"

Por que JFK estava tão empenhado em chegar à Lua? Bem, imagine uma bela manhã em meados da década de 1950. O horizonte de Nova

York está projetando sua usual silhueta contra a bola abrasadora do sol nascente, anunciando o amanhecer. Sombras nítidas e angulosas cruzam ruas e edifícios, telhados, parques e praças. Naquela manhã, o Sol nascera mais rápido do que o comum. E de modo pouco natural. Ele não avançou lentamente sobre o horizonte. Dessa vez, a escuridão se transformou de forma instantânea em um raio ofuscante de intenso calor. O horizonte imponente e atemporal começou a desmoronar. Aquele não era o Sol e aquela não era a manhã. Era a fornalha ardente de uma bomba nuclear — as guerras atômicas haviam começado.

Nas ruas de Nova York, a devastação reinava. Como descreveu o jornalista John Lear:

Os bebês choravam, as mulheres gritavam e, aqui e ali, as vozes dos homens se erguiam em uma babel caótica. Com um rugido que chacoalhou a vizinhança, rio abaixo dois enormes tanques de gás lançaram chamas, similares a fogos de artifício. Do outro lado do rio, em Newtown Creek, grandes pilhas de madeira queimavam. Mas foi sobre os telhados, bem abaixo, na direção de Chinatown, que ele avistou a pior cena do desastre.

Grandes ondulações roxas e de um marrom-rosado pairavam sobre a cidade. A centenas de metros de altura, elas se erguiam como um mar bravio; as ruínas pulverizadas de milhares de cortiços de arenito. E, por baixo e para além das ondulações, brilhava o ameaçador vermelho do fogo.[3]

Logicamente, o que Lear estava descrevendo, e o que eu estou descrevendo, nunca aconteceu. Nova York nunca foi atingida por uma arma nuclear. Tudo foi extraído de um artigo escrito para a revista *Collier's*, apenas um ano depois de os soviéticos testarem sua primeira bomba atômica, em 1949. Não foi a única tentativa de imaginar a aniquilação nuclear, tanto naquela época como tempos depois.

Lembro-me vividamente do filme *Threads*, de 1984.[4] Ele retratava a realidade de um conflito nuclear, embora com mais sobreviventes do que seria provável. Esse filme, em específico, foi ainda mais assustador para mim, porque era ambientado na cidade natal de minha infância, Sheffield, na Inglaterra. Assistir à prefeitura explodir em pedaços provocou um arrepio em minha jovem coluna, e ela continua tremendo. E eu não estou sozinho nisso.

Quase todo mundo que viveu durante a época da Guerra Fria se mostrava sempre um pouco assustado. As elites dos Estados Unidos sabiam disso muito bem. Elas precisavam encontrar uma maneira de reduzir esse medo e deter o que chamavam de "problema do pânico". Se os norte-americanos e seus aliados ficassem com medo de uma guerra nuclear, eles poderiam se opor à posse de armas nucleares. Isso não funcionaria. Seria tão bom quanto entregar o mundo ao inimigo, pensavam. As emoções precisavam ser administradas. Os sentimentos tinham de ser controlados. Obviamente, descobrir que os soviéticos conseguiam colocar objetos em órbita capazes de cair sobre nossa cabeça a qualquer segundo, enquanto os norte-americanos não conseguiam fazer nada disso, não ajudava a aliviar a sensação de pânico.

A Corrida Espacial foi resultado de duas frentes importantes na Guerra Fria. A primeira foram aquelas aterrorizantes bombas nucleares e a necessidade de as duas superpotências mostrarem superioridade tecnológica. A segunda frente foram as emoções. Em 1954, o psicólogo norte-americano Howard S. Liddell escreveu: "As forças primitivas das emoções humanas são mais perigosas e mais devastadoras do que a fissão nuclear. Quem é capaz de duvidar de que o problema científico central do nosso tempo é o problema das emoções?"[5] Ele queria descobrir como impedir as pessoas de ficarem permanentemente encolhidas sob suas escrivaninhas com medo das bombas. A resposta era controlar as emoções delas usando um pequeno e inteligente truque chamado *emparelhamento emocional*.

O que é o ódio (e o que o amor tem a ver com isso)?

O ódio é uma emoção interessante: os estudos de fMRI se esforçam para encontrar uma única via específica ou substância neuroquímica responsável por ele. A possibilidade mais bem-aceita é o que os pesquisadores chamam de "circuito do ódio" do cérebro, envolvendo uma combinação da ínsula (a qual, segundo se acredita, está envolvida na repulsa) com as áreas que ligam a agressão à tomada de decisão — o putâmen, o córtex frontal e o córtex pré-motor.[6] A lacuna neuropsicológica entre desgostar de algo porque aquilo nos revolta e porque nos dá vontade de esmurrar parece ser estreita. Isso faz algum sentido — tendemos a odiar as pessoas as quais consideramos repulsivas. Manipular a repugnância para gerar ódio é uma técnica com um tremendo poder, técnica esta que o Partido Nazista demonstrou empregar muito bem.

O ódio ainda nos faz querer enfrentar ou evitar as pessoas que desprezamos. Se isso parece um déjà vu, é porque, mais uma vez, nos encontramos em um ponto de decisão entre lutar e fugir. Sem surpresa, nossa velha amiga, a amígdala, também desempenha papel importante nesse sentimento.

O ódio é uma fonte de "alteridade": foi o ódio o responsável por alimentar a ira de Yaa Asantewaa contra os britânicos. Ele está ligado às coisas que formam nossa ideia do "outro": estereótipos, bodes expiatórios e o medo do desconhecido. Parece provável que ele seja uma soma de outras emoções, uma constelação de sentimentos dependentes do contexto e da cultura. Yoda estava errado — o medo não leva nem à raiva nem ao ódio, e tampouco ao lado sombrio; os sentimentos capazes de nos levar ao lado sombrio ocorrem todos de uma vez. Ele também falhou ao não atentar para um dos caminhos mais poderosos e, talvez, mais inesperados para o ódio: o amor.

Costuma-se dizer que existe uma linha tênue entre amor e ódio. Talvez você se lembre de que são Tomás de Aquino acreditava que um era o oposto do outro. Provavelmente, ele estava errado. O amor não é o oposto do ódio; está mais para um companheiro. Muito antes de Tomás de Aquino, os antigos poetas gregos notaram que ambos tinham uma relação bastante íntima. Foi uma mistura do amor de uma mulher (Helena) e do ódio pelo homem responsável por raptá-la (Páris) a razão para lançar aos mares milhares de navios e deflagrar a Guerra de Troia. Dois mil anos depois, Sigmund Freud percebeu que não apenas os dois sentimentos podem estar intimamente ligados, mas também que algumas coisas os causam de forma simultânea. Ele acreditava que a razão para isso, como de costume, estava na amamentação e no treinamento esfincteriano.

Lembremo-nos de que Freud sustentava que todos os afetos resultam de eventos ocorridos durante a infância e da necessidade de voltarmos até eles ou nos afastarmos deles. Às vezes, pensava, os dois impulsos ocorrem de forma simultânea. Podemos desenvolver amor pelos seios como fonte de alimento e obter prazer e alívio, se formos honestos, ao urinar e defecar. Mas também podemos ser ensinados a odiar os seios e as fezes que produzimos pelo fato de serem, nesta ordem, e nas palavras de Freud, moral e fisicamente repulsivos. Ele chamou essa mescla de ambivalência.[7] Embora suas ideias sobre as causas da ligação entre amor e ódio já tenham sido desmistificadas por completo, estudos mais recentes sobre o cérebro sugerem que ele e os gregos não estavam totalmente errados.

Acontece que a parte do cérebro que se ilumina quando olhamos fotos de pessoas amadas é a mesma que se ilumina quando olhamos fotos de pessoas odiadas. Essa parte do cérebro, a ínsula, parece ser a parte que decide a intensidade do que sentimos em relação a algo. Ela parece agir como uma bifurcação, pela qual tanto o ódio como o amor — e também a repulsa — passam.[8] Essa parece uma explicação satisfatória.

Normalmente, quando passamos de uma emoção para o seu oposto, isso faz parte de um processo conhecido como *cadeias emocionais*, ou *transição gradativa*. A esperança se torna preocupação; a preocupação se torna inquietação; a inquietação se torna medo; o medo se torna pânico.[9] Duas emoções opostas também podem coexistir; o que antes era chamado de ambivalência, agora é conhecido como *emparelhamento emocional*. Via de regra, o emparelhamento conecta duas emoções semelhantes — como o medo e a repulsa que algumas pessoas sentem ao se deparar com aranhas. Mas, graças à ínsula, pelo jeito, o amor e o ódio podem se associar, apesar de serem "opostos".

Se — e quando — pares de emoções opostas se combinam, formam o que foi batizado de *baterias morais*.[10] Os polos dessas baterias podem ser revertidos devido a forças externas, como choques repentinos ou pressões emocionais extremas. O amor e o ódio constituem um exemplo perfeito de bateria moral: uma pessoa pode alternar-se de forma alarmante e rápida entre os dois polos quando exposta a algum tipo de trauma ou estresse. Geralmente, tal alteração é desastrosa, conforme evidenciado pelos milhares de registros de crimes passionais, para não mencionar todos aqueles navios gregos que partiram para Troia.

Já se sabia que uma emoção pode se ligar ao seu extremo oposto muito antes de começarmos a colocar estudantes universitários em cilindros claustrofóbicos para examinar-lhes o cérebro. Como você deve se lembrar, foi isso o que motivou Platão a explorar os sentimentos e a alma, e Shakespeare percebera que "a despedida é uma dor tão doce" muito antes da construção do primeiro aparelho de fMRI.[11] Os líderes norte-americanos e soviéticos da era da Guerra Fria também sabiam disso. Eles sabiam que, se as armas nucleares precisavam ser justificadas, e até mesmo aceitas, o inimigo deveria ser mais assustador e odiado do que as ogivas. Um excelente meio para isso era encontrar maneiras de fazer as pessoas amarem seu país e odiarem seus inimigos. E, então, teve início uma repentina expansão psicológica.

Amando os Estados Unidos

Talvez você se recorde de um encontro que tivemos antes com o amor. Um amor cristão, agostiniano, cujo papel era nos guiar, degraus acima, até o céu. Como vimos, alguns cientistas contemporâneos dividem o amor em três tipos — *lascívia, atração* e *apego*, cada um deles desencadeado pelo próprio coquetel de substâncias neuroquímicas. Mas alguns governos e cientistas conheciam formas de manipular o amor muito antes que alguém entendesse qual substância química fazia o quê. A abordagem dos Estados Unidos para inspirá-lo era enfatizar o "estilo de vida norte-americano": liberdade, democracia, beisebol, torta de maçã e todas aquelas coisas boas que os soviéticos não tinham. Para aprender a fazer isso de forma eficaz, a Administração Federal de Defesa Civil (FCDA, na sigla em inglês) se envolveu com a psicologia. Mais especificamente, com a gestão das emoções. Essa gestão consistia em estabelecer limites: decidir o que as pessoas deveriam sentir, em quais circunstâncias elas deveriam sentir, quais deveriam ser os significados daqueles sentimentos, como eles deveriam ser expressos e a melhor forma de controlá-los.[12] Era uma tentativa de criar um regime emocional a partir do zero.

A Segunda Guerra Mundial inaugurou uma era na qual trabalhar juntos para o bem de toda a nação norte-americana era fundamental. Para tomar emprestada uma formulação de JFK, o importante não era o que o seu país sentia por você, mas o que você sentia pelo seu país. Após a criação da bomba atômica, as pessoas sentiam que os Estados Unidos poderiam, simplesmente, matar todo mundo. Os líderes políticos acreditavam que isso precisava mudar, e um foco voltado para dentro, para as emoções pessoais, tornou-se essencial. O individualismo feroz, em vez do coletivismo dos esforços de guerra, tornou-se a melhor saída para a nação.

Em um artigo de revista publicado em 1953, o chefe da FCDA, Frederick Peterson, colocou da seguinte forma:

> Se você estiver preparado e permanecer calmo, realizará um serviço de enorme valor para você mesmo e o seu país — e, provavelmente, para todo o mundo livre.[13]

O amor e a (terra) mãe

A fim de desenvolver uma estrutura para esse novo tipo de gestão das emoções em larga escala, enormes somas de dinheiro anteriormente despendidas em pesquisas nas áreas de política e economia foram desviadas para outras ciências sociais. Empresas como a RAND Corporation receberam dinheiro para investir em pesquisas sobre educação, cuidados infantis e bem-estar social, entre outras coisas. Não foi por acaso que essa época testemunhou a introdução da orientação educacional, por meio da Lei de Educação de Defesa Nacional, de 1958. Tampouco foi por acaso que a quantidade de adultos procurando terapeutas disparou durante esse período. O influxo de fundos ajudou a Associação Americana de Psicologia a aumentar de forma drástica o número de membros e, por consequência, a realizar cada vez mais novas pesquisas. Surgiram dezenas de novas ideias e disciplinas, tantas que eu não conseguiria listar todas aqui. A professora Dra. Kelly A. Singleton descreveu esse período como a "virada psicológica" e estou inclinado a concordar com ela.[14]

No entanto, apesar de todas as aparências sugerirem o contrário, os novos gestores da emoção nacional dos Estados Unidos não estavam interessados em mudar nada. O objetivo principal, na verdade, era retirar a regulação emocional das entidades que a controlavam (a saber, as religiões) e entregá-la ao Estado.

Em 1960, um sociólogo chamado Daniel Bell, que, por acaso, também era um daqueles gestores das emoções, escreveu:

> Pode se dizer, com efeito, que a função latente mais importante da ideologia é mobilizar as emoções. Além da religião (e da guerra e do nacionalismo), houve algumas outras formas de canalização da energia emocional. A religião simbolizava, desviava e difundia a energia emocional mundana para a litania, a liturgia, os sacramentos, os templos, as artes. A ideologia funde essas energias e as canaliza para a atividade política.[15]

Em poucas palavras: apropriar-se da paisagem emocional existente e redirecionar seus desejos para uma ideologia política: "o estilo de vida norte-americano."

Uma maneira de fazer isso era confundir os limites entre a Igreja e o Estado. Só um pouco. Em 1954, o Congresso votou a favor da alteração do Juramento à Bandeira. Os Estados Unidos não seriam mais "uma nação indivisível". Em vez disso, se tornariam "uma nação, sob Deus, indivisível". Em 1956, o lema nacional também mudou. O anterior, *E pluribus unum* [Entre muitos, um], foi substituído por "Em Deus, nós confiamos". Logo depois, esse novo lema foi adicionado a todos os papéis-moedas, como um lembrete permanente da divina posição moral dos Estados Unidos da América na Guerra Fria, a ser carregado no bolso de todas as pessoas. A implicação era que o sistema de valores dos Estados Unidos, de alguma forma, era endossado pelo próprio Todo-Poderoso. Isso permitiu que a moral e o controle emocional fossem transferidos do púlpito para os políticos. As emoções eram uma mercadoria patrocinada pelo Estado — parte de um Estado fiscal-militar-emocional onipotente. Mas apoderar-se de Deus não parecia ser suficiente. Os legisladores decidiram conquistar um poder ainda maior: o das mães.

O estilo de vida norte-americano

A antropóloga Margaret Mead estava convicta de que as emoções eram, quase certamente, criadas pelas culturas — falarei mais sobre ela no capítulo seguinte. Em 1942, ela lançou um estudo chamado *And Keep Your Powder Dry* [E mantenha sua pólvora seca, em tradução livre], o qual dedicava grande parte de seu conteúdo à influência dos pais sobre os filhos.

Da mesma forma que uma maneira de entender uma máquina é entender como ela é feita, uma maneira de entender a estrutura de

O amor e a (terra) mãe

caráter típica de uma determinada cultura é seguir, passo a passo, o modo pelo qual ela é introjetada na criança em crescimento.[16]

Ela não estava errada. Sabe-se que educar os filhos é o principal processo pelo qual uma cultura, incluídas suas expectativas de expressar emoções, se dissemina. Logicamente, existe um ciclo de retroalimentação. Nossa cultura influencia a forma como criamos nossas crianças, o que, por sua vez, afeta nossa cultura, o que, por sua vez... e assim por diante. Mead estava ciente disso, mas achava que as mães eram de particular importância quando se tratava da promoção de costumes, porque elas passam muito mais tempo com a prole do que qualquer outra pessoa.[17] Ela não foi a única cientista a pensar dessa forma. Muitas pesquisas produzidas pela RAND Corporation chegaram à mesma e definitiva conclusão: as mães norte-americanas sabem o que é melhor para os filhos, mas precisam de um pouco de orientação.[18]

Um dos problemas era que, durante a Segunda Guerra Mundial, as mulheres haviam se acostumado ao trabalho. Elas construíram as bombas, rebitaram os navios, pintaram os tanques. Além disso, os desenvolvimentos tecnológicos das décadas de 1950 e 1960 solaparam a maioria dos argumentos defendendo que as mulheres deveriam ficar em casa em vez de trabalhar. Hoje em dia isso pode parecer profundamente misógino, e, de fato, era, mas uma das razões — ou, devo dizer, desculpas — para a divisão do trabalho doméstico tinha a ver com tarefas como lavar roupa, cozinhar e limpar. Somadas, tais tarefas poderiam ocupar um dia todo de trabalho, e mais ainda. Máquinas de lavar e outros aparelhos mudaram de forma drástica essa realidade. De repente, não havia barreiras reais que impedissem as mulheres de seguir uma carreira. Mas o governo queria que as mães ficassem em casa com os filhos, e, por isso, reagiu estabelecendo limites.

Livros do tipo *How to Be a Woman* [Como ser uma mulher, em tradução livre], de Mary e Lawrence Frank, sugeriam que, se as mulheres ficassem longe dos filhos por muito tempo, poderiam causar uma "crise real". A solução? Trabalhar meio período, de preferência em casa.[19] Nas décadas de 1950 e 1960, apesar da existência de um crescente corpo de revistas, livros e outras mídias dedicadas ao empoderamento feminino, havia uma ênfase equiparável em uma mensagem diferente e mais conservadora: "Mulheres, vão para casa e voltem para a cozinha. Vocês poderiam até trabalhar daí mesmo!"

Pode se alegar que o foco para a permanência das mães em casa era uma tentativa de usurpação do território do trabalho pelos homens, isto é, o patriarcado tentando se reafirmar. Mas é difícil ignorar sua conexão com outros objetivos políticos da época. Os Estados Unidos temiam que sua ordem social sofresse algum risco. A família nuclear estava se desintegrando conforme os divórcios, os índices de alcoolismo e o número de pessoas internadas em asilos aumentavam. Ao fim e ao cabo, a solução do governo foi apelar para o que ele acreditava ser um instinto profundo e evoluído, um impulso compartilhado por toda a humanidade e colocado em nosso cérebro pelo processo da biologia: o *amor*.

Os poderes constituídos estavam convencidos de que o amor biológico e natural de uma mãe pelos filhos era o segredo para acabar com o medo. Em um relatório de 1951 para a Organização Mundial da Saúde, o psicólogo britânico John Bowlby escreveu sobre os perigos enfrentados por uma criança privada do amor maternal.

A privação parcial traz consigo a angústia, uma exagerada necessidade de amor, fortes sentimentos de vingança e, como consequência, culpa e depressão. Essas emoções e esses impulsos são grandes demais para os imaturos meios de controle e organização à disposição da criança pequena (imatura fisiológica e psicologicamente). A consequente perturbação da organização psíquica leva a uma variedade de respostas, muitas vezes repetitivas e cumulativas, cujos produtos finais são sintomas de neurose e instabilidade de personalidade. A privação total (...) tem efeitos ainda mais abrangentes no

O amor e a (terra) mãe

desenvolvimento da personalidade e pode mutilar por completo a capacidade de estabelecer relacionamentos.[20]

A cura que propunha para esse perigo era simples: as mães não deveriam privar os filhos de atenção. Ele escreveu:

A criança precisa se sentir um objeto de prazer e orgulho para a mãe; a mãe precisa sentir uma expansão da própria personalidade na personalidade do filho: ambos precisam se sentir identificados um com o outro de forma profunda. (...) *É por esses motivos que o amor materno de que uma criança pequena necessita é tão facilmente encontrado no seio da família* [grifo meu].[21]

A assim chamada (de forma involuntariamente apropriada) "família nuclear" era essencial, o que, na época, significava um homem para ganhar o pão, uma mãe para ser dona de casa e seus dois a quatro filhos. A cerca de estacas brancas era opcional.

Não havia melhor maneira de atenuar o medo da aniquilação total do que o amor de uma mãe, pensaram os legisladores. Filhos naturalmente nutridos e amados seriam criados felizes e fortes, com amor pelo estilo de vida norte-americano e por todas as pessoas livres do mundo. Graças ao emparelhamento emocional, eles também odiariam com retidão e zelo as pessoas que se opusessem a seu estilo de vida. Dedicar-se a qualquer outra coisa, de acordo com grande parte das pesquisas conduzidas durante o período da virada psicológica, era ir contra a evolução. Lutar contra os instintos. Subverter os impulsos humanos. A implicação secundária, é óbvio, era que os soviéticos não amavam os próprios filhos, que eles lutavam contra a natureza e o *status quo* evolutivo para criar monstros — e não pessoas que amavam seu estilo de vida, mas que tinham medo de se posicionar de forma abertamente contra ele. Engrenagens em uma máquina. Partes inconscientes de algo maior, mais ameaçador. Eles não estavam totalmente errados.

Os soviéticos também amavam os próprios filhos?

Estamos na última semana de junho de 1950, e você foi convidado a participar de uma reunião conjunta da Academia de Ciências da União Soviética e da Academia de Ciências Médicas da União Soviética. Você não tem muita escolha: os convites foram enviados pelo próprio Stalin. Eles eram menos um pedido do que uma chance de não ser executado. A pauta da reunião é descobrir quais os rumos da pesquisa psicológica soviética. Ou, pelo menos, esse é seu propósito na teoria. Na prática, é para confrontar cientistas que discordam de Ivan Pavlov.

Pavlov, falecido 14 anos antes de o encontro acontecer, era um famoso fisiologista russo cuja pesquisa sobre o sistema reflexo revolucionara a psicologia. Ele mostrou que as pessoas poderiam ser condicionadas a se comportar de maneiras específicas. Por exemplo, se começarmos a tocar uma campainha regularmente antes de alimentar nossos cães, eles passarão a associar o som da campainha à comida. No fim das contas, o simples ato de ouvir o som os fará salivar como se estivessem recebendo alimento, mesmo que não estejam. Isso ficou conhecido como "condicionamento clássico".

Stalin pretendia usar uma técnica semelhante em seres humanos. Ele achava que era uma maneira de produzir um comportamento coletivo; o tipo de coisa da qual o regime soviético gostava muito. Mas seres humanos não são cães, e nossas respostas podem ser mais complexas e imprevisíveis do que as deles. Ou, pelo menos, teríamos pensado isso até nossos colegas serem presos, acusados de "ciência antipavloviana, antimarxista, idealista e reacionária", prejudicial à psiquiatria soviética. Uma vez presos, eles eram forçados a admitir seus erros ou seriam mortos.[22] Tais ações visavam focar sua mente e ajudá-los a perceber que, afinal, Pavlov estava certo. Mas aquela reunião não era apenas para referendar as ideias do fisiologista. Ela também tinha um objetivo maior — descobrir a melhor forma de fazer as pessoas amarem a União Soviética.

O amor e a (terra) mãe

Os psicólogos que seguiam a cartilha enfrentavam o problema de encontrar meios para remover os resquícios de uma Rússia cujos pensamentos e sentimentos ainda se inclinavam para os velhos hábitos capitalistas. Esse não era um problema novo, embora a antipatia pela psicanálise por razões políticas a tenha deixado um pouco adormecida por algumas décadas.

Em 1924, o psicólogo russo Aron Zalkind publicou um livro com seus artigos: *Essays of a Culture of a Revolutionary Time* [Ensaios sobre a cultura do tempo revolucionário]. Os textos misturavam psicanálise com conceitos comunistas radicais para criar o "marxismo patológico".[23] Zalkind argumentava que a fisiologia e a classe estavam ligadas, e que esse vínculo precisava ser consertado e reequilibrado. Um "novo homem" tinha de ser construído.[24] Mas como o governo conseguiria construir o novo homem soviético,[25] que amava a União Soviética ainda mais do que amava a própria mãe, e, mais importante ainda, um homem que odiava mais os capitalistas do que qualquer outra coisa?

Um dos problemas era que os soviéticos não gostavam muito da teoria da evolução darwiniana. Eles achavam que a seleção natural significava competição não regulamentada por recursos, e que ela, por sua vez, permitia a vitória de espécies com o maior número de vantagens desleais. Isso era capitalismo biológico, a natureza do *laissez-faire*. Não funcionava. Para os soviéticos, a progressão comunal e socialmente organizada — o comunismo — teria de ser o princípio a governar a natureza.

Da mesma forma, eles acreditavam que os seres humanos não nasciam com estados emocionais herdados, os quais os ajudavam a competir. Eles nasciam com uma tela pavloviana em branco. Essa era a abordagem soviética das emoções. Elas eram uma forma de condicionamento. Eles acreditavam que as crianças poderiam ser submetidas ao condicionamento clássico para desenvolver emoções específicas em momentos específicos, dando origem a adultos cujas emoções poderiam ser reguladas pelo Estado. E, então, teriam criado os novos homens que tanto desejavam.

Primeiro, esse novo homem soviético precisava ser feliz. Era um dever cívico, responsabilidade dele, amar o Estado e mostrar-se contente. Não importando quão faminto ele ficasse, não importando quantos de seus entes queridos morressem, a felicidade deveria permanecer. Mas isso não significava sorrir como um idiota o tempo todo. Sorrir era algo para as crianças norte-americanas; era como elas manipulavam as mães.[26] Um novo homem soviético só sorriria quando se mostrasse necessário. Sem manipulação. Sem mentiras — o que é irônico, visto que tudo não passava de uma mentira.

Para reforçar essa amabilidade, foi desenvolvido um sistema educacional que exigia de cada faixa etária o ingresso em uma organização cujo objetivo primordial era ensinar às crianças como elas deveriam se sentir. Em contraste com os Estados Unidos, onde a *mãe* se tornara sinônimo de *Deus* para os filhos, a educação soviética era comunitária. Desde o início da vida, as crianças soviéticas aprendiam que é do coletivo que vem o amor. Os pré-escolares eram ensinados que Lênin era seu amoroso avô; nos grupos outubristas, os pequenos eram instilados com o zelo revolucionário — e assim por diante.

Essas organizações usavam rituais, repetição e demonstrações emocionais para incutir o tipo certo de felicidade, e usavam a culpa como uma palmatória em crianças que não se mostravam felizes o suficiente. Tudo isso parece guardar alguma semelhança com o confucionismo — respostas emocionais ritualizadas apropriadas para circunstâncias específicas. Mas não era bem assim. As emoções confucionistas surgiam da cultura que as circundava. Elas se adaptavam às mudanças na cultura ao longo do tempo e nasciam tanto de baixo para cima quanto de cima para baixo. Em contraste, as emoções soviéticas eram totalmente de cima para baixo, projetadas e controladas pelo Estado. Era um regime emocional do tipo mais estrito, e que implicava um intenso trabalho emocional.

Na União Soviética, todas as demonstrações públicas das emoções eram interpretadas pelo Estado em benefício próprio. Os raros momentos em que as pessoas poderiam expressar sentimentos secretos eram quando estavam em locais privados — em lugares chamados por William Reddy de refúgios emocionais. As pessoas deveriam ter a capacidade de ligar e desligar suas emoções a qualquer momento. Elas precisavam se mostrar irritadas com os Estados Unidos ou felizes com as últimas façanhas sob encomenda de seus líderes.

As pessoas mentiam sobre como se sentiam porque, a qualquer deslize, poderiam ser diagnosticadas com uma das muitas doenças psiquiátricas soviéticas, como "esquizofrenia lenta". Os sintomas dessa condição incluíam não se adaptar de modo adequado (ou seja, se emocionar de forma incorreta), ser pessimista (também se emocionar de forma incorreta) e discordar das autoridades (o ápice em matéria de se emocionar de forma incorreta). Experimentar as emoções erradas era ser contra o Estado. Ser contra o Estado era estar mentalmente doente. Deve ter sido exaustivo.

A "Terra Prometida"

Ambos os lados da Guerra Fria queriam controlar as emoções dos respectivos países e criar uma utopia afetiva. Eles fizeram isso para manter seus cidadãos tranquilos em meio a uma era nuclear e, talvez de forma menos benevolente, controlá-los. O amor que se esperava que as pessoas sentissem pelas respectivas nações — e, no caso dos Estados Unidos, pela mãe — estava fortemente acoplado ao ódio ao inimigo.

A União Soviética precisava ter o primeiro satélite em órbita para (a) mostrar aos cidadãos soviéticos que o amor sentido pelo país era justificado e (b) mostrar aos malvados norte-americanos que os soviéticos eram melhores do que eles. Os Estados Unidos precisavam chegar primeiro à Lua por razões semelhantes: (a) para que seus cidadãos e aliados amassem ainda mais os Estados Unidos; (b) para impedir que a malvada União Soviética reivindicasse a posse da Lua; e (c) para que os malvados soviéticos soubessem que os norte-americanos eram melhores do que eles. Mas tentar controlar as emoções de toda uma população pela força é, historicamente, uma má ideia. Bem antes de Neil Armstrong e Buzz Aldrin fincarem a bandeira estadunidense no Mar da Tranquilidade, as fissuras estavam começando a aparecer.

O problema é que nem todos eram considerados partidários do estilo de vida norte-americano. Muitas pessoas de cor, mulheres e homens jovens não reconheciam o regime emocional erguido em torno deles. Não demorou muito para que tais grupos escapassem dos refúgios emocionais criados para si, promovendo encontros e ativismos políticos e expressando publicamente sua raiva. Uma fagulha foi acesa na noite de 4 de abril de 1968. Naquele dia, o Dr. Martin Luther King Jr. estava conversando com um colega quando soou um tiro. Pouco depois, o Dr. King estava morto. James Earl Ray, um racista extremista orgulhoso e vociferante, o matara. Foi um tiro que abalou o mundo e desencadeou uma onda de fúria em todos os Estados Unidos. A esperança experimentada por muitos afro-americanos e seus aliados no movimento pelos direitos civis tinha sido despedaçada. Só restara a raiva.

A raiva nua e crua explodiu na forma de tumultos em 11 das principais cidades, com uma ferocidade e um nível de perturbação nunca vistos desde o fim da Guerra Civil. Mas este estava longe de ser o último motim a abalar os Estados Unidos. Na verdade, eles continuam acontecendo até hoje, quando os regimes emocionais e políticos impostos a certos grupos se confrontam com a violência usada para mantê-los intactos.

A situação foi pior na União Soviética, embora tenha demorado mais para se desvendar. As coisas começaram a desmoronar de verdade na década de 1970, quando o Estado elaborou um plano econômico do qual não se mostraria capaz de implementar. O fato de todos saberem que o governo era corrupto também não ajudou muito. Os trabalhadores qualificados eram muito bem remunerados e os não qualificados demonstravam pouquíssimo interesse. Uma série de choques econômicos, juntamente com uma burocracia central sobrecarregada e desprovida de pessoal, piorou tudo. Seguiu-se a estagnação e, logo depois, a contração, acabando com a economia.

A União Soviética nunca se recuperou. Os inebriantes dias da Corrida Espacial se tornaram uma memória distante — os comunistas não tinham condições de gastar mais do que os Estados Unidos na área de tecnologia. Finalmente, a União Soviética desabou como o Muro de Berlim. A rebelião inconsciente do novo homem soviético contra o controle emocional patrocinado pelo Estado e a relutância dos cidadãos em continuar investindo no trabalho emocional contribuíram para o colapso.

A Guerra Fria inspirou a ampla cientificização e categorização das emoções, como parte de uma tentativa de classificar de modo metódico os sentimentos. Foi mais um fato novo na forma como o mundo inteiro as entendia e, como explicarei nas próximas páginas, isso não foi algo universalmente bom, pois levou a ideias falaciosas, como a noção das emoções básicas. Além disso, após a Guerra Fria, as pessoas se fixaram em encontrar explicações culturais para as emoções humanas, ignorando por completo a evolução, com terríveis consequências. O capítulo seguinte começará a responder à pergunta que você já deve estar se fazendo há algum tempo: nos dias de hoje, qual é a opinião dos pesquisadores sobre as emoções? Sendo assim, vamos explorar as duas principais teorias contemporâneas e descobrir por que ambas estão erradas.

Catorze

O confronto das grandes emoções

Em uma clara e ensolarada manhã de julho de 2020, uma jovem abriu seu telefone celular. Ela estava saindo para fazer compras pela primeira vez em semanas e, como qualquer boa millennial, quis narrar sua experiência com fotos. Vasculhou as diversas fotografias de sua ida às compras antes de se decidir por uma selfie, a qual parecia cair suficientemente bem tanto no Twitter como no Instagram. Mas o que escrever na legenda? Ela pensou sobre isso e decidiu que queria fazer uma declaração. Queria que todos os seus 312 seguidores (105 no Instagram) soubessem como ela estava se sentindo. A jovem escreveu: "Ontem saí para fazer compras pela primeira vez desde março. Usem máscara, pessoal! Se cuidem!" Então, ela postou a foto e deu continuidade ao dia.

Primeiro, chegou uma notificação sonora de uma resposta. Depois outra, e mais outra. Antes que ela percebesse, o telefone estava vibrando com tanta frequência a ponto de começar a incomodá-la. Ela silenciou o aparelho até o término de seu turno de trabalho. No fim do dia, verificou o celular de novo e ficou surpresa ao encontrar 1.513 respostas. Aquilo não deveria estar certo. Timidamente, ela abriu seu feed do Twitter. Seus piores temores se concretizaram. A jovem havia sido atacada por um exército de trolls, que responderam com uma pilha de postagens com conteúdo ofensivo.[1]

Algumas das respostas pareciam vagamente argumentos. As máscaras são fascistas; elas existem apenas para oprimir; elas causam doenças como envenenamento por dióxido de carbono; elas escondem seu rosto de Deus. O resto era uma mistura de comentários e memes demonstrando repulsa ou despeito por sua postagem um tanto fútil. Muitos comentários quase não tinham relação com o tópico em pauta. Algumas respostas estavam repletas de teorias da conspiração. Outras eram insultos diretos. Tais insultos variavam do anódino, como chamar a jovem de "melindrável" (alguém que se ofende com facilidade), ao perigoso, como ameaças de estupro e assassinato. E assim por diante. Tudo porque ela havia sugerido que as pessoas deveriam usar uma máscara para se proteger e proteger os outros em meio a uma pandemia. Ela apagou o tuíte.

O motivo pelo qual as pessoas se comportam dessa maneira é algo que a ciência está tentando desvendar. O fato é que existe uma emoção específica (nossa velha amiga repulsa) no centro de tudo isso. Tenho certeza de que essa informação não surpreende ninguém. O que pode nos surpreender, embora talvez nem tanto assim caso a pessoa tenha lido até aqui, é que a repulsa, em si, é uma emoção complexa e bastante controversa. Não é algo compartilhado de forma universal por todos os seres humanos — bem, não de fato. Ela também pode nos dizer mais sobre as opiniões políticas das pessoas do que se possa imaginar. Mas temos um caminho a percorrer antes de chegarmos à repulsa em específico. O maior problema é que, mesmo depois de todos esses milênios de reflexões e teorizações, ainda não existe uma definição consensual do que são, exatamente, as emoções. Portanto, vamos acompanhar esse debate, e aí, sim, poderemos ficar um tanto repulsivos.

Você é básico?

Nas profundezas da selva de Papua-Nova Guiné, um grupo de homens voltava para casa, no distrito de Okapa, após um longo dia de caça.

Embora tribais, aquelas pessoas não se dedicavam apenas à caça e à coleta de alimentos. Perto do assentamento em que viviam, elas também cultivavam tubérculos para enriquecer a alimentação. Mesmo assim, não faziam o cultivo da forma como o conhecemos hoje. Quando as grandes fontes de alimento se alteravam, elas se mudavam. Aquelas pessoas também tinham predisposição para a guerra e eram conhecidas por capturar e, às vezes, comer seus inimigos. Essa comunidade em particular, os fores, não modificava seu estilo de vida havia milhares de anos. Mas aquele foi um dia diferente. Algo iria acontecer que mudaria para sempre a vida desse povo e a história da ciência das emoções.

No centro de uma das aldeias familiares, um rumor baixo e distante chamou a atenção de todos. Era diferente de tudo o que eles já tinham ouvido antes. O barulho vinha acompanhado por estalidos e estampidos, conforme as árvores iam sendo derrubadas e os galhos, partidos. Cada vez mais alto, o estrondo (quase um rugido) vinha na direção das pessoas da aldeia. Elas absorviam a cacofonia a se aproximar, na esperança de adivinhar qual seria a fera que estava fazendo aquilo. Elas deveriam sair correndo? Conseguiriam capturá-la e comê-la? Em pouco tempo, uma estranha caixa de metal com rodas apareceu grunhindo e resmungando colina acima. A caixa parou, a lateral se abriu e um grupo de humanos com roupas esquisitas e de pele estranhamente pálida foi ejetado da barriga da criatura. Alguns daqueles humanos eram altos até demais, embora o que parecia estar no comando fosse mais ou menos da mesma altura dos aldeões, ainda que tivesse a pele mais branca do que eles jamais acreditaram ser possível. O homem pálido estava acompanhado de um membro da nação fore de outra parte do distrito; eles o reconheceram. O homem fore e o branco de baixa estatura se aproximaram dos outros, e o homem branco falou em uma língua estranha e anasalada. Seu companheiro traduziu: "Olá. Meu nome é Paul Ekman e gostaria de lhes fazer algumas perguntas."

Paul Ekman nasceu em 1934, filho de um pediatra e uma advoga-da. Ele passou a juventude sonhando em emular seu herói, Ferdinand Magellan, na esperança de, algum dia, fazer descobertas capazes de mudar o mundo. Mas quando Ekman tinha 14 anos, a depressão da mãe resultou no suicídio dela. Ele sentiu que precisava investigar por que aquilo acontecera, por que as emoções podem levar as pessoas a acabar com a própria vida. Seus sonhos de fazer descobertas mudaram do campo da geografia para as regiões desconhecidas da mente.

Ekman acabou concluindo um doutorado em psicoterapia, tendo as pessoas deprimidas como objeto de estudo. Ele era fascinado pela comunicação não verbal, por examinar a linguagem corporal e os movimentos das mãos dos pacientes. Em pouco tempo, percebeu que seus pacientes representavam uma amostra viciada: ele estava estudando os sobreviventes da depressão, e não as pessoas que haviam sucumbido ao pior da doença. Ekman refletiu que "o caminho para entender o comportamento humano e voltar a ajudar as pessoas não foi observando comportamentos anormais, mas comportamentos nor-mais".[2] A depressão era um distúrbio emocional, e, então, o idólatra de Magellan finalmente encontrou a própria missão: descobrir se todos os seres humanos experienciavam um conjunto de emoções universais.

Na década de 1960, Ekman não foi a única pessoa a sair à procura das emoções básicas nos povos originários que nos conectavam com nossos ancestrais caçadores-coletores. A aclamada antropóloga Mar-garet Mead, a quem me referi no capítulo anterior, já havia passado anos viajando pelo mundo, demonstrando que as culturas expressam sentimentos de maneiras diferentes. Mais notoriamente, Mead vivera durante a década de 1920 na pequena ilha de Ta'ū, na Samoa Ameri-cana, na tentativa de descobrir se as agruras da adolescência, para pais e filhos, eram universais. Ela descobriu que as adolescentes samoanas costumavam praticar sexo casual sem culpa antes de se casar e formar uma família. Isso ia contra as normas do Ocidente, onde aquele tipo de sexo era acompanhado de ansiedade, vergonha, constrangimento e, até mesmo, repulsa moral. Em 1928, quando *Coming of Age in Samoa* [Adolescência, sexo e cultura em Samoa, em tradução livre], de Mead, foi publicado, suas descobertas chocaram os leitores norte-americanos. Elas forneciam fortes evidências de que as emoções variavam de cultura para cultura.[3] No fim dos anos 1960, as opiniões da antropóloga eram quase um consenso científico no Ocidente, mesmo que apenas como um lembrete sobre o que poderia acontecer caso o estilo de vida norte-americano e sua paisagem emocional fossem abandonados.

Ekman tinha suas dúvidas. Produto da virada psicológica e do novo desejo de categorizar tudo, seu trabalho, provavelmente, não existia no vazio. É por isso que, em 1964, ele estava enfrentando dificuldades: não poderia estudar comportamentos emocionais sem antes defini-los com precisão, mas ninguém havia feito isso ainda. Foi quando conheceu o teórico da psicologia Silvan Tomkins, que se tornaria um de seus colaboradores mais próximos. Ekman chegou à conclusão de que os argumentos de Tomkins a favor das emoções humanas inatas eram mais convincentes do que os de Margaret Mead. Ele estava certo de que, para testar sua hipótese, primeiro precisava descobrir uma maneira de medir as emoções. O segredo, acreditava ele, estava nas expressões faciais. Se todos os seres humanos fizessem as mesmas expressões em resposta aos mesmos sentimentos, então deveria haver uma ligação entre aquelas expressões faciais e as emoções básicas inatas.

Ekman passou os oito anos seguintes ao lado de Tomkins e outro colega, Wallace Friesen, desenvolvendo seu método. Ekman e Friesen começaram abordando estudantes nos Estados Unidos, no Brasil, no Chile, na Argentina e no Japão, pedindo-lhes que casassem fotografias de expressões faciais com palavras ou histórias relacionadas a emoções. Rapidamente, ficou nítido que, para onde quer que eles olhassem, um conjunto básico de seis expressões faciais estava ligado a um conjunto básico de seis emoções: felicidade, raiva, tristeza, repugnância, surpresa

O confronto das grandes emoções

e medo. Mas Ekman sabia que havia um problema: todas as pessoas testadas tinham acesso à mídia ocidental. Elas assistiam a filmes e programas de TV norte-americanos e tinham entrado em contato com a arte e a fotografia ocidentais. Os pesquisadores estavam precisando mesmo era de alguns humanos que não tivessem visto *I Love Lucy* e não tivessem ideia de quem eram os Beatles. Os lendários fores de Papua-Nova Guiné pareciam preencher esses requisitos. E foi assim que a equipe embarcou em um velho avião Cessna e partiu para surpreender os habitantes de um vilarejo fore.

Em uma ilha

Ekman e Friesen foram cuidadosos. Eles fizeram o possível para garantir que os membros do povo a serem testados não tivessem tido nenhum contato com a mídia ocidental. Eles foram ainda mais longe, certificando-se de que os fores não haviam interagido com estranhos e não sabiam nenhuma palavra em inglês. Os colegas encontraram 189 adultos e 130 crianças que atendiam a tais critérios. A ideia era usar as fotos e as histórias que os pesquisadores tinham usado em todos os outros lugares. Ekman e Friesen submeteram seus tradutores a um treinamento rigoroso, na tentativa de garantir que as diferentes traduções das palavras e histórias não influenciassem o experimento.[4]

Apesar de nunca terem visto fotos antes, e muito menos fotos de rostos brancos, os fores aprenderam rapidamente. Foram exibidas três expressões faciais para os adultos e duas para as crianças, e contou-se uma história de uma única frase, por exemplo, "Esta pessoa está prestes a lutar". Se as emoções fossem universais, as histórias deveriam ser associadas a apenas uma das imagens. Foi o que aconteceu. Em quase 93% das vezes, os fores escolheram os mesmos pares de histórias e expressões que os sujeitos influenciados pelo Ocidente haviam escolhido. Ekman e Friesen concluíram que haviam acertado em cheio:

todos os seres humanos, em todos os lugares e em todos os momentos, sentiam estas seis emoções básicas: felicidade, raiva, tristeza, repugnância, surpresa e medo.

Mas existem alguns grandes problemas com a ideia de Ekman. Primeiro, ele e sua equipe não foram as primeiras pessoas a conhecer e a documentar os fores. Em 1953, antropólogos já os haviam estudado. Na verdade, a única razão pela qual o jipe de Ekman conseguira chegar à aldeia é porque os missionários e as patrulhas do governo haviam criado uma trilha para o acesso de veículos. Quando Ekman visitou os fores, as lavouras cultivadas nas proximidades não eram de tubérculos, mas de café para ser vendido no interior do país. Isso significava que eles também estavam usando dinheiro. A certa altura, Ekman teve de pagar por uma "bênção do feiticeiro local" para providenciar as coisas.[5] Em dólares. Era um pouco demais para um povo considerado intocado pelo Ocidente.

Outro problema estava na forma como o teste foi traduzido. Qualquer tradutor dirá que a tradução não é apenas uma questão de trocar as palavras de um idioma pelas de outro. Se fizermos isso, chegaremos a frases sem sentido. Como vimos, até mesmo palavras em idiomas semelhantes podem ser difíceis de corresponder. Mas a barreira do idioma não era o pior. De modo efetivo, as fotos mostravam expressões emocionais, mas os rostos eram exagerados, a ponto de parecerem imbecilizados. Não eram os sorrisos e as caretas naturais feitos pela maioria das pessoas, de forma inconsciente, na vida cotidiana. Estudos recentes do psicólogo James Russell e sua equipe mostraram que, quando se usam imagens realistas, as crianças não são capazes de reconhecer algumas emoções até os 8 anos de idade.[6] As mais novas não sabem se a expressão rotulada por Ekman como repugnância (também conhecida como rosto boquiaberto) deve ser classificada como repugnância ou raiva. Mais recentemente, um grupo liderado pela psicóloga Lisa Feldman Barrett descobriu que se fornecermos às pessoas fotos com uma ampla gama de expressões faciais e permitirmos que elas agrupem as imagens em categorias de sua escolha, essas categorias não coincidem de uma cultura para outra (veremos mais sobre esse assunto no próximo capítulo).[7] Há uma razão para isso — os rostos são apenas um aspecto da maneira como expressamos os sentimentos e, isolados, nem sempre são o suficiente para chegarmos a alguma conclusão. As emoções não são apenas um rosto ou uma voz. Elas fazem parte da comunicação não verbal — a linguagem corporal, se preferirmos. Aprendemos a usá-la com nossos pais, da mesma forma que aprendemos a usar a linguagem verbal. Além disso, as expressões faciais mudam de significado, dependendo das circunstâncias. Os membros de algumas culturas sorriem quando estão com raiva, ou choram quando estão felizes. Para usar um exemplo pessoal, as únicas vezes em que choro e exibo o que Ekman chamaria de rosto triste é quando estou enfurecido. Mas as mudanças não se restringem apenas à comunicação.

Imagine que, sem seu conhecimento ou consentimento, alguém injete noradrenalina em você; então, seu coração dispara, as palmas das suas mãos começam a suar e vem aquela sensação de borboletas no estômago. Em um dos cenários, você é colocado em um recinto com uma pessoa atraente e otimista. Em outro, o divide com uma pessoa mal-humorada, irritada e, talvez, menos agradável de se olhar. É muito provável que se sinta feliz, e até mesmo animado, no primeiro cômodo; e estressado, possivelmente irritado, no segundo. Dois psicólogos, Stanley Schachter e Jerome Singer, fizeram essa experiência em 1962, muito antes de Ekman e suas expressões faciais.[8] Em primeiro lugar, isso levou ao que ficaria conhecido como a teoria das emoções de Schachter-Singer, ou teoria dos dois fatores da emoção; depois, a uma regulamentação ética mais rigorosa dos experimentos feitos com seres humanos (ou, pelo menos, é o que se esperaria!). O contexto, pelo visto, importa.

Da mesma forma, a cultura também é importante. Nossa criação e nossa cultura nos ensinam como devemos nos comportar quando sentimos alguma coisa. Abordarei esses fatores em detalhes no capítulo seguinte. Mas, por enquanto, basta saber que a visão universal das emoções pode não ser tudo aquilo que parece ser. Isso não a impediu de se tornar predominante por mais de quarenta anos.

Invertendo as palavras

Vinte anos antes da queda da União Soviética, mais ou menos na época em que Ekman estava em seu auge intelectual, a Europa estava dando outra guinada. Uma guinada linguística. Na década de 1970, vários pensadores, em sua maioria europeus, desenvolveram uma desconfiança em relação ao Iluminismo. E, para explicar por quê, preciso tentar descrever um conceito muito complicado da maneira mais simples possível. Não é tão fácil fazer isso, pois, para ser honesto, muitas das obras publicadas naquele período são indecifráveis.

Basicamente, algumas das melhores mentes de sua geração — filósofos como Jean-François Lyotard, Jacques Derrida e Michel Foucault — começaram a duvidar da busca da verdade por meio da ciência. Começaram a se perguntar se alguém poderia saber alguma coisa com absoluta certeza. A raça e o gênero eram reais, ou construídos pela cultura? (Ao que consta, são construídos.) Aquelas "narrativas mestras" e estruturas consideradas naturais — capitalismo, comunismo, religião, governo e, até mesmo, família — são reais? Ou são apenas coisas inventadas? (Ao que consta, são inventadas.) O mundo contemporâneo é tão efêmero quanto a Grécia e a Índia Antigas? Esses intelectuais chegaram, inclusive, a se perguntar se a maneira como usamos o idioma é a única maneira que ele pode ser usado — daí a natureza ininteligível de muitos de seus escritos. Uma nova forma de pensar, chamada com frequência de pós-modernismo, emergiu desses

O confronto das grandes emoções

questionamentos. Mas a virada linguística incluía noções similares, como pós-estruturalismo (duvidar da veracidade das estruturas intelectuais e culturais) e desconstrucionismo (desmantelar velhas ideias para determinar se são reais).

Essa nova forma de ver as coisas teve início no mundo das artes. Artistas modernos, como Jackson Pollock, se tornaram conhecidos por declarar que o significado de sua arte era o que ela significava, e ponto final. Nos Estados Unidos, os artistas pós-modernos foram estimulados, na década de 1960, pelas rebeliões das mulheres, das pessoas de cor e dos grupos hoje descritos como LGBTQIA+. Eles também estavam reagindo ao *status quo* emocional do período da Guerra Fria.[9] Esses artistas rejeitavam a atitude modernista e proclamavam: "Interpretarei sua arte como eu bem entender, muito obrigado. De mais a mais, você pode interpretar minha arte como achar melhor."

A ideia central era que a visão de uma pessoa não era mais "autêntica" do que a de outra. Por exemplo, suponhamos que usemos essa noção para estudar história. É um fato terrível que os judeus tenham sido encurralados pelos nazistas e mortos em campos de concentração. Mas as histórias individuais contadas pelas vítimas sobreviventes não são fatos. São experiências vividas, perspectivas diferentes sobre uma única história. Nenhuma história é "mais verdadeira" do que qualquer outra, assumindo que a pessoa a contá-la não está mentindo. Logicamente, estudar história dessa forma pode ser muito perigoso. Em mãos erradas, isso poderia tornar as opiniões de um negacionista do Holocausto sobre a Segunda Guerra Mundial tão relevantes quanto as de um sobrevivente, e é óbvio que elas não são equivalentes.

Os pós-modernistas também rejeitam a ideia de que a história tem uma narrativa, um objetivo, ou um sentido de progresso preestabelecidos. Por esse motivo, um pós-modernista não pode ser um marxista. O interessante é que o conceito de modernismo tem um toque conservador e de direita. Da mesma forma, o pós-modernismo tem um sabor um tanto esquerdista. Mas não foram apenas a política, a arte e a história que se tornaram pós-modernas. Nada ficou imune à virada linguística, nem mesmo o estudo das emoções.

Desconstruindo as emoções

Em 1977, uma jovem norte-americana estava a bordo de um avião, voando de Guam para a pequena ilha de Yap, no oeste do oceano Pacífico. Durante a maior parte da viagem, ela havia estado em contato com símbolos da cultura estadunidense: os hotéis em arranha-céus do Havaí, as bases militares em Pearl Harbor, as lanchonetes do McDonald's em Guam. A jovem estava tentando deixar isso para trás, a fim de se instalar em algum lugar um pouco mais exótico. Era um avião pequeno, e os passageiros formavam uma miscelânea de cientistas, funcionários do governo e voluntários do Corpo da Paz. A aeronave também transportava alguns "turistas japoneses aventureiros", oficiais da Marinha dos Estados Unidos e trabalhadores da construção civil. Quando ela pousou em Colônia, os Estados Unidos ainda estavam presentes — postos de gasolina, bares, restaurantes e até mesmo lojas de artesanato. Mas Colônia não era seu destino final. Havia mais um trecho a percorrer. Depois de conhecer o chefe de um clã chamado Tamalekar, residente no atol vizinho, Ifaluk, ela embarcou em um dos dois navios que iam até onde ele residia.[10]

Ifaluk não havia sido uma escolha aleatória. Catherine Lutz queria passar um tempo com um povo cujas "relações de gênero eram mais igualitárias do que na sociedade norte-americana",[11] em que as mulheres tinham uma voz mais ativa e eram livres para expressar abertamente suas emoções. Ela acreditava ter encontrado tudo isso no clã. Embora não tão isolados quanto outros povos, como os fores, os ifaluks tinham uma *alteridade* bem documentada, ou, pelo menos, bem estudada, no que se referia ao modo como expressavam suas emoções. Lutz queria

O confronto das grandes emoções

verificar se as emoções de uma cultura poderiam ser traduzidas para as de outra. Isso significava observar as mesmas coisas que Ekman estava observando (expressão facial, linguagem corporal, tom de voz, e assim por diante), mas buscar diferenças em vez de semelhanças. Ela conseguiu encontrar algumas diferenças, mas a que por mais tempo ocupou suas reflexões foi o *fago*.

À primeira vista, presume-se que o *fago* possa ser traduzido como "amor" ou "compaixão", mas não é tão simples assim. Ele é um pouco mais específico do que o amor, pois tem um componente de cuidar de alguém que se encontre em dificuldades. Por exemplo, se uma pessoa está mal, sentimos *fago*. Mas não apenas nós — toda a comunidade o sente e ajuda a cuidar de seu membro enfermo. A emoção se intensifica quando alguém falece. O *fago* experimentado quando uma criança morre, lembrou Lutz, expressava-se com lamentações, batidas no peito, gritos e o agitar dos braços. Não era uma dor aleatória; era coreografada. As pessoas

revezavam-se para vir à frente (ou melhor, para serem convidadas a vir à frente pelos parentes mais próximos) a fim de chorar no círculo imediato em torno do corpo. Em geral, uma cuidadosa coreografia do luto requer que aqueles que estão "chorando muito" (ou alto e profundamente) o façam mais perto do corpo do que longe dele e que aqueles que não estão chorando se afastem do corpo.[12]

Eu já vi algo assim em outro lugar. Quando jovem, morei algum tempo na Tunísia. Naquela cultura, a reação à morte de um ente querido era quase a mesma, e coreografada de forma semelhante. Em vez de se revezar, cada pessoa a entrar na casa do falecido tinha o dever de chorar mais alto do que a pessoa anterior, de expressar uma dor cada vez mais intensa do que antes, em um crescendo de consternação. O importante a ser lembrado é que, embora seja coreografado, não é falso. Os tunisianos foram ensinados a vivenciar o luto assim. É a única maneira que eles conhecem. É algo totalmente natural para eles.

Quer dizer, então, que Lutz estava apenas descrevendo o luto? O *fago* era só mais uma palavra para uma emoção com a qual todos estamos familiarizados? Bem, provavelmente não. É o que uma mãe sente pelo filho e é também o que o marido sente pela esposa quando ela vai embora. Também é sentido de forma diferente, dependendo da pessoa a quem está sendo direcionado. Se uma pessoa precisa muito de nós, então sentimos muito *fago*. Se ela só precisa de uma pequena ajuda, não sentimos muito *fago*.[13] E isso é apenas a ponta do iceberg. Trata-se de um sentimento muito complexo, o qual tangencia todos os elementos da vida ifaluk. É quase impossível traduzi-lo em poucas palavras. É um desafio, mesmo utilizando muitas delas. Lutz usou mais de 13 mil, e ainda não tenho certeza se ficou cem por cento compreensível, para um forasteiro como eu, o que é o *fago*.

A pesquisa de Lutz representou uma provocação à ideia das emoções universais. Ela não foi a primeira; muitos antropólogos, de Mead em diante, haviam feito alegações parecidas. Mas seu trabalho assumiu particular importância na Academia. É um excelente exemplo do aspecto construcionista do debate entre estudiosos os quais defendem que algumas emoções são inatas e estudiosos os quais acreditam que todas as emoções são fabricadas exclusivamente pela cultura. É um debate que não parece desacelerar conforme as pessoas vão tomando partido.

De modo geral, aqueles que tendem a acreditar em coisas como a luta por justiça social (pela igualdade política e social de sexo, raça e gênero, por exemplo) têm raízes firmemente plantadas no solo do construtivismo: a ideia de cada cultura e cada indivíduo ter a própria voz, a própria maneira de fazer e sentir. Os que se opõem a essa visão costumam ser universalistas. Eles veem o mundo emocional como estático e imutável e qualquer pessoa que se oponha à "norma", como uma ameaça. Mas há uma reviravolta nessa história. A verdade é que, quando nos aproximamos, esses dois lados, afinal de contas, não são tão diferentes entre si.

Unificados pela repulsa

A repulsa é um exemplo de um excelente unificador. Já mencionei antes que existem alguns tipos diferentes de repulsa, então espero ter explicado que não existe uma coisa única chamada repulsa, mesmo que os sentimentos experimentados quando nos deparamos com algo repulsivo (aquelas sensações de "nojento", "credo", "eca") pareçam ser, de fato, compartilhados por todos os seres humanos (e também por alguns animais). É um grande exemplo de como as emoções podem ser entendidas tanto do ponto de vista universalista quanto do ponto de vista construtivista. Um cientista universalista, como a especialista em repugnância Valerie Curtis, argumentará que a repulsa é um mecanismo de segurança, obviamente fruto da evolução, a qual nos ajuda a evitar os danos causados por patógenos e venenos. Um construtivista pode argumentar que o fato de todo idioma ter uma palavra para a repulsa — e essas palavras, em cada caso, significarem algo quase cem por cento diferente — prova que a repugnância é construída. Será que ambos não poderiam estar certos? Bem, sim, poderiam. Talvez seja verdade que exista um sentimento básico, fruto da evolução, projetado para nos impedir de nos envenenar e contrair parasitos. Esse sentimento básico seria, então, adaptado, moldado e manipulado pela cultura, dando origem a variações exclusivas sobre um tema repulsivo.

Mas e quanto àquelas pessoas que responderam ao tuíte da jovem com comentários como "As máscaras são fascistas", "As máscaras existem apenas para oprimir", "As máscaras causam doenças como envenenamento por dióxido de carbono" e "As máscaras escondem seu rosto de Deus"? Em seu livro *A anatomia do nojo,* William Ian Miller observou uma confissão particular de George Orwell, encontrada em

O caminho para Wigan Pier. Orwell, um homem o qual descrevia sua origem como "baixa classe média alta", foi criado para acreditar que "as classes mais baixas cheiram mal".[14] A ciência confirma isto: não o fato de que as classes mais baixas tenham um cheiro (obviamente, elas não têm), mas o fato de as pessoas pensarem que sim.

O psicólogo moral Jonathan Haidt sustenta que quanto mais propenso um indivíduo é à aversão física, mais conservador no quesito social ele será. Ele demonstrou isso pedindo às pessoas que respondessem a um teste, por meio do uso de algo chamado Escala de Nojo (Revisada), ou DS-R (na sigla em inglês). No teste, as pessoas são questionadas sobre quanto concordam ou discordam de certas afirmações em uma escala de 0 a 4, sendo 0 "discordo totalmente (muito falso sobre mim)" e 4 sendo "concordo totalmente (muito verdadeiro sobre mim)". As afirmações incluem: "Incomoda-me ouvir alguém limpar a garganta cheia de mucos [*sic*]" e "Mesmo com fome, eu não consumiria uma tigela de minha sopa favorita se ela tivesse sido remexida por um mata-moscas usado, ainda que bem lavado". Em seguida, o teste nos apresenta alguns cenários e pergunta quão repugnantes os achamos, de novo em uma escala de 0 a 4. Tais cenários incluem: "Você vê larvas em um pedaço de carne jogado em uma lixeira externa" e "Você descobre que um amigo seu troca de cueca apenas uma vez por semana".[15] Foi constatado que as pessoas que respondem com muitas notas 4 tendem a ser mais conservadoras do que as que respondem com muitas notas 0.[16]

Existem alguns problemas com esse teste. O primeiro é o fato de que as perguntas do DS-R foram concebidas em uma cultura universitária norte-americana de classe média, predominantemente branca. As perguntas do teste parecem voltadas para as sensibilidades ocidentais — elas parecem supor, por exemplo, que todos usam roupas íntimas e, pelo menos, dão-se ao luxo de trocá-las todos os dias. Em segundo lugar, está o fato de que a história do teste mostra quanto a aversão pode mudar, até mesmo ao longo de um curto período de tempo. O original, o DS, incluía a afirmação "Acho as atividades homossexuais imorais". Essa foi excluída. Até mesmo os indivíduos de mentalidade conservadora nos Estados Unidos se acostumaram, em sua maioria, com a ideia de pessoas LGBTQIA+ morando e trabalhando ao lado de pessoas heterossexuais.[17] Testes subsequentes feitos por outros pesquisadores mostraram que a ideia da repulsa, ou aversão, está vinculada tanto à pureza quanto às visões de direita.[18] Na verdade, se formos cuidadosos com as perguntas a serem feitas, parece que as pessoas da extrema esquerda se mostram tão enojadas quanto as pessoas da extrema direita.[19]

Essa é parte da razão pela qual a política, em quase todo o mundo, tem se tornado tão profundamente polarizada. A despeito de sermos de esquerda ou de direita, a identidade política tem sido definida, cada vez mais, por uma severa reação a qualquer coisa considerada "impura". Se a pessoa for um homem branco o qual acredita que as minorias e as mulheres estão conquistando todos os espaços, talvez veja a situação como uma infecção a ser debelada. Se a pessoa for uma defensora da igualdade racial feminista, ativista LGBTQIA+ ou até mesmo uma ativista ambiental, pode ver as pessoas que a desafiam e tudo o que elas representam como uma contaminação, uma espinha encravada na face da igualdade e da justiça para todos, pronta para ser espremida.

A mesma dinâmica estava por trás das respostas ao tuíte sobre o uso de máscara. Os autores ficaram enojados com as opiniões da jovem, e passaram a expressar essa repulsa de algumas formas que, por sua vez, também foram consideradas repulsivas. A forma básica e universal de repulsa pode provocar reações situadas em polos opostos.

Quanto ao debate entre as visões universalista e construtivista das emoções, a repulsa é o grande unificador. É fascinante, e é por isso que adoro estar rodeado por várias coisas repulsivas. No sentido acadêmico, é óbvio.

Virando do avesso

Todas essas pesquisas sobre as emoções tiveram efeitos de grande alcance. Para começar, influenciaram o estudo acadêmico em inúmeras áreas. Tal como mestres da perseguição, Lutz e Ekman pairaram sobre tudo aquilo que veio depois deles nesse campo de investigação. Paul Ekman também afetou o mundo para além de sua torre de marfim. Desde 1978, ensina as pessoas a detectar o que ele chama de microexpressões — minúsculos movimentos do rosto, quase indetectáveis, desencadeados pelas emoções. Ele treinou agentes e oficiais da CIA, da Scotland Yard e do Departamento de Segurança Interna para identificar essas microexpressões. Além disso, me pergunto quantos de vocês, caros leitores, presumiam a existência de um conjunto de emoções humanas básicas e compartilhadas antes de escolherem ler este livro. Se já sabiam disso, é graças a Ekman. E mesmo que nunca tenham ouvido falar no nome dele, seu trabalho tem sido tão influente que é, praticamente, considerado uma obviedade.

Ao mesmo tempo, o modelo construtivista influenciado pela pós-modernidade causou um impacto. Ele abriu caminho para a consciência pública. Não existe um tamanho único, argumentam seus proponentes. Essa forma de ver o mundo deve bastante a Lutz, Mead e outros pesquisadores pioneiros, responsáveis por lançar a ideia de que nem todos vivenciamos os mesmos sentimentos.

Quanto à repulsa, ela nos influencia todos os dias. Vivemos em uma época emotiva. Por décadas, vimos androides em busca de emoções, vulcanos sem emoções e conselheiros sensíveis às emoções em programas populares de ficção científica, como *Jornada nas estrelas*. Mas será que hoje em dia a repulsa orienta nossas escolhas políticas e morais mais do que no passado? É difícil afirmar. Penso que a mistura de política e repulsa moderna é algo novo, bem como seja parte de uma visão de mundo puritana a qual vem separando as pessoas. Ficar revoltado com ações políticas se tornou parte central de muitas culturas ocidentais. E eu não tenho certeza se é para o bem de todos.

Contudo, como os debates acerca da repulsa já demonstraram, essas duas visões sobre as emoções ainda são predominantes neste início do século XXI. Mas existe uma terceira via. Para explicar isso em detalhes, preciso nos trazer de volta aos dias de hoje, talvez até aos dias de amanhã, e ao que há de mais moderno na ciência. Ao mundo da inteligência artificial.

Quinze

Humanos sonham com ovelhas elétricas?

É hora de descobrir o que as pessoas, ou melhor, os cientistas, pensam sobre as emoções hoje em dia. A boa notícia é que a dissolução dos limites no debate natureza-Criação, como ficou efetivamente demonstrado no capítulo anterior com o exemplo da repulsa, está se tornando cada vez mais prevalente na literatura científica. Isso se deve ao sucesso de pensadores que optaram por se rebelar contra o paradigma científico estabelecido por Paul Ekman, Catherine Lutz e seus seguidores, e ao fracasso de todo um campo da ciência, a computação afetiva, na tentativa de atribuir emoções reais e humanas a máquinas. Este capítulo final usará esses sucessos e fracassos para explorar uma das melhores teorias das emoções das quais dispomos no momento, começando com uma das rebeldes mais influentes entre todos os cientistas, a professora Lisa Feldman Barrett.

Quando a ciência parece errada

No fim dos anos 1980, Lisa Feldman Barrett estava com um problema. Ela vinha realizando experimentos para investigar como as autopercepções influenciavam as emoções, mas os resultados obtidos pareciam inconsistentes com o que já havia sido publicado. Oito vezes seguidas, na verdade.

Na época, ela era estudante de pós-graduação em psicologia na Universidade de Waterloo, em Ontário, Canadá. Como parte da pesquisa, ela testou algumas das suposições dos livros didáticos usadas na sua formação acadêmica. Uma delas era a teoria da autodiscrepância, a qual discuti no contexto da vergonha na costa do Japão (veja as páginas 182-199). De acordo com Edward Tory Higgins, a ansiedade, a depressão, o medo e a tristeza, assim como a vergonha, surgem dos abismos entre o eu ideal/obrigatório de uma pessoa e seu eu real. Para testar a teoria de Higgins em relação à vergonha, Barrett só precisava pedir aos sujeitos submetidos ao teste para responderem a perguntas que revelariam as lacunas entre o eu ideal/obrigatório deles e seu eu real.[1] Na época em que estava conduzindo seus experimentos, a teoria da autodiscrepância era tão comumente contestada quanto a noção de que a água é H_2O. Tudo o que ela queria fazer era confirmar as hipóteses de Higgins para poder trabalhá-las enquanto desenvolvia as próprias ideias. Mas depois de projetar e executar seus experimentos, descobriu que os sujeitos submetidos ao teste não estavam conseguindo distinguir os sentimentos de ansiedade e depressão. Eles também não estavam diferençando os sentimentos de medo e tristeza.[2]

Barrett se perguntava por que os sujeitos de seu teste estavam vivenciando as emoções de uma forma que não combinava com o que ela havia aprendido. A princípio, pensou que havia cometido algum tipo de erro muito grave, punindo-se por ter elaborado um experimento imperfeito. Ao verificar seus dados, porém, percebeu que não havia nada de errado com seu estudo. O erro não estava em quem estava aplicando os testes, estava na forma como as emoções estavam sendo medidas.[3] Em pouco tempo, ela se deparou com outros estudos, realizados em laboratório e em campo, os quais também indicavam que as maneiras pelas quais as emoções estavam sendo medidas poderiam estar erradas.[4]

Barrett se pegou fazendo uma velha pergunta: se a definição das emoções apresentada por Ekman e outros pesquisadores estiver incorreta, então o que são as emoções? Não se tratava apenas de um exercício acadêmico. Era fundamental para a questão de saber se, algum dia, conseguiremos construir uma inteligência artificial (IA) capaz de experimentar emoções tal como nós. Ela começou a fazer experimentos, e logo construiu um novo modelo, indo beber na fonte dos antigos gregos com os quais começamos nossa jornada.

A hipótese de Barrett é uma espécie de versão científica contemporânea do conceito de emoções como perturbações na alma. Bem, não de fato na alma — mais precisamente, no corpo. E não seriam perturbações em si, seria mais como se o corpo estivesse sendo nocauteado por algum desajuste. Simplificando, ela acredita que o corpo tende a ser o mais eficiente possível em termos de energia. Tudo funciona como deveria em um ambiente seguro, no qual nenhum dano lhe possa ser infligido. Quando surge algo que desequilibre o corpo, seja externo, como a ameaça de um predador, seja interno, como a necessidade de comer, experimentamos sensações conhecidas como afeto central. O modo como o cérebro dá sentido aos dados sensoriais que criam o afeto central depende de quem somos, de onde estamos, por quem fomos criados e de uma série de outros fatores. Para citar Barrett, "em cada momento de vigília, seu cérebro usa a experiência passada, organizada em conceitos, para guiar suas ações e dar significado às suas sensações. Quando os conceitos envolvidos são os de emoção, seu cérebro constrói instâncias de emoção". Isso é conhecido como teoria da emoção construída, e vou explicá-la com mais detalhes à medida que prosseguirmos.

O trabalho de Barrett, e de outros que chegaram à mesma conclusão, mudou o jogo acerca da pesquisa das emoções. Um dia, os periódicos já estiveram dominados pelos seguidores de Paul Ekman ou Catherine Lutz, mas a ciência das emoções está se tornando cada vez mais matizada, indo além apenas da natureza ou apenas da Criação. Para usar um exemplo pessoal, todas as tardes recebo um e-mail contendo links para cada artigo de periódico e cada livro sobre as emoções lançados naquele dia. No início da década de 2010, quase todos os links me levariam a um trabalho sobre a testagem das emoções básicas, ou a outro defendendo as emoções construídas de um povo originário ou de outro. Hoje em dia, essas linhas de pesquisa são uma raridade cada vez maior. O campo como um todo está, lentamente, se encaminhando em direção à maneira de pensar de Barrett.

As mudanças no campo da história emocional como resultado das teorias de Barrett podem ser ilustradas por um videogame educacional que alguns colegas meus vêm desenvolvendo, chamado *The Vault*.[5] *The Vault* é um jogo de quebra-cabeça de viagem no tempo em que o jogador passeia por vários cenários históricos e resolve desafios para poder avançar, e as soluções vêm da compreensão de como certas emoções eram vividas em cada período histórico de cada seção. A premissa dele é que as emoções não são estáticas nem universais, mas mudam com o tempo. Ele tenta mergulhar o jogador em conjuntos de sentimentos incomuns e desconhecidos, como a acídia, causada por uma desconexão com Deus ou com o Universo. Há, também, outro sentimento de desânimo, a melancolia, marcada pela sensação de o corpo ser preenchido por uma terrível bile escura, e que envolve uma experiência de distorção corporal, como acreditar que as próprias pernas são feitas de vidro.

Para mim, o interessante sobre esse jogo é que, inobstante quão bem eu aprenda a compreender as emoções históricas, não tenho certeza se, algum dia, serei capaz de realmente senti-las da mesma maneira orgânica que as pessoas sentiam no passado. Isso levanta uma questão: se nós, seres humanos, somos incapazes de experimentar por inteiro algumas emoções que, sem dúvida, eram reais, como a melancolia, apenas por causa do contexto histórico vivido, as máquinas serão capazes, um dia, de *sentir* alguma coisa de fato?

Isso não se aplica apenas às emoções históricas. Ekman pode ter documentado centenas de expressões faciais de culturas ao redor do mundo, mas, como eu disse, suas seis emoções básicas (inspiradas na obra de Charles Darwin) vieram de um pequeno conjunto de rostos norte-americanos, os quais ele, então, impôs como uma estrutura sobre as expressões observadas no restante do mundo. Há um viés incorporado aí. Por que ele, ou qualquer outra pessoa, teria o direito de reduzir a diversidade das expressões faciais, os tons de voz e outros comportamentos humanos a qualquer tipo de lista sucinta?

No século XVII, a padronização de diversos idiomas europeus foi, muitas vezes, moldada pelas escolhas arbitrárias das gráficas de livros, que escolhiam uma maneira de escrever uma palavra em detrimento de outra, e isso, por consequência, influenciava a expressão cultural. A ciência das emoções enfrenta o mesmo problema. Supor que um conjunto de variantes emocionais locais se aplique a milhares ou, até mesmo, milhões de pessoas, abre caminho para uma padronização autorrealizável das emoções, em vez da compreensão e da apreciação das diversas maneiras pelas quais as pessoas ao redor do mundo se sentem, graças às matizadas diferenças culturais. Os psicólogos enfrentam esse tipo de problema o tempo todo com os ESTRANHOs.* Esse termo se refere a pessoas brancas instruídas de países democráticos ricos e industrializados — em outras palavras, o típico estudante de psicologia norte-americano ou europeu, que também acaba sendo o voluntário-padrão para um estudo psicológico. Esse viés de pesquisa prejudica, desde o início, qualquer busca por características humanas universais, e as mesmas lacunas culturais são notoriamente comuns na indústria tecnológica.

---

* No original, WEIRDs ("Estranhos"), cujas letras formam o acrônimo utilizado para descrever as sociedades ocidentais ("Western"), instruídas ("Educated"), industrializadas ("Industrializated"), ricas ("Rich") e democráticas ("Democratic"). [*N. do T.*]

Humanos sonham com ovelhas elétricas?

Como detectar um androide paranoico

Imagine, se quiser, já estarmos em um futuro não muito distante. Você tem sorte por morar em uma colina; portanto, a maré alta ainda não inundou sua cidade natal. Você vive em uma parte do mundo relativamente imune às excentricidades do clima responsáveis por devastar, com regularidade, grande parte do planeta, e sobreviveu às muitas guerras motivadas pela água que assolaram a primeira metade do século XXI. Como você se sente?

Talvez, igual a todo mundo. Com isso, quero não apenas dizer que você compartilha um profundo sentimento de raiva por seus tataravós não terem escutado quando os cientistas sugeriram, de forma educada, que queimassem menos combustível e descartarem menos resíduos. Também quero dizer que você tem um conjunto de emoções igual ao de quase todos os outros seres humanos do planeta, e as expressa de maneiras praticamente idênticas. Percebo que isso parece contradizer tudo aquilo que afirmei até agora neste livro. Estou ciente de que falei sobre vários tipos de amor e ódio, de repugnâncias e raivas típicas de nosso tempo. Tentei cativá-lo com histórias sobre como a honra se perdeu, foi encontrada e se perdeu de novo. Sobre como o desejo mudou e se reformulou para ajudar a humanidade a descobrir novos continentes, novas ciências e novas abordagens da religião. Sobre como as *pathē* se transformaram em paixões, afetos, sentimentos e, por fim, emoções. Sobre como as emoções foram complexas e culturais, em seguida básicas e universais e depois complexas e culturais novamente. Viajamos por paixões perdidas e examinamos as emoções "descobertas" há pouco. E, mesmo assim, acredito que, no futuro, todos sentiremos os mesmos sentimentos. A razão pela qual eu acho isso é porque, de forma lenta e indubitável, eles estão sendo homogeneizados pela tecnologia. Então, para encerrar nossa viagem através da história e dos sentimentos, vamos olhar para o futuro, explorando algumas das novas tecnologias que estão mudando o modo como nos sentimos. De algumas maneiras nem sempre positivas.

A ascensão das máquinas

Alan Turing está sentado sozinho em uma sala. À sua frente estão duas aberturas, cada uma delas grande o suficiente para introduzir pequenos bilhetes e fazê-los passar para o outro lado. Alguém lhe disse que atrás de uma das aberturas está um homem e atrás de outra está uma mulher. Sua tarefa é descobrir quem é quem por meio de perguntas escritas em pedaços de papel e atravessá-los pelos buracos. O que ele não sabe é que atrás da primeira abertura há, de fato, um homem, mas atrás da segunda não há uma mulher, e sim um computador dotado de inteligência artificial.

Turing já fez alguns questionamentos, e acha que está perto de decifrar o quebra-cabeça. Ele escreve uma nova pergunta em dois pedaços de papel e os insere nas aberturas: "O que você fez esta manhã?"

Os bilhetes retornam, afirmando coisas semelhantes sobre o café da manhã e sobre pegar o trem para ir ao trabalho, embora um deles enfatize um pouco mais os filhos. Turing faz outra pergunta: "Se você fechar os olhos e se lembrar de sua infância, o que lhe vem à mente?"

O primeiro entrevistado escreve que imagina estar se divertindo com brinquedos em seu quarto. Ele gostava especialmente dos foguetes de Flash Gordon, e tinha todos os conjuntos. O segundo se lembra de brincar no jardim, caçar borboletas e usar fitas no cabelo.

Agora, Turing tem certeza de quem é quem, mas sendo ele Alan Turing, e tendo um cérebro do tamanho de um campo de futebol, sente que há algo errado. A segunda resposta era muito clichê, muito previsível, muito estereotipada. Ele faz outra pergunta: "Um garotinho

Humanos sonham com ovelhas elétricas?

lhe mostra sua coleção de borboletas, além do frasco para matá-las. O que você diz?"

O primeiro responde: "Eu diria: 'Isso é realmente interessante, mas por que você não guarda para si mesmo o frasco para matá-las? Isso pode incomodar algumas pessoas.'"

O segundo escreve: "Nada. Eu levo o menino ao médico."

Turing está confiante de que desvendou o estratagema. Ele vai para o ataque final:

Você está em um deserto, caminhando pela areia, e, de repente, olha para baixo e vê uma tartaruga rastejando em sua direção. Você se abaixa e a vira de costas. A tartaruga está deitada, sua barriga cozinhando sob o sol forte. Ela balança as pernas, tentando se virar, mas não consegue fazer isso sem sua ajuda. Mas você não está ajudando. Por quê?

O primeiro entrevistado responde: "O que você quer dizer com não estou ajudando? Antes de mais nada, por que eu a viraria de costas?"

O segundo responde: "O que é uma tartaruga?"

Alan se levanta e declara: "O jogador 2 é um computador." Ele ganha. O teste termina.

Obviamente, o verdadeiro Alan Turing nunca fez isso. Mas o decifrador de códigos da Segunda Guerra Mundial, pai do computador moderno e autêntico gênio, desenvolveu um teste semelhante. O seu objetivo é determinar se a inteligência artificial se tornou indistinguível da inteligência humana. Se um ser humano não conseguir afirmar que um dos entrevistados é um computador, a máquina passa no teste. O verdadeiro Alan Turing pode não ter percebido que, para seu experimento funcionar, talvez ele tivesse de usar perguntas no estilo do teste Voight-Kampff, como eu fiz. Tais perguntas são usadas para detectar androides replicantes no clássico filme *Blade Runner*. Tenho

Uma história das emoções humanas

certeza de que alguns de vocês notaram isso. Philip K. Dick estava certo. Seria preciso fazer perguntas como essas para descobrir se algo é uma máquina ou não. Isso porque, para um computador nos levar a pensar que é humano, ele teria de nos fazer acreditar que seria capaz de ler e sentir emoções. A grande questão é: isso é possível?

Um dos artífices de *The Vault*, o historiador Thomas Dixon, me disse que assim como "cada cultura (e cada indivíduo) [tem seu] repertório diferente de sentimentos", não deveria haver "nenhuma razão para uma máquina de IA não ser capaz de aprender tais padrões".[6] No entanto, Barrett argumenta que as expressões faciais, os tons de voz e os comportamentos associados às emoções poderiam mudar não apenas de cultura para cultura, mas também, de forma sutil, de pessoa para pessoa.[7] Será que algum dia seremos capazes de construir uma máquina que possa reconhecer toda a diversidade da experiência emocional humana, mesmo quando as diferenças entre as expressões emocionais de duas culturas forem tão grandes a ponto de não serem traduzíveis? Ou vamos construir uma IA que reconheça apenas uma pequena porção dessa diversidade e, assim, acidentalmente ou não, forçar os usuários a mudar seus comportamentos para se adequar?

Os computadores podem agir muito mais rapidamente do que os seres humanos. Eles podem, por exemplo, pesquisar de forma instantânea milhões de informações em bancos de dados, que levariam anos para serem encontradas por um humano. Mas eles só podem executar aquilo que são instruídos a fazer. Quando Alan Turing quis quebrar um código alemão usando um computador da década de 1940, ele precisou, antes, inserir na máquina todos os dados sobre o código daquele dia. Depois, teve de examinar os mostradores e decidir quais partes eram inúteis e quais necessitavam chegar ao conhecimento de seus superiores o mais rápido possível. A máquina não conseguiria interceptar e processar por conta própria as transmissões alemãs codificadas nem descobrir quais mensagens eram importantes. Essencialmente, o mesmo se aplica a todos os computadores modernos, isto é, aplicou-se até o século XXI.

Um computador equipado com inteligência artificial otimiza o tempo dos seres humanos. Ela é capaz de ler milhões de documentos e, principalmente, aprender sobre eles ao longo do processo. Em 2020, por exemplo, sistemas de IA foram implementados na África Oriental pela Universidade de Cambridge e pelo Instituto de Doenças Infecciosas, em Uganda. Sua tarefa é ler os registros médicos manuscritos dos muitos milhões de pacientes com HIV na região e detectar padrões em fatores como histórico, econômico, localização geográfica, afiliação tribal, idade, e assim por diante. De forma quase instantânea, a IA consegue apontar as características que fazem com que algumas pessoas deixem de tomar os medicamentos, enquanto outras aderem ao tratamento. Os seres humanos também são capazes de reconhecer esses padrões — na verdade, eles fazem isso há anos, mas leva muito mais tempo. Esse tipo de inteligência artificial pode salvar vidas, mas ele não precisa das emoções para isso. As razões mais profundas pelas quais algumas pessoas não estão recebendo os medicamentos ainda estão além da IA básica, e é aí que as emoções entram.

É impossível tomar vários tipos de decisão sem recorrer aos sentimentos. Imagine, por exemplo, que alguém esteja escolhendo qual sabor de sorvete comprar. Essa não é uma decisão a ser tomada usando a lógica pura. A pessoa escolhe um sabor de sorvete lembrando o prazer proporcionado pelo gosto dele (e, talvez, por outros alimentos) que ela já experimentou ao longo da vida. Um androide puramente lógico nunca conseguiria escolher. E, com certeza, não teria um sabor favorito.

Contudo, não usamos as emoções apenas para escolher sobremesas. O neurocientista Antonio Damasio demonstrou que quase todas as decisões que tomamos se baseiam em nossas memórias de coisas boas e ruins.[8] Se fizemos algo no passado que deu errado, não faremos de novo. Se deu certo, faremos outra vez. Isso se aplica a tudo, desde reagir com um "eca" a um sorvete com sabor de alho até decidir qual assento ocupar no ônibus. Pergunte a si mesmo por que você se senta onde se senta em um ônibus, trem ou avião. Sem as emoções, é quase impossível tomar decisões vagas e não binárias — você ficaria paralisado, olhando eternamente para os bancos.

Apesar desses problemas, existe todo um campo dedicado à criação de máquinas emocionais: a *computação afetiva*. O termo foi cunhado em 1995 pela cientista da computação Rosalind W. Picard, e ela continua sendo uma pesquisadora ativa até hoje. Seu campo de estudos tenta fazer duas coisas. Primeiro, trabalha para criar máquinas que reconheçam os sentimentos. Em segundo lugar, procura desenvolver computadores capazes de sentir as emoções. Esse último ponto é uma situação surreal na qual não me aprofundarei aqui, mas o primeiro objetivo da computação afetiva, criar máquinas com habilidade para reconhecer as emoções humanas, é uma das razões pelas quais todos nós sentiremos o mesmo que os outros em 2084 — assumindo, é lógico, que pessoas como a Dra. Picard alcancem seus objetivos.

Big Brother, 2084

A maior parte do trabalho no ramo da computação afetiva não foi dedicada à construção de robôs, mas a formas de usar a tecnologia de reconhecimento das emoções para vender produtos, e, talvez, aumentar também nossa segurança e felicidade. A tecnologia que, provavelmente, possuímos em nossa casa já é capaz de fazer isso. Quase um quinto dos adultos norte-americanos possui um Amazon Echo, um Google Home, ou um alto-falante inteligente similar. A Amazon quer que as pessoas confiem em sua assistente virtual, Alexa, a qual usa sussurros, gritos e variações de tom e velocidade para sinalizar emoções e soar mais "humana". Ela também foi programada com os chamados agrados: respostas humanizantes aleatórias, como piadas infames, beatbox e canções tolas. O alto-falante do Google Home faz coisas semelhantes — se você tiver um, tente lhe dizer que você acha a Alexa melhor. Ele respondeu: "Bem, todos nós temos nossa opinião", seguido por um choro audível. A Amazon, a Google e outras empresas de tecnologia esperam que expressões emocionais desse tipo tornem suas tecnologias mais realistas. Elas almejam dar a seus produtos uma essência realística, criar laços mais fortes e, portanto, fidelizar mais clientes.

Essas empresas também esperam usar a tecnologia da computação afetiva para monitorar e, idealmente, melhorar a saúde mental de seus clientes. A Amazon já está desenvolvendo um software que analisa nossa voz para detectar estados de espírito. Quando ficarmos irritados, a Alexa irá nos acalmar. Quando estivermos felizes, ela poderá se juntar à nossa alegria. Se parecermos deprimidos, até mesmo com ideias suicidas, a Alexa poderá executar uma programação de bem-estar ou meditação para nos tirar desse cenário. Em princípio, isso não é ruim. Aumentam as evidências de que problemas de saúde mental, inclusive as ideações suicidas, possam ser aliviados por conversas, incluídas as com chatbots de IA.[9]

A tecnologia de detecção das emoções também está sendo aprimorada para nos proteger enquanto dirigimos. Uma empresa chamada Affectiva, por exemplo, pretende monitorar os motoristas, identificando as emoções em sua voz, linguagem corporal e expressões faciais.[10] Se alguém tiver um acesso de agressividade ao volante, ou parecer deprimido a ponto de dirigir perigosamente, a empresa espera que sua IA automotiva seja capaz de assumir o controle do carro, levar o motorista ao local seguro mais próximo e dar-lhe tempo para se recompor antes de continuar a viagem ou pedir ajuda.

Esse tipo de análise das emoções faciais tem alguns outros usos bastante controversos, como decidir nosso grau de atratividade. Alguns pesquisadores têm usado a IA para tentar determinar qual plástica de nariz tem menos probabilidade de fazer as pessoas parecerem feias quando fizerem determinadas caretas. Um nariz pequeno torna o choro menos medonho? Uma narina menos dilatada pode atenuar a falta de estética de um rosto boquiaberto de repugnância? Talvez um nariz pontiagudo torne um sorriso mais agradável. Computadores estão sendo desenvolvidos para construir um rosto perfeito, livre da feiura das alterações de humor.[11] Posso imaginar que, em 2084, os ricos se tornarão quase indistinguíveis dos robôs responsáveis por construir seu novo nariz. Isso presumindo que eles sejam brancos e ocidentais, é lógico.

A tecnologia da computação afetiva também está sendo implantada como uma ferramenta de combate ao crime, com algumas consequências bastante inquietantes. Como mencionei no capítulo anterior, Paul Ekman vem ensinando pessoas, em específico, agentes e oficiais da CIA, da Scotland Yard, do Departamento de Segurança Interna e outras agências, a detectar microexpressões desde 1978. Na maioria dos casos, não tem dado muito certo. Em 2007, por exemplo, a Administração de Segurança dos Transportes (TSA, na sigla em inglês) lançou um programa chamado Triagem de Passageiros por Técnicas de Observação, ou SPOT (na sigla em inglês). Os oficiais de segurança do aeroporto foram treinados para ler as microexpressões das pessoas enquanto esperavam pelas aeronaves. A ideia era que, por mais bem treinado e concentrado que um homem-bomba pudesse ser, minúsculas microexpressões de malignidade o denunciariam. É lógico, pelo simples fato de as emoções não funcionarem assim no mundo real, todo o programa foi um completo fracasso. Quem já esteve em um aeroporto sabe que não são ambientes exatamente tranquilos. O estresse de voar pode fazer os passageiros parecerem e agirem de modos estranhos. Rostos refletindo perversidade estão por toda parte. Além disso, Ekman será o primeiro a afirmar que as microexpressões, se é que elas existem, costumam ser invisíveis ao olho humano. Os resultados da TSA foram péssimos (eles teriam se saído melhor se tivessem detido de forma aleatória os indivíduos), e algumas pessoas inocentes perderam voos, foram detidas e tiveram sua entrada negada nos Estados Unidos sem motivo algum. Não foi o melhor momento de Ekman nem da TSA.

Mas onde os seres humanos falham, a tecnologia tenta compensar. Pesquisadores da Universidade de Rochester, no estado de Nova York, recolheram colaborativamente fotos de mais de um milhão de rostos para construir um banco de dados de microexpressões.[12] Eles pretendem treinar os computadores para fazer o que os seres humanos não conseguem: avaliar se alguém que está aguardando na fila de um aeroporto pode ser um terrorista, com base nas expressões faciais. Foi-se o tempo dos cérebros humanos falíveis, substituídos agora pela IA para detecção das emoções, a qual vigia as pessoas nos aeroportos por meio de câmeras de circuito fechado e nas salas de interrogatório da polícia. Um robô detector de maus elementos.

Essa tecnologia não funciona muito bem, pois é impossível identificar as emoções de cada ser humano por meio da análise das microexpressões, mas isso não impediu o que deveria ser uma ficção científica de se tornar realidade. Desde 2018, por exemplo, os óculos de sol usados por alguns policiais chineses trazem embutida a tecnologia de reconhecimento facial. A detecção das emoções não ficará muito para trás.[13] Ou, melhor dizendo, a detecção das emoções ocidentais e "ekmanizadas". E isso é um problema.

A ideia de que todos os seres humanos sentem um conjunto uniforme de seis emoções adentrou de forma profunda a consciência coletiva mundial. A Disney chegou, inclusive, a fazer um popular filme de animação em que os personagens principais eram as personificações de cinco das seis emoções básicas: *Divertida Mente*.[14] É mais provável alterarmos nosso comportamento em função da tecnologia do que ela se adaptar a nós. A verdade é que mapear as emoções humanas reais em toda a sua complexidade talvez nem seja possível com a tecnologia atual. Pior ainda, desenvolver sistemas capazes de rastrear a realidade difusa delas com base em afetos centrais, idiomas, compreensões culturais, contextos, memórias, diferenças individuais, e assim por diante, seria incrivelmente caro. E o dinheiro fala mais alto.

Se os governos acreditam que a tecnologia cara adquirida por eles é capaz de identificar criminosos pelo comportamento imprevisível, as pessoas começarão, apenas, a agir de maneiras previsíveis para evitar problemas. As ideias ocidentais das emoções que fundamentam essa tecnologia desprezarão as diferenças culturais, mas isso parece não importar. A sorte foi lançada, e a tecnologia é ocidental, assim como todas as emoções, em breve, serão. Isso será uma pena, porque, como espero que você tenha percebido, a vasta diversidade das maneiras de compreendê-las e expressá-las é algo maravilhoso. Para a humanidade, dar mais um passo em direção à uniformidade em uma área tão diversa, tão fundamentalmente humana, seria uma grande perda. Também temo que, caso os mal-entendidos emocionais e nossa capacidade de aceitá-los e reconhecê-los uns nos outros venham a desaparecer, isso não tornará o mundo um lugar melhor nem mais seguro.

Afeto central computacional

Mas os computadores afetivos não usam apenas expressões faciais para detectar como nos sentimos. Eles também ouvem nossa voz. O software analisa o tom e a velocidade da voz, além de qualidades como respiração, volume e com que frequência fazemos pausas. Alguns chegaram até mesmo a monitorar a linguagem corporal, convertendo os gestos em algoritmos para identificar nossos estados de espírito. A maioria dos sistemas modernos usa todas as três técnicas. Mas há um problema, que você, provavelmente, já adivinhou: esses sistemas não funcionam, sobretudo porque não levam em conta vários fatores importantes.

Após anos de pesquisa, Lisa Feldman Barrett concluiu que as emoções são muito mais complexas do que rostos e vozes. Ao lado de James Russell, ela ajudou a desenvolver um sistema mais matizado do que o de Ekman. Eles o batizaram de modelo de "construção psicológica das emoções".[15] Esse modelo postula que as emoções são "construídas" quando o cérebro processa uma série de fatores psicológicos simultaneamente: sentimentos internos, percepções do que está acontecendo no mundo exterior, padrões aprendidos ao longo da vida a partir da família e da cultura, e assim por diante.

Da mesma forma, nosso cérebro reconhece as emoções em outras pessoas pela observação dos movimentos corporais ou faciais e, o que é fundamental, os *contextos* nos quais esses gestos e expressões são executados. Quanto à questão de saber se a IA poderá, algum dia, experienciar emoções, é a complexidade delas — como compreender os contextos, o cultural e os demais, nos quais as expressões emocionais são executadas — que prova a falência das máquinas.

Emoções contextualizadas

Quando olhamos para as expressões faciais das outras pessoas, conseguimos sempre decifrar o que estão sentindo? Será que uma pessoa agitada dentro do seu carro está manifestando agressividade ao volante, ou apenas comemorando o fato de ter ouvido no rádio que seu time fez um gol?

Até os humanos têm dificuldade para decifrar esse tipo de ato. Se quisermos instalar a IA para detecção das emoções em carros autônomos para que eles possam assumir o controle e encostar quando detectarem agressividade ao volante, meu gesto comemorativo com o punho (não que meu time pontue com *tanta* frequência assim) poderia significar perder meu tempo parado no acostamento, ficando cada vez mais irritado com meu carro perturbadoramente "inteligente".[16]

Para evitar estradas repletas de motoristas furiosos, é essencial que a IA para processamento das emoções tenha a habilidade de entender o contexto — e o contexto exige o reconhecimento de algo que os cientistas das emoções chamam de *valor*. Ele é o sentido atribuído ao mundo que nos rodeia. Se alguém me vir levantando o punho, meu valor para essa pessoa dependerá de me considerar ou não violento, caso em que ele será equivalente ao de uma ameaça; se a pessoa tivesse conhecimento de minha lendária covardia física, meu valor seria quase uma piada; se a pessoa estivesse assistindo ao jogo comigo e torcesse pelo mesmo time, seria equivalente ao de um amigo; se torcesse para outro time, equivaleria, possivelmente, ao de um inimigo; e assim por diante.

Mas entender o valor não é tão fácil quanto construir um banco de dados com todos esses fatores. Como explica Barrett, "o cérebro não funciona como um sistema de arquivos. As memórias não são recuperadas como arquivos. Elas são construídas dinamicamente no calor do momento. E o cérebro tem uma capacidade incrível de combinar partes e pedaços do passado de maneiras nunca vistas".[17] Ele parece usar sentimentos e memórias díspares para construir uma estrutura de categorias com o objetivo de entender o contexto; essas categorias são, então, filtradas e distorcidas para que nos ajudem a reagir de forma apropriada a novas experiências. Essa é uma das principais razões pelas quais o depoimento de uma testemunha ocular, muitas vezes, suscita dúvidas em um tribunal, e a acareação é parte importante do processo judicial.[18]

Para que uma máquina entenda as emoções sentidas durante meu gesto comemorativo com o punho, ela precisa contextualizar tudo isso: memórias de gestos comemorativos com o punho e rostos carrancudos, do que é um carro, de vários esportes e reações aos esportes e de quão raramente meu time faz um gol, uma compreensão de como me sinto em relação ao meu time, uma análise de como eu dirijo, um reconhecimento de que aquelas são lágrimas de alegria e não de tristeza (ou raiva), e assim por diante. A soma final dessa miscelânea? Uma emoção.

As máquinas podem se lembrar perfeitamente das coisas, mas o processo emocional humano só funciona *pelo fato* de ser muito confuso — ele possibilita a dissonância cognitiva. Uma máquina pode reconhecer minha carranca e meu punho levantado como uma ameaça, mas, ao mesmo tempo, saber que não sou uma pessoa violenta. A quais informações ela deveria reagir? O cérebro é capaz de fazer isso com centenas de partículas de dados conflitantes, e, de modo geral, somos capazes de lidar com novos contextos que talvez pareçam impossíveis, em termos lógicos, para uma IA. Diante disso, meu carro poderia não apenas encostar, ele poderia se desligar por completo no meio da rodovia. Aí, sim, eu ficaria bastante irritado.

A ideia de que nossas memórias não são simplesmente dispositivos de gravação, mas, ao contrário, sistemas de classificação que nos ajudam a prosperar e a sobreviver, é conhecida como *categorização dinâmica*. Hoje em dia, trata-se de um modelo considerado natural dentro do campo da psicologia, e pesquisadores de outros campos não científicos, como a história, também o usam. Assim, forçar a IA a acessar memórias escolhidas de forma exclusiva para ela imporia a essa hipotética máquina dos sentimentos um estreito conjunto de valores ESTRANHOs, mas desenvolver uma inteligência artificial capaz de criar as próprias memórias e valores humanos conforme vai aprendendo evitaria essa armadilha. No entanto, até onde sei, não parece haver uma IA, ou sistemas de computador em desenvolvimento, que use a categorização dinâmica ao refletir sobre a memória, muito menos sobre a detecção das emoções.

Calculando emoções

Digamos que consigamos resolver os dois principais problemas levantados: nosso dispositivo de IA é capaz de reconhecer rostos, vozes e comportamentos, e usa a categorização dinâmica para armazenar e acessar informações. Construímos uma máquina que apenas *reconhece* as emoções. É uma psicopata de metal; ela não consegue *ter empatia* por mim. Eu, de minha parte, não gosto da ideia de ser conduzido por algo assim.

Portanto, nossa etapa final na construção de uma máquina dos sentimentos nada mais é do que apresentar-lhe os *sentimentos*. A capacidade de compreender o valor do mundo ao redor de um organismo não evoluiu separadamente dos sentidos que permitem que aquele organismo, antes de mais nada, aprenda sobre o mundo. Sem a repulsa causada pelo cheiro e pelo paladar, todos nós teríamos sucumbido há muito tempo comendo comida estragada. Sem a fome, morreríamos desnutridos. Sem o desejo, não nos reproduziríamos. Sem o pânico, poderíamos correr em direção aos tigres-dentes-de-sabre, e não para longe deles. E, assim como nossas habilidades sensoriais vão muito além dos cinco sentidos tradicionais, também temos uma ampla e diversa gama de sentimentos internos, conhecidos, na psicologia, como afetos.

Os afetos não são emoções, mas julgamentos de valor que criam sensações agradáveis ou desagradáveis no corpo, tanto nos empolgando como nos acalmando. Eles nos ajudam a avaliar o contexto, dizendo-nos se estamos vendo um cachorro em quem podemos confiar (e domesticar) ou um tigre do qual deveríamos fugir. Para sentir afetos, nossa IA precisa de um corpo. Como Barrett argumentou, "um cérebro incorpóreo não tem sistemas corporais para regular; não tem sensações corporais às quais dar sentido. Um cérebro incorpóreo não experimentaria as emoções".[19]

O corpo de uma máquina dos sentimentos não precisa ser uma réplica de carne e osso de um ser humano, no estilo *Blade Runner*. Poderia ser virtual, construído por inteiro a partir de linhas de código, mas servindo como um corpo físico em relação ao cérebro digital a ele vinculado. Infelizmente, quase todos os desenvolvedores de IA que imbutem em suas criações uma compreensão das emoções, mesmo aqueles que associam algum tipo de corpo à sua criação, estão construindo máquinas as quais, na melhor das hipóteses, reagem de maneira simples a estímulos básicos, como visão, som e pressão. É preciso mais do que isso, muito mais, para se criar uma verdadeira máquina dos sentimentos. Dito isso, construir uma IA de tal ordem seria uma maneira eficaz de descobrir o que seria esse "muito mais". No momento, temos apenas alguns métodos grosseiros para testar nossas ideias sobre as emoções em seres humanos: podemos fazer as pessoas responderem a uma pesquisa; podemos colocá-las em tubos de metal barulhentos e indutores de claustrofobia e pedir-lhes que "sintam as emoções como sentiriam naturalmente"; ou podemos estudar os efeitos das mudanças físicas no cérebro, sejam elas resultantes de um acidente, sejam efeitos colaterais de uma cirurgia. Quando se trata de entender as emoções sem nenhuma mediação, ainda estamos tateando no escuro. Uma máquina dos sentimentos poderia acender a luz.

Como exercício teórico, podemos imaginar que já a descobrimos. Concluímos os experimentos e criamos uma máquina capaz de experienciar afetos, ler o contexto e entender o valor, e todas essas habilidades foram perfeitamente sincronizadas para construir emoções. Além disso, conseguimos não impregnar nossa criação com nossos vieses culturais. Temos uma máquina dos sentimentos emotiva. Mas há uma última questão. Criar uma IA capaz de vivenciar as emoções não garante que tenhamos uma máquina que as *sente* da mesma maneira que nós. Ela pode agir como se sentisse, e pode dizer que sente, mas algum dia saberemos se isso é mesmo verdade?

Vamos voltar ao exemplo do carro autônomo capaz de detectar a agressividade ao volante. Certo, talvez ele entenda por que estou carrancudo e com o punho levantado. Talvez pareça demonstrar alguma empatia por mim — ele entende o valor do meu gesto. Mas temos aqui apenas uma espécie de aproximação mecânica de algo capaz de despertar empatia, e nós ainda não compreendemos totalmente como todas as engrenagens se encaixam para criar o "sentimento" de uma emoção. Pelo que sabemos, ainda é impossível criar de forma artificial a capacidade de sentir. Mas talvez isso não importe. Afinal, nem tenho certeza se você, o leitor humano deste livro, realmente sente as emoções da mesma maneira que eu sinto. Não posso entrar no seu cérebro. Barrett argumenta que as emoções dependem não apenas de uma mente humana que perceba os próprios afetos, contextos e valores, mas também de como essas percepções funcionam "em conjunto com outras mentes humanas".[20] Se nós, ou até mesmo outras mentes de IA, acharmos que uma máquina é capaz de sentir, isso seria suficiente?

Essa questão levanta outra: é importante que algo (uma máquina, uma pessoa) realmente *sinta* as emoções? Ou é preciso apenas se comportar *como se* as sentisse? Tratamos os animais de maneira diferente com base, por exemplo, em seus níveis de inteligência, mas onde as emoções entram em cena quando estamos tentando estabelecer o limite entre uma máquina e uma criação artificial, porém viva? A distinção entre uma IA que só *parece* apavorada com a morte e uma IA que tem *medo genuíno* da morte seria importante se precisássemos, em algum momento, desligá-la. Se houver ambiguidade, podemos mesmo tomar uma decisão como essa?

Para voltar à pergunta feita na Introdução: O que é a emoção? Estou pronto para lhe dar minha resposta. Para mim, as emoções são o modo como usamos a soma de nossas experiências para entender como nos sentimos em circunstâncias específicas. Quem a pessoa é, onde ela está e o que está fazendo são tão importantes quanto o que ela sente. Cada idioma tem as próprias palavras para designar os sentimentos. Cada cultura, e até mesmo cada família, tem a própria compreensão de como deveríamos nos comportar ao vivenciá-los. No fim das contas, embora todos possamos compartilhar as substâncias neuroquímicas as quais produzem afetos centrais semelhantes, e que evoluíram para nos manter vivos, como o desejo de lutar e fugir, a maneira como construímos psicologicamente os significados a partir desses sentimentos é diferente em cada um de nós. A repulsa de uma pessoa está ligada a Deus. A de outra está ligada à comida. Um grupo pode sentir que o ódio nutrido por outro grupo é justificado. Outro pode experimentar um lampejo do mesmo ódio, mas vê-lo desaparecer sob sensações mais potentes de vergonha. O amor de um casal pode ser uma atração pura e simples; o de outro pode ser um complexo de emoções, todas atuando de forma simultânea para fazê-los ficar juntos.

Essa construção extremamente complexa pode estar aquém das capacidades da IA no atual momento, mas os pesquisadores estão trabalhando nisso. Em última análise, se algum dia formos capazes de produzir máquinas que experienciem emoções, talvez isso dependa não das habilidades dos cientistas, mas das considerações éticas das pessoas comuns. Tenho algumas sugestões nessa frente, mas se eu estivesse contemplando uma carreira na filosofia nesse momento, pensaria em trazer para meu campo central de estudos a ética da IA em relação às emoções. Há muito trabalho a ser feito.

Epílogo

Os últimos sentimentos?

Quando começamos a explorar a história das emoções juntos, eu queria demonstrar três coisas: primeiro, que elas não são universais; na verdade, mudam de cultura para cultura e de período histórico para período histórico. Espero que tenha ficado evidente. Embora todos possamos compartilhar algum conjunto básico de sentimentos internos, há diferenças na maneira como cada cultura entende as experiências muito mais complexas que constituem a *emoção*. A maioria de nós não tem uma categoria separada de sentimentos, denominados sensos, reservados para se comportar da maneira correta, por exemplo, diante de um objeto de arte. Ou uma categoria para os vivenciados quando detectamos oscilações em nossa alma, conhecidos como paixões ou *pathē*. Até mesmo aquelas emoções aparentemente onipresentes que, em nosso idioma, classificamos como desejo, repulsa, amor, medo, vergonha e raiva não são tão universais quanto muitas pessoas possam supor. Mudanças sutis na maneira como as culturas entendem seus sentimentos podem levar a novas crenças religiosas e a novas superpotências econômicas.

Meu segundo objetivo era mostrar que as emoções são mais complexas do que possamos imaginar. As emoções, é lógico, não são apenas um estímulo para o cérebro seguido por uma resposta. Elas não são apenas uma expressão facial que fazemos nem um som que emitimos. Elas são ricas e intricadas, operando em muitos níveis e mudando de circunstância para circunstância. O desejo responsável por mover a humanidade a encontrar o Novo Mundo não é o mesmo desejo de alcançar o *nirvana*. A repulsa que ajudou a alimentar as caças às bruxas não é a mesma repulsa compreendida pelos psicólogos contemporâneos. Embora possa haver alguma experiência evolutiva comum e alguns afetos centrais, os quais a humanidade e, talvez, até mesmo todos os mamíferos vivenciem, espero que tenha ficado explícito que há muito mais do que isso.

Por fim, queria mostrar que as emoções têm uma história. Este livro contém muitas histórias, contadas de muitas maneiras: a do que as pessoas pensavam que eram os sentimentos e o que pensam que eles são; a de como as emoções influenciaram os acontecimentos mundiais e como a manipulação delas pode levar a coisas boas ou más; a da compreensão dos distúrbios emocionais e as formas como essa compreensão mudou radicalmente ao longo do tempo. Relatos de como as pessoas reagiram à vergonha, o que seus deuses podem ter sentido em resposta e como deveríamos controlar nossos sentimentos.

Afirmei que este livro explicaria como as emoções moldaram o mundo. Cada um destes capítulos, espero, serviu como exemplo de um mundo o qual veio sendo construído, em grande parte, devido às emoções das pessoas que nele vivem. Vimos como elas influenciaram a formação das grandes religiões, como o desejo ajudou a construir o Estado-nação e, com ele, o capitalismo; como os sentimentos não apenas influenciaram a criação dos Estados Unidos, mas também deram origem ao impulso de descobrir novos continentes, como as emoções permitiram a ascensão do Japão moderno por meio de um ato de vergonha e de Gana moderna por meio de um momento de ira e, inclusive, como elas estão mudando a ciência e a tecnologia agora, neste exato momento. A coisa mais fantástica a respeito da última frase é poder escrevê-la com a confiança de que ela nunca precisará ser reescrita em uma edição futura. As emoções estarão sempre moldando nossa ciência e nossa tecnologia, no presente e no futuro.

Mas e quanto a esse futuro? Como deverão ser as emoções? Essa é uma história longa e complicada, que merece um estudo próprio.

Epílogo: Os últimos sentimentos?

Mas gostaria de expor um breve comentário sobre minha percepção do futuro das emoções.

A consciência do emoticon

Em um universo alternativo, no ano de 1969, Neil Armstrong se encontra no degrau mais baixo de uma escada acoplada ao módulo lunar *Eagle*. Nesse universo, as mensagens de texto foram inventadas muito antes do rádio. Então, em vez de fazer um discurso, Armstrong envia uma mensagem ao mundo:

[1]

A mensagem é composta por *emojis* e, em nosso universo, eles estão se tornando cada vez mais comuns nas mídias sociais, blogs, mensagens de texto e até mesmo nas comunicações de marketing. Uma das coisas mais interessantes sobre os emojis e seus pais, os *emoticons*, pelo menos para aqueles de nós interessados em linguística, é que eles prenunciam o nascimento de uma nova linguagem escrita, a qual está sendo criada em tempo recorde, do zero, pelas pessoas que a utilizam. E o mais intrigante sobre os emojis é que essa nova linguagem parece ser internacional. Eles são cada vez mais compreendidos por todos, em todos os lugares, de maneira uniforme.

Nem sempre foi assim. No início, os emoticons demoraram a decolar. Quando Scott Fahlman colocou, pela primeira vez, uma mensagem em um painel eletrônico on-line que sugeria o uso de :-) para brincadeiras e :-(para comunicações sérias, ainda estávamos em 1982. A maioria das pessoas nem sabia o que era a internet e a rede ainda era um brilho nos olhos de Tim Berners-Lee. Demorou um pouco para a tecnologia engrenar. Mas, quando isso aconteceu, essas ínfimas expressões das emoções, anteriormente um domínio exclusivo dos entusiastas de computador e nerds cibernéticos, se popularizaram.

O interessante sobre os emoticons originais é que, a princípio, eles nos contavam algo sobre as diferenças culturais na expressão emocional. Por exemplo, os ocidentais tendem a usá-los à moda de Fahlman: orientação horizontal e foco na boca — por exemplo, :-) para feliz, e :-(para triste. Os emoticons japoneses, conhecidos como *kaomoji*, têm orientação vertical e se concentram nos olhos: ^_^ para feliz, e '_' para triste. Será que as pessoas da Ásia focam nos olhos e os ocidentais na boca ao ler as emoções? Alguns estudos parecem sugerir isso. Essa é mais uma evidência de que a ideia de um sorriso significar "feliz" para todos, em todos os lugares, em todos os momentos, está errada.[2]

Também há evidências de que pessoas de idades diferentes leem emojis e emoticons de modo diverso. A velocidade com que deciframos a mensagem de texto enviada por Armstrong do Universo denuncia nossa idade.

Tudo isso, porém, está começando a mudar. Os emojis estão começando a substituir totalmente os emoticons. No momento em que este livro foi escrito, havia algumas diferenças culturais entre os emojis, herdadas dos emoticons. Por exemplo, "triste" é 🙁 nos países ocidentais e 😭 no Japão. Mas essas imagens também estão começando a se fundir: 😭 significa "choro", tanto nas tradições ocidentais quanto nas orientais, e "feliz" é uma versão de 🙂 em ambas. Muitos linguistas estudiosos dessa área parecem acreditar que os emojis estão formando um novo idioma internacional e, com isso, novas expressões globais das emoções.[3] Há uma boa chance de que, em 2084, o mundo inteiro esteja expressando suas emoções básicas com 😀, 😒, 😭, 😯 e 😱.[4]

Com os computadores afetivos e os emojis empurrando todos nós em direção a uma experiência homogênea das emoções, penso que todas as expressões emocionais começarão a parecer idênticas ao longo dos cinquenta anos após a publicação deste livro. As emoções básicas de Ekman, já bastante desmistificadas, estão se tornando universais conforme a tecnologia ocidental e suas suposições sobre elas se espalham por mais partes do mundo. Em breve, suas derivações, na melhor das hipóteses, impedirão que sejamos entendidos corretamente nas redes sociais e, na pior das hipóteses, nos levarão para a prisão. As muitas e diversas formas de expressão emocional, as quais variam de cultura para cultura e de período para período, estão se fundindo em uma só. A rica trama das emoções encontrada no mundo real está se desintegrando no mundo digital que nos circunda.

Esse é um tópico longo e complexo, e ir mais fundo consumirá um pouco mais de tempo do qual disponho aqui.[5] Mas acredito que o último grito do imperialismo ocidental ocorrerá quando ele, acidentalmente, transformar as emoções do mundo todo em ocidentais. E é por isso que, em 2084, todos sentiremos o mesmo. Afinal, as emoções básicas de Ekman terão se tornado universais.

Pensamentos finais

Em minha opinião, não é possível haver história sem emoção. Espero ter demonstrado isso ao longo deste livro. E espero, pelo menos, ter lhe mostrado que as emoções são uma parte essencial do conhecimento do passado. Afinal, estudar história é tentar conhecer o passado, e como podemos fazer isso se não tentarmos entender como as pessoas se sentiam?

Meu objetivo principal sempre foi abrir a mente das pessoas para a história das emoções, oferecer um ponto de partida do qual possamos explorar todo um novo mundo dentro dela. Existem dezenas de livros sobre o assunto, variando de narrativas casuais a análises densas (veja a lista na página 329). Alguns se detêm nos sentimentos e nas emoções em geral; outros se concentram em emoções e comportamentos específicos, como choro, medo, felicidade e, até mesmo, curiosidade. Espero ter suscitado interesse suficiente para você poder mergulhar nessas obras. Encorajo-o a procurá-las e a ficar tão entusiasmado com esse assunto quanto eu, pois acredito que, sem uma história das emoções, realmente não temos história alguma.

Agradecimentos

Escrever este livro foi desafiador, gratificante, frustrante, enriquecedor e, o mais importante, mudou minha vida. Tenho certeza de que não poderia ter chegado até aqui sem muito apoio, sobretudo da minha incrível esposa e companheira de viagem, Dawn Firth-Godbehere. Você é minha solidez, minha noite e meu dia.

Também gostaria de agradecer à minha família — minha mãe, Pauline Hart, além de meus irmãos, Peter, Andrew e David, e minha irmã, Jayne, que têm sido incessantemente solidários, não importando qual direção louca minha vida tome.

Também preciso agradecer ao meu agente, Ben Dunn, que leu um artigo on-line responsável por causar polêmica na comunidade de IA e pensou: "Esse cara tem um ou dois livros prontos dentro dele." Foi uma decisão ousada. Agradeço também ao meu editor nos Estados Unidos, Ian Straus, cuja extraordinária paciência com este escritor estreante ajudou a dar forma a um livro do qual estou bastante orgulhoso.

Por último, mas não menos importante, quero agradecer às pessoas responsáveis por me fazer chegar a ponto de realizar essa façanha: meus orientadores de doutorado, os Drs. Thomas Dixon e Elena Carrera; todas as pessoas do Centro para a História das Emoções da Universidade Queen Mary, de Londres; o Wellcome Trust, por apoiar minha pesquisa inicial sobre a repulsa; e, finalmente, minha ex-orientadora de graduação, e agora amiga, Sarah Lambert, uma acadêmica de intelecto inabalável, que não tolera os tolos de bom grado, mas que, de alguma forma, de bom grado me tolera.

Obrigado a todos.

Leitura adicional sugerida (para começar)

Fay Bound Alberti: *A Biography of Loneliness*
Rob Boddice: *The History of Emotions*
_____: *A History of Feelings*
_____: *The Science of Sympathy*
Elena Carrera: *Emotions and Health, 1200-1700*
Thomas Dixon: *From Passions to Emotions*
_____: *Weeping Britannia*
Stephanie Downes, Sally Holloway e Sarah Randles, orgs.: *Feeling Things*
Ute Frevert: *Emotions in History — Lost and Found*
Ute Frevert, orgs.: *Emotional Lexicons*
Ute Frevert *et al.*: *Learning How to Feel*
Daniel M. Gross: *The Secret History of Emotion*
Sally Holloway: *The Game of Love in Georgian England*
Colin Jones: *The Smile Revolution*
Robert A. Kaster: *Emotion, Restraint, and Community in Ancient Rome*
Joel Marks e Roger T. Ames, orgs.: *Emotions in Asian Thought*
Dolores Martín-Moruno e Beatriz Pichel, orgs.: *Emotional Bodies*
Charlotte-Rose Millar: *Witchcraft, the Devil, and Emotions in Early Modern England*
Keith Oatley: *Emotions*
Gail Kern Paster, Katherine Rowe e Mary Floyd-Wilson, orgs.: *Reading the Early Modern Passions*
William M. Reddy: *The Navigation of Feeling*
Barbara H. Rosenwein: *Anger*
_____: *Emotional Communities in the Early Middle Ages*
_____: *Generations of Feeling*
Tiffany Watt Smith: *On Flinching*
_____: *Schadenfreude*
_____: *The Book of Human Emotions*
David Houston Wood: *Time, Narrative, and Emotion in Early Modern England*

E uma saudação acompanhada de um pedido de desculpas às centenas que me esqueci de mencionar.

Notas

Introdução: *Como você se sente?*

1. Thomas Dixon, *From Passions to Emotions: The Creation of a Secular Psychological Category* (Cambridge, UK: Cambridge University Press, 2003).
2. Anna Wierzbicka, *Imprisoned in English: The Hazards of English as a Default Language* (Oxford, UK: Oxford University Press, 2013), 75.
3. Debi Roberson et al., "Colour Categories and Category Acquisition in Himba and English", in *Progress in Colour Studies*, vol. 2, *Psychological Aspects*, org. Nicola Pitchford e Carole P. Biggam (Amsterdã: John Benjamins, 2006), 159-72.
4. Jonathan Winawer et al., "Russian Blues Reveal Effects of Language on Color Discrimination", *Proceedings of the National Academy of Sciences of the United States of America* 104, no. 19 (8 de maio, 2007): 7780-85.
5. Dois bons exemplos são Thomas Dixon, *Weeping Britannia: Portrait of a Nation in Tears* (Oxford, UK: Oxford University Press, 2015); Joanna Bourke, *Fear: A Cultural History* (Londres: Virago Press, 2006).
6. Consulte a segunda parte de *The Navigation of Feeling: A Framework for the History of Emotions*, de William Reddy (Cambridge, UK: Cambridge University Press, 2001). Por falar nisso, dê uma olhada na primeira parte também.
7. Um bom exemplo disso é Stephanie Downes, Sally Holloway e Sarah Randles, orgs., *Feeling Things: Objects and Emotions Through History* (Oxford, UK: Oxford University Press, 2018).
8. Richard Firth-Godbehere, "Naming and Understanding the Opposites of Desire: A Prehistory of Disgust 1598—1755" (tese de doutorado, Universidade de Londres, 2018), https://qmro.qmul.ac.uk/xmlui/handle/123456789/39749?show=full (em inglês).
9. Veja Reddy, *The Navigation of Feeling*. Nesse campo de estudos, é leitura obrigatória.
10. Arlie Russell Hochschild, *The Managed Heart: Commercialization of Human Feeling* (Berkeley: University of California Press, 1983), 7.
11. Barbara H. Rosenwein, *Emotional Communities in the Early Middle Ages* (Ithaca, NY: Cornell University Press, 2007).

Capítulo Um: *A demonstração das virtudes no período clássico*

1. Platão, "Fédon: (ou Da alma)" (Editora Edipro, 2016).
2. David Sedley, *Plato's* Cratylus, Cambridge Studies in the Dialogues of Plato (Cambridge, UK: Cambridge University Press, 2003), 10.
3. Alfred North Whitehead, *Process and Reality,* orgs. David Ray Griffin e Donald W. Sherburne (Nova York: Free Press, 1978), 39.
4. Platão, "A República" (Editora Edipro, 2019).
5. Platão, "A República".
6. Platão, "A República".
7. Xenofonte, *Memorabilia*, trad. Amy L. Bonnette (Ithaca, NY: Cornell University Press, 2014), loc. 514- 20, Kindle.
8. Platão, "Fédon".
9. Platão, "Fédon".
10. Platão, "Fédon".
11. Platão, "Timeu e Crítias ou A Atlântida" (Editora Edipro, 2012); Platão, "Fédon".
12. Platão, "Fédon".
13. Emily Wilson, *A morte de Sócrates* (Editora Record, 2013).
14. Ou, no original em alemão, "Oh Kriton, das Leben ist eine Krankheit!". Veja Friedrich Nietzsche, *Die Fröhliche Wissenschaft*, NietzscheSource.org, http://www.nietzschesource.org/#eKGWB/FW-340 (em inglês).
15. Glenn W. Most, "A Cock for Asclepius", *Classical Quarterly* 43, no. 1 (1993): 96-111.
16. Xenofonte, *Memorabilia*, loc. 2859.
17. Plutarco, *Vidas paralelas* (Editora L&PM, 2006).
18. Um bom argumento nesse sentido pode ser encontrado em Bente Kiilerich, "The Head Posture of Alexander the Great", *Acta ad archaeologiam et artium historiam pertinentia* 29 (2017): 12-23.
19. Pseudo-Calístenes, *The Romance of Alexander the Great by Pseudo-Callisthenes*, trad. Albert Mugrdich Wolohojian (Nova York: Columbia University Press, 1969), 57.
20. Aristóteles, "Da alma (*De Anima*)" (Editora Edipro, 2011).
21. Aristóteles, "Da alma"; Aristóteles, "Partes dos animais" (Editora Imprensa Nacional, 2010); Aristóteles, "Metafísica" (Editora Edipro, 2012).
22. Aristóteles, "Da alma".
23. Aristóteles, "Da alma".
24. Aristóteles, "Da alma".
25. Aristóteles, "Da alma".
26. Aristóteles, "Da alma".
27. Aristóteles, "Da alma".
28. Aristóteles, "Da alma".
29. Aristóteles, "Da alma".
30. Aristóteles, "Da alma".
31. Aristóteles, "Da alma".
32. Aristóteles, "Da alma".
33. Aristóteles, "Da alma".
34. Aristóteles, "Retórica" (Editora Edipro, 2017).

Notas

35. Pseudo-Calístenes, 59-60.
36. Pseudo-Calístenes, 59-60.

Capítulo Dois: *Desejos indianos*

1. Harry G. Frankfurt, *On Bullshit. Sobre a conversa, o embuste e a mentira* (Editora Bookout, 2019); Harry G. Frankfurt, "Freedom of the Will and the Concept of a Person", *Journal of Philosophy* 68, no. 1 (4 de janeiro, 1971): 5-20.
2. Timothy Schroeder, *Three Faces of Desire* (Oxford, UK: Oxford University Press, 2004).
3. Wendy Doniger, *The Hindus: An Alternative History*, reimpressão (Oxford, UK: Oxford University Press, 2010), 44.
4. Upinder Singh, *A History of Ancient and Early Medieval India: From the Stone Age to the 12th Century* (Nova Délhi: Longman, um selo da Pearson Education, 2009), 19; K. S. Ramachandran, "Mahabharata: Myth and Reality", in *Delhi: Ancient History,* org. Upinder Singh (Oxford, UK: Berghahn Books, 2006), 85-86.
5. Eknath Easwaran, trad., *The Bhagavad Gita* (Tomales, CA: Nilgiri Press, 2007), 251-65.
6. Daya Krishna, "The Myth of the Purusarthas", in *Theory of Value,* Indian Philosophy: A Collection of Readings 5, org. Roy W. Perrett (Abingdon, UK: Routledge, 2011), 11-24.
7. R. P. Dangle, org. e trad., *The Kautilīya Arthasastra Part II* (Nova Délhi, Índia: Motilal Banarsidass, 1986), 482.
8. Karen Armstrong, *Buda* (Editora Objetiva, 2001).
9. Para um mergulho mais profundo, procure Padmasiri de Silva, "Theoretical Perspectives on Emotions in Early Buddhism", in *Emotions in Asian Thought: A Dialogue in Comparative Philosophy*, orgs. Joel Marks e Roger T. Ames (Albany: State University of New York Press, 1995), 109-22.
10. Essa história foi extraída de uma das obras do cânone budista Pali, *The Culasaccaka Sutta*, encontrado em *The Middle Length Discourses of the Buddha: A Translation of the Majjhima Nikāya*, trad. Bhikkhu Ñanamoli e Bhikkhu Bodhi (Kandy, Sri Lanka: Buddhist Translation Society, 1995), 322-31.
11. *The Culasaccaka Sutta*, 322, 328.
12. *The Culasaccaka Sutta*, 323.
13. *The Culasaccaka Sutta*, 328, http://lirs.ru/lib/sutra/The_Middle_Length_Discourses (Majjhima_Nikaya),Nanamoli,Bodhi,1995.pdf (em inglês).
14. *The Connected Length Discourses of the Buddha: A Translation of the Samyutta Nikāya*, trad. Bhikkhu Bodhi e Bhikkhu Ñanamoli (Kandy, Sri Lanka: Buddhist Translation Society, 2005), 421.
15. *Middle Length Discourses*, 121.
16. Ashoka, Major Rock Edict 13, in Romila Thapar, *Asoka and the Decline of the Mauryas* (Oxford, UK: Oxford University Press, 1961), 255-56.
17. Ashoka, Minor Pillar Edict 1, in Thapar, *Asoka and the Decline of the Mauryas*, 259.

Uma história das emoções humanas

18. Romila Thapar, "Asoka and Buddhism as Reflected in the Asokan Edicts", in *King Asoka and Buddhism: Historical and Literary Studies*, org. Anuradha Seneviratna (Kandy, Sri Lanka: Buddhist Publication Society, 1995), 36.
19. De acordo com a *World Population Review*, https://worldpopulationreview.com/ country-rankings/buddhist-countries (em inglês).

Capítulo Três: *As paixões paulinas*

1. Jan M. Bremmer, org., *The Apocryphal Acts of Paul and Thecla*, Studies on the Apocryphal Acts of the Apostles 2 (Leuven, Bélgica: Peeters Publishers, 1996), 38.
2. Atos 21:28. Todos os versículos da Bíblia mencionados neste livro foram extraídos da Bíblia Cristã Padrão (CSB, na sigla em inglês), resguardando-se as devidas exceções (Nashville, TN: B&H Publishing Group, 2020).
3. Atos 5:34.
4. Atos 9.
5. Para a tese da epilepsia, veja D. Landsborough, "St Paul and Temporal Lobe Epilepsy", *Journal of Neurology, Neurosurgery, and Psychiatry* 40 (1987): 659-64; para a sugestão da iluminação, veja John D. Bullock, "Was Saint Paul Struck Blind and Converted by Lightning?", *Survey of Ophthalmology* 39, no. 2 (setembro/ outubro de 1994): 151-60.
6. Uma referência antiga, mas ainda eficaz: Edward A. Wicher, "Ancient Jewish Views of the Messiah", *Journal of Religion* 34, no. 5 (novembro de 1909): 317-25.
7. Levítico 4:1-5:13.
8. Êxodo 34:6-7. Jay P. Green, org. e trad., *The Interlinear Bible: Hebrew-Greek-English*, 2ª ed. (Lafayette, IN: Sovereign Grace Publishers, 1997).
9. Deuteronômio 5:9-10.
10. Ela dá muito mais detalhes em Valerie Curtis, *Don't Look, Don't Touch: The Science Behind Revulsion* (Oxford, UK: Oxford University Press, 2013).
11. Jaak Panksepp, "Criteria for Basic Emotions: Is DISGUST a Primary 'Emotion'?", *Cognition and Emotion* 21, no. 8 (2007): 1819-28.
12. *Shaqats:* Levítico 11:10, 11:13, 11:43; Deuteronômio 7:26. *Sheqets:* Levítico 11:10-13, 11:20, 11:44, 11:42; Isaías 66:17; Ezequiel 8:10.
13. As Bíblias usadas para referências cruzadas foram *The Latin and English Parallel Bible (Vulgate and KJV)* (Kirkland, WA: Latus ePublishing, 2011) e *The Interlinear Bible*, com variações na Vulgata indicadas nos parênteses abaixo. Por uma questão de clareza, os nomes dos livros modernos foram mantidos.
    Toebah: Êxodo 8:26; Levítico 18:22, 18:26, 18:29, 20:13; Deuteronômio 7:25, 7:26, 13:14, 13:31, 17:1, 17:4, 18:9, 18:12, 20:18, 22:5, 23:18, 24:4, 25:16, 27:5, 32:16; 1 Reis 14:24; 2 Reis 21:11, 23:23; 2 Crônicas 33:2, 33:35, 36:8, 36:14; Esdras 9:1, 9:11, 9:14; Provérbios 3:32, 11:1, 11:20, 12:22, 15:8, 15:9, 15:26, 16:5, 16:12, 17:15, 20:10, 20:23, 21:27, 24:9, 29:27; Isaías 1:13, 41:21; Jeremias 2:7, 6:15, 7:10, 8:12, 16:18, 32:35, 44:2, 44:22; Ezequiel 5:9, 6:9, 6:11, 7:3, 7:4, 7:8, 8:6, 8:9, 8:13, 8:15, 8:17, 9:4, 9:16, 9:22, 9:36, 9:43, 9:50, 9:51, 18:21, 18:24, 20:4, 22:3, 22:11, 33:26, 33: 29, 43:8; Malaquias 2:11.

Notas

Taab: Jó 9:31, 16:16, 19:19, 30:10; Salmos 5:6 (5:7), 14:1 (13:1), 53:1 (52:1, 53:2), 107:18 (106:18), 106:40 (105:40); Isaías 65:4; Ezequiel 16:25; Amós 5:10; Miqueias 3:9.

14. Êxodo 29:18 ("Queime o cordeiro inteiro sobre o altar; é holocausto dedicado ao Senhor. É oferta de aroma agradável dedicada ao Senhor") e 29:25 ("Retome os pães das mãos deles e queime-os no altar com o holocausto de aroma agradável ao Senhor; é oferta dedicada ao Senhor").

15. Atos 13:18.

16. Se você realmente quiser saber mais sobre a lógica estoica, leia Benson Mates, *Stoic Logic* (Socorro, NM: Advanced Reasoning Forum, 2014). Aviso: não é indicado aos de coração fraco!

17. Marco Aurélio, *Meditações* (Editora Edipro, 2019).

18. Para saber mais sobre o argumento de que a ordem aceita dos acontecimentos está errada, veja Christopher I. Beckwith, *Greek Buddha: Pyrrho's Encounter with Early Buddhism in Central Asia* (Princeton, NJ: Princeton University Press, 2015).

19. Veja Karen Armstrong, *A grande transformação* (Editora Companhia das Letras, 2008); Demetrios Th. Vassiliades, "Greeks and Buddhism: Historical Contacts in the Development of a Universal Religion", *Eastern Buddhist (New Series)* 36, nos. 1-2 (2004): 134-83; Thomas C. McEvilley, *The Shape of Ancient Thought*, Comparative Studies in Greek and Indian Philosophies (Nova York: Allworth Press, 2006).

20. Diógenes Laércio, *Vidas e doutrinas dos filósofos ilustres* (Editora UNB, 2008).

21. Atos 17:22.

22. Atos 17:24.

23. Atos 17:25.

24. Atos 17:26.

25. Atos 17:27.

26. Atos 17:28.

27. Atos 17:29.

28. Atos 17:30-31.

29. Atos 17:31.

30. Atos 17:32.

31. Para informações sobre o número de cristãos no mundo, consulte o estudo do Pew Research Center, https://www.pewresearch.org/fact-tank/2017/04/05/christians-re-main-worlds-largest-religious-group-but-they-are-declining-in-europe/ (em inglês).

Capítulo Quatro: *Amor do cruzado*

1. Helen Fisher, *Por que amamos: A natureza e a química do amor romântico* (Editora Record, 2006).

2. Kristyn R. Vitale Shreve, Lindsay R. Mehrkam e Monique A. R. Udell, "Social Interaction, Food, Scent or Toys? A Formal Assessment of Domestic Pet and Shelter Cat (*Felis silvestris catus*) Preferences", *Behavioral Processes* 141, pt. 3 (agosto de 2017): 322-28.

3. Para uma sensacional visão geral sobre pertencimento, veja Kelly-Ann Allen, *The Psychology of Belonging* (Londres: Routledge, 2020).
4. Robert C. Solomon, *O amor: Reinventando o romance em nossos dias* (Editora Saraiva, 1992); Mark Fisher, *Personal Love* (Londres: Duckworth, 1990).
5. Gabriele Taylor, "Love", *Proceedings of the Aristotelian Society (New Series)* 76 (1975-1976): 147-64; Richard White, *Love's Philosophy* (Oxford, UK: Rowman & Littlefield, 2001).
6. J. David Velleman, "Love as a Moral Emotion", *Ethics* 109, no. 2 (1999): 338-74.
7. Santo Agostinho, *Confissões* (Editora Penguin Companhia, 2017).
8. Santo Agostinho, *Confissões*.
9. Santo Agostinho, *Confissões*.
10. Santo Agostinho, *Confissões*.
11. Santo Agostinho, *Confissões*.
12. Romanos 13:13.
13. Gênesis 27.
14. Marcos 12:30-31.
15. Helmut David Baer, "The Fruit of Charity: Using the Neighbor in *De doctrina christiana*", *Journal of Religious Ethics* 24, n. 1 (primavera de 1996): 47-64.
16. Fulquério de Chartres, "The Speech of Urban II at the Council of Clermont, 1095", in *A Source Book for Mediæval History: Selected Documents Illustrating the History of Europe in the Middle Age*, org. Oliver J. Thatcher e Edgar Holmes Mc-Neal, trad. Oliver J. Thatcher (Nova York: Charles Scribner's Sons, 1905), 513-17.
17. Fulquério de Chartres, "The Speech of Urban II".
18. Tradução para o inglês encontrada em August C. Krey, *The First Crusade: The Accounts of Eye-witnesses and Participants* (Princeton, NJ: Princeton University Press, 1921), 19.
19. Dana C. Munro, org., "Urban and the Crusaders", in *Translations and Reprints from the Original Sources of European History* (Filadélfia: University of Pennsylvania Press, 1895), 1:5-8.
20. Krey, *The First Crusade*, 18.
21. Imad ad-Din al-Isfahani, in *Arab Historians of the Crusades*, org. Francesco Gabrieli, trad. E. J. Costello (Abingdon, UK: Routledge, 2010), 88.
22. Santo Agostinho, *The Works of Aurelius Augustine, Bishop of Hippo: A New Translation*, org. Rev. Marcus Dods, M.A., vol. 1, *The City of God*, trad. Rev. Marcus Dods, M.A. (Edimburgo: T. & T. Clark, 1871), 33.
23. Krey, *The First Crusade*, 42.
24. Krey, *The First Crusade*, 42.

Capítulo Cinco: *O que os otomanos temiam*

1. Vani Mehmed Efendi, "'Ara'is al-Kur'an Wa Nafa'is al-Furkan [Ornaments of the Quran and the Valuables of the Testament]" (Yeni Cami 100, Istambul, 1680), par. 543a, Suleymaniye Library; conforme traduzido para o inglês em Mark David Baer, *Honored by the Glory of Islam: Conversion and Conquest in Ottoman Europe* (Oxford, UK: Oxford University Press, 2008), 207.

Notas

2. Thierry Steimer, "The Biology of Fear-and Anxiety-Related Behaviours", *Dialogues in Clinical Neuroscience* 4, no. 3 (2002): 231-49.
3. N. J. Dawood, trad., *The Koran* (Londres: Penguin Classics, 1978), 418.
4. Ibn Ishaq, "The Hadith", in *Islam*, org. John Alden Williams (Nova York: George Braziller, 1962), 61.
5. Abdur-Rahman bin Saib, *hadith* 1337, in "The Chapters of Establishing the Prayer and the Sunnah Regarding Them", capítulo 7 de *Sunan Ibn Majah*, Ahadith. co.uk, https://ahadith.co.uk/chapter.php?cid=158&page=54&rows=10 (em inglês), acessado em 20 de agosto, 2020.
6. Para uma fantástica pesquisa geral sobre as emoções do Alcorão, veja Karen Bauer, "Emotion in the Qur'an: An Overview" [Edited Version], *Journal of Qur'anic Studies*, 19, no. 2 (2017): 1-31.
7. Dawood, *The Koran*, 30:38.
8. Dawood, *The Koran*, 3:174.
9. الله من فخوفوا
10. Dawood, *The Koran*, 103:1-3.
11. Dawood, *The Koran*, 384.
12. Bauer, "Emotion in the Qur'an", 18.
13. Dawood, *The Koran*, 22:46.
14. Sobre o fato de Galeno não mencionar as causas humorais das paixões, veja Galeno, *On the Passions and Errors of the Soul*, trad. Paul W. Harkins (Columbus: Ohio State University Press, 1963).
15. Um leitor mais atento deve ter percebido que Galeno dividiu o corpo nas mesmas três áreas associadas por Platão à tripartição da alma — a parte inferior do corpo, o coração/tórax e o cérebro. Isso não foi acidental: Galeno era um pouco platônico.
16. Essa versão editada está um pouco desatualizada quanto a alguns comentários, mas a tradução do texto de Ibn Sina, aparentemente, é muito boa: Ibn Sina (Avicena), *The Canon of Medicine of Avicenna*, trad. Oscar Cameron Gruner (Nova York: AMS Press, 1973), 285, 321.
17. Mevlâna Mehmet Neşri, *Ğihännümä [Cihannüma] Die Altosmanische Chronik Des Mevlânä Mehemmed Neschri [Mevlâna Mehmet Neşri]*, org. Franz Taeschner (Wiesbaden, Alemanha: Harrassowitz Verlag, 1951), 194, conforme traduzido em Halil Inalcik, *The Ottoman Empire: The Classical Age 1300—1600* (Londres: Weidenfeld & Nicolson, 2013), loc. 5109, Kindle.
18. Nil Tekgül, "A Gate to the Emotional World of Pre-Modern Ottoman Society: An Attempt to Write Ottoman History from 'the Inside Out'" (tese de doutorado, Universidade de Bilkent, 2016), 177, http://repository.bilkent.edu.tr/ handle/11693/29154 (em inglês), acessado em 20 de fevereiro, 2020.
19. Dawood, *The Koran*, 23:51.
20. Tekgül, "A Gate to the Emotional World", 84-87.

Capítulo Seis: *As abomináveis caças às bruxas*

1. Eu seria negligente se não mencionasse o livro a seguir. Ele apresenta uma visão sobre as bruxas e as emoções que diverge da minha, mas, ainda assim, é excelen-

te: Charlotte-Rose Millar, *Witchcraft, the Devil, and Emotions in Early Modern England* (Abingdon, UK: Routledge, 2017).

2. William Rowley, Thomas Dekker e John Ford, *The Witch of Edmonton* (Londres: J. Cottrel for Edward Blackmore, 1658).

3. Malcolm Gaskill alega que o número está entre 45 mil e 50 mil: veja Malcolm Gaskill, *Witchcraft: A Very Short Introduction* (Oxford, UK: Oxford University Press, 2010), 76. Brian Levack afirma que são 60 mil: veja Brian P. Levack, *A caça às bruxas na Europa Moderna* (Campus Editora RJ, 1988). Anne Llewellyn Barstow sustenta que, considerando-se a soma de todos os registros, pode se falar de, pelo menos, 100 mil: veja Anne Llewellyn Barstow, *Chacina de feiticeiras* (Editora José Olympio, 1995). Eu poderia ir em frente. Praticamente todos os livros sobre o assunto nos darão uma cifra diferente. O importante é que ela será alta.

4. Em latim, *amor* e *odium*, *spes* e *desperatio*, *audacia* e *timor*, *gaudium* e *tristitia*. Veja Tomás de Aquino, *The Emotions (Ia2æ. 22-30)*, vol. 19 da *Summa Theologiae*, org. Eric D'Arcy (Cambridge, UK: Blackfriars, 2006), XVI, Q. 23.

5. Frank Tallett, *War and Society in Early-Modern Europe, 1495-1715* (Abingdon, UK: Routledge, 1992), 13.

6. O texto clássico sobre a Pequena Idade do Gelo é de Emmanuel Le Roy Ladurie, *Times of Feast, Times of Famine: A History of Climate Since the Year 1000* (Nova York: Doubleday, 1971); para algo mais atualizado, leia Brian Fagan, *A Pequena Idade do Gelo: Como o clima fez a história 1300-1850* (Editora Alma dos Livros, 2020).

7. O suor inglês foi descrito, pela primeira vez, em John Caius, *A Boke or Counseill Against the Disease Commonly Called the Sweate, or Sweatyng Sicknesse*, publicado em 1552.

8. Para mais informações sobre esse tema, veja Deborah Hayden, *Pox: Genius, Madness, and the Mysteries of Syphilis* (Nova York: Basic Books, 2003); Mircea Tampa et al., "Brief History of Syphilis", *Journal of Medical Life* 7, no. 1 (2014): 4-10.

9. William Shakespeare, *O estupro de Lucrécia*, http://shakespeare.mit.edu/Poetry/RapeOfLucrece.html (em inglês).

10. Carol Nemeroff e Paul Rozin, "The Contagion Concept in Adult Thinking in the United States: Transmission of Germs and of Interpersonal Influence", *Ethos* 22, no. 2 (junho de 1994): 158-86.

11. Bruce M. Hood, *SuperSentido: Porque acreditamos no inacreditável* (Editora Novo Conceito, 2012).

12. Hood, *SuperSentido.*

13. Hood, *SuperSentido.*

14. Robert Ian Moore, *The Formation of a Persecuting Society: Power and Deviance in Western Europe, 950-1250* (Oxford, UK: Basil Blackwell, 1987), 64.

15. Charles Zika, *The Appearance of Witchcraft: Print and Visual Culture in Sixteenth--Century Europe* (Abingdon, UK: Routledge, 2007), 80-81.

16. Francesco Maria Guazzo, *Compendium Maleficarum: The Montague Summers Edition* (Mineola, NY: Dover Publications, 1988), 11, 35.

17. Heinrich Kramer e Jacob Sprenger, *O martelo das feiticeiras* (publicado pelo selo Rosa dos Tempos da editora Record, 2020).

Notas

18. Luana Colloca e Arthur J. Barsky, "Placebo and Nocebo Effects", *New England Journal of Medicine* 382, no. 6 (6 de fevereiro, 2020): 554-61.

Capítulo Sete: *Um desejo de doce liberdade*

1. John Locke, *Dois tratados sobre o governo* (Editora Martins Fontes, 2020), https://books.google.com/books?id=K5UIAAAAQAAJ&printsec=frontcover&source=gbs_ge_summary_r&cad=0#v=onepage&q&f=false (em inglês).
2. David Hume, *Uma investigação sobre os princípios da moral* (Editora da Unicamp, 2013).
3. John K. Alexander, *Samuel Adams: America's Revolutionary Politician* (Oxford, UK: Rowman & Littlefield, 2002), 125; Ray Raphael, *A People's History of the American Revolution: How Common People Shaped the Fight for Independence* (Nova York: New Press, 2001), 18.
4. Harry G. Frankfurt, *On Bullshit. Sobre a conversa, o embuste e a mentira* (Editora Bookout, 2019); Harry G. Frankfurt, "Freedom of the Will and the Concept of a Person", *Journal of Philosophy* 68, no. 1 (14 de janeiro, 1971): 5-20.
5. Aristóteles, "Sense and Sensibilia", trad. J. I. Beare, in *The Complete Works of Aristotle,* org. Jonathan Barnes (Princeton, NJ: Princeton University Press, 1984), 1:693-713, 436b15-446a20.
6. Para uma boa visão de nossa estranha relação com nossos orifícios, veja William Ian Miller, *The Anatomy of Disgust* (Cambridge, MA: Harvard University Press, 1997), 89-98.
7. Anselmo de Cantuária, "Liber Anselmi Archiepiscopi de Humanis Moribus", in *Memorials of St Anselm*, org. Richard William Southern e F. S. Schmitt (Oxford, UK: Oxford University Press, 1969), 47-50.
8. Niall Atkinson, "The Social Life of the Senses: Architecture, Food, and Manners", in *A Cultural History of the Senses*, vol. 3, *In the Renaissance*, org. Herman Roodenburg (Londres: Bloomsbury, 2014), 33.
9. Um autor especialmente popular foi Cícero, *Dos Deveres (De Officiis),* (Editora Edipro, 2019).
10. Maestro Martino, *Libro de arte coquinaria,* www.loc.gov/item/2014660856/ (em inglês).
11. Traduzi isso do texto original em inglês moderno: "Ther be many cristen bothe clerkes and layemen whyche lyl know god by fayth ne by scrupture by cause they haue the taste disordynate by synne they may not wel sauoure hym." Veja Gui de Roye, *Thus Endeth the Doctrinal of Sapyence*, trad. Wyllyam Caxton (Cologne: Wyllyam Caxton, 1496), fol. 59r, https://tinyurl.com/uv56xekm.
12. Uma ótima visão geral sobre os artigos de luxo do período pode ser encontrada em Linda Levy Peck, *Consuming Splendor: Society and Culture in Seventeenth-Century England* (Cambridge, UK: Cambridge University Press, 2005).
13. Bernard Mandeville, *A fábula das abelhas: Ou vícios privados, vícios públicos* (Editora Unesp, 2018).

Uma história das emoções humanas

14. Anthony Ashley Cooper, 3º conde de Shaftesbury, *Characteristicks of Men, Manners, Opinions, Times* (Carmel, IN: Liberty Fund, 2001), 2:239.
15. Francis Hutcheson, *An Inquiry into the Original of Our Ideas of Beauty and Virtue* (Londres: J. Darby, 1726), 73.
16. Para um bom exemplo, veja Samuel Clarke, *A Demonstration of the Being and Attributes of God: And Other Writings*, org. Ezio Vailati, Cambridge Texts in the History of Philosophy (Cambridge, UK: Cambridge University Press, 1998).
17. O melhor livro sobre esse tema é, indubitavelmente, Thomas Dixon, *From Passions to Emotions: The Creation of a Secular Psychological Category* (Cambridge, UK: Cambridge University Press, 2003).
18. Adam Smith, *Teoria dos sentimentos morais* (Editora WMF Martins Fontes, 2015).
19. Smith, *Teoria dos sentimentos morais.*

Capítulo Oito: *Tornando-se emotivo*

1. René Descartes, *As paixões da alma*, (Editora Mimética, 2020), resposta à segunda carta, B3r-B3v. Alguns tradutores optaram por traduzir a palavra francesa original *physicien* tanto por "físico" quanto por "filósofo natural". Isso parece estranho, considerando-se que o texto é, flagrantemente, da área médica, https://quod.lib.umich.edu/cgi/t/text/text-idx?c=eebo2;idno=A81352.0001.001 (em inglês).
2. Descartes, *As paixões da alma.*
3. Thomas Hobbes, *Leviatã ou matéria, forma e poder de uma república eclesiástica e civil* (publicado pelo selo Martins da editora Martins Fontes, 2019).
4. Hobbes, *Leviatã.*
5. Hobbes, *Leviatã.*
6. Hobbes, *Leviatã.*
7. Hobbes, *Leviatã.*
8. David Hume, *Tratado da natureza humana* (Editora Unesp, 2009), https://davidhume.org/texts/t/2/3/3#4 (em inglês).
9. Thomas Brown, *A Treatise on the Philosophy of the Human Mind*, org. Levi Hodge (Cambridge, UK: Hilliard and Brown, 1827), 1:103.
10. William James, "What Is an Emotion?", *Mind* 9, no. 34 (abril de 1884): 190.
11. Paul R. Kleinginna Jr. e Anne M. Kleinginna, "A Categorized List of Emotion Definitions, with Suggestions for a Consensual Definition", *Motivation and Emotion* 5, no. 4 (1981): 345-79.

Capítulo Nove: *A vergonha em flores de cerejeira*

1. Robert Louis Stevenson, "Yoshida-Torajiro", in *The Works of Robert Louis Stevenson*, vol. 2, *Miscellanies: Familiar Studies of Men and Books* (Edimburgo: T. and A. Constable, 1895), 165.
2. Yoshida Shōin, "Komo Yowa", traduzido em Eiko Ikegami, "Shame and the Samurai: Institutions, Trustworthiness, and Autonomy in the Elite Honor Culture", *Social Research* 70, no. 4 (inverno de 2003): 1354.

Notas

3. Gershen Kaufman, *The Psychology of Shame: Theory and Treatment of Shame-Based Syndromes*, 2ª ed. (Nova York: Springer, 1989); Kelly McGonigal, *O lado bom do estresse: Entenda por que o estresse pode ser bom para você e como aproveitá-lo* (Editora Réptil, 2016); Paul Gilbert, *The Compassionate Mind* (Londres: Constable, 2010); Joseph E. LeDoux, "Feelings: What Are They & How Does the Brain Make Them?", *Dædalus* 144, no. 1 (janeiro de 2015): 105.
4. E. Tory Higgins et al., "Ideal Versus Ought Predilections for Approach and Avoidance Distinct Self-Regulatory Systems", *Journal of Personality and Social Psychology* 66, no. 2 (fevereiro de 1994): 276-86.
5. Zisi, "Zhong Yong", trad. James Legge, Chinese Text Project, https://ctext.org/liji/zhong-yong (em inglês), acessado em 23 de novembro, 2020; Donald Sturgeon, "Chinese Text Project: A Dynamic Digital Library of Premodern Chinese", *Digital Scholarship in the Humanities*, 29 de agosto, 2019.
6. William E. Deal e Brian Ruppert, *A Cultural History of Japanese Buddhism*, Wiley Blackwell Guides to Buddhism (Oxford, UK: John Wiley & Sons, 2015), 172.
7. Fumiyoshi Mizukami, "Tenkai no isan: *Tenkaihan* issaikyō mokukatsuji", in *Minshū bukkyō no teichaku*, org. Sueki Fumihiko (Tóquio: Kōsei, 2010), 125.
8. Philip Kapleau, *Os três pilares da iluminação* (Editora Itatiaia, 1978).
9. Jakuren, *Shinkokinshū* 4:361, trad. Thomas McAuley, Waka Poetry, http://www.wakapoetry.net/skks-iv-361/ (em inglês), acessado em 20 de novembro, 2020.
10. Royall Tyler, org. e trad., *Japanese Nō Dramas* (Londres: Penguin Classics, 1992), 72-73.
11. Gary L. Ebersole, "Japanese Religions", in *The Oxford Handbook of Religion and Emotion*, org. John Corrigan (Oxford, UK: Oxford University Press, 2008), 86.
12. Gian Marco Farese, "The Cultural Semantics of the Japanese Emotion Terms 'Haji' and 'Hazukashii'", *New Voices in Japanese Studies* 8 (julho de 2016): 32-54.
13. Yoshida, "Komo Yowa", 1353.

Capítulo Dez: *A ira de uma rainha africana*

1. Edwin W. Smith, *The Golden Stool: Some Aspects of the Conflict of Cultures in Modern Africa* (Londres: Holborn Publishing House, 1926), 5.
2. O discurso surgiu a partir de anotações de campo feitas por Agnes Aidoo em 1970 e relatadas por uma testemunha ocular, Opanin Kwabena Baako. Veja Agnes Akosua Aidoo, "Asante Queen Mothers in Government and Politics in the Nineteenth Century", *Journal of the Historical Society of Nigeria* 9, no. 1 (dezembro de 1977): 12.
3. R. J. R. Blair, "Considering Anger from a Cognitive Neuroscience Perspective", *Wiley Interdisciplinary Reviews: Cognitive Science* 3, no. 1 (janeiro-fevereiro de 2012): 65-74.
4. Kwame Gyekye, *An Essay on African Philosophical Thought: The Akan Conceptual Scheme*, ed. rev. (Filadélfia: Temple University Press, 1995), 85-88.
5. Gyekye, *An Essay on African Philosophical Thought*, 88-94.
6. Gyekye, *An Essay on African Philosophical Thought*, 95-96.

Uma história das emoções humanas

7. Gyekye, *An Essay on African Philosophical Thought*, 95.
8. Gyekye, *An Essay on African Philosophical Thought*, 100.
9. Peter Sarpong, *Ghana in Retrospect: Some Aspects of Ghanaian Culture* (Acra: Ghana Publishing Corporation, 1974), 37; Meyer Fortes, *Kinship and the Social Order: The Legacy of Lewis Henry Morgan* (Chicago: University of Chicago Press, 1969), 199n14; Gyekye, *An Essay on African Philosophical Thought*, 94.
10. Muitos dos dados linguísticos vêm deste fantástico artigo sobre o tema: Vivian Afi Dzokoto e Sumie Okazaki, "Happiness in the Eye and the Heart: Somatic Referencing in West African Emotion Lexica", *Journal of Black Psychology* 32, no. 2 (2006): 117-140.
11. Este artigo é uma maravilhosa análise aprofundada dos provérbios acãs: Vivian Afi Dzokoto et al., "Emotion Norms, Display Rules, and Regulation in the Akan Society of Ghana: An Exploration Using Proverbs", *Frontiers in Psychology* 9 (2018), https://www.frontiersin.org/article/10.3389/fpsyg.2018.01916 (em inglês).
12. Andy Clark, *Being There: Putting Brain, Body, and World Together Again* (Cambridge, MA: MIT Press, 1997), xii.
13. Veja Glenn Adams, "The Cultural Grounding of Personal Relationship: Enemyship in North American and West African Worlds", *Journal of Personality and Social Psychology* 88, no. 6 (junho de 2005): 948-68.
14. Adams, "The Cultural Grounding".
15. Gladys Nyarko Ansah, "Emotion Language in Akan: The Case of Anger", in *Encoding Emotions in African Languages*, org. Gian Claudio Batic (Munique: LINCOM GmbH, 2011), 131.
16. Ansah, "Emotion Language", 134.
17. Ansah, "Emotion Language", 131.
18. Veja T. C. McCaskie, "The Life and Afterlife of Yaa Asantewaa", *Africa: Journal of the International African Institute* 77, no. 2 (2007): 170.

Capítulo Onze: *Neuroses de guerra*

1. Baseado em um texto datilografado, sem data e sem título, por W. D. Esplin, Public Record Office, Kew, PRO PIN15/2502.
2. G. Elliot Smith e T. H. Pear, *Shell Shock and Its Lessons* (Manchester, UK: Manchester University Press, 1918), 12-13.
3. Uma boa visão geral sobre a CSR pode ser encontrada em Zahava Solomon, *Combat Stress Reaction: The Enduring Toll of War*, Springer Series on Stress and Coping (Nova York: Springer, 2013).
4. A covardia foi o diagnóstico subjacente de E. D. Adrian e L. R. Yealland, "The Treatment of Some Common War Neuroses", *Lancet* 189, no. 4893 (9 de junho, 1917): 867-72.
5. Veja, por exemplo, Thomas Dixon, *Weeping Britannia: Portrait of a Nation in Tears* (Oxford, UK: Oxford University Press, 2015), 201-2; Tracey Loughran, *Shell-Shock and Medical Culture in First World War Britain*, Studies in the Social and Cultural History of Modern Warfare 48, reimpressão (Cambridge, UK: Cambridge University Press, 2020), 115.

Notas

6. Rudyard Kipling, "If—" (1943), Poetry Foundation, https://www.poetryfoundation.org/poems/46473/if— (em inglês), acessado em 19 de agosto, 2020.
7. Sigmund Freud, *Letters of Sigmund Freud*, org. Ernst L. Freud, trad. Tania e James Stern (Mineola, NY: Dover Publications, 1992), 175.
8. Jean-Martin Charcot, *Oeuvres complètes de J. M. Charcot: Leçons sur les maladies du système nerveux, faites à la Salpêtrière* (Paris: Bureaux du Progrès Médical/A. Delahaye & E. Lacrosnier, 1887), 3:436-62 (lecture 26).
9. Jean-Martin Charcot, *Leçons sur les maladies du système nerveux*, 12.
10. Sigmund Freud, "O inconsciente", *A história do movimento psicanalítico, artigos sobre a metapsicologia e outros trabalhos (1914-1916) (Volume 14)* (Imago Editora, 1996).
11. R. H. Cole, *Mental Diseases: A Text-Book of Psychiatry for Medical Students and Practitioners* (Londres: University of London Press, 1913), 47.
12. Cole, *Mental Diseases*, 47-48.
13. Cole, *Mental Diseases*, 48.
14. Cole, *Mental Diseases*, 49.
15. Cole, *Mental Diseases*, 51.
16. Cole, *Mental Diseases*, 52.
17. T. C. Shaw, *Ex Cathedra: Essays on Insanity* (Londres: Adlard and Sons, 1904), 110.
18. Siegfried Sassoon, "Declaration Against the War", in Robert Giddings, *The War Poets: The Lives and Writings of the 1914-18 War Poets* (Londres: Bloomsbury, 1990), 111.
19. Siegfried Sassoon, *The War Poems of Siegfried Sassoon* (Londres: William Heinemann, 1919), 43-44.
20. Sigmund Freud, "Cinco lições da psicanálise", *Cinco lições de psicanálise, Leonardo da Vinci e outros trabalhos (volume 11)* (Imago Editora, 2006).
21. Rebecca West, *O regresso do soldado* (Editora Relógio D'Água, 2009).

Capítulo Doze: *A humilhação do dragão*

1. Conforme descrito em Yung-fa Chen, *Making Revolution: The Communist Movement in Eastern and Central China, 1937-1945* (Berkeley: University of California Press, 1986), 186-87.
2. Como observação paralela, há alguns historiadores, como Russell Kirkland, que acreditam que Chuang Tzu jamais existiu, trata-se de uma invenção de um homem chamado Kuo Hsiang, autor de um livro sobre ele, publicado seiscentos anos depois. Mas temos uma biografia muito anterior, escrita por um homem chamado Sima Qian, apenas cem anos depois da morte de Chuang Tzu. É impossível saber ao certo. Mas temos conhecimento de que a sabedoria contida no livro supostamente escrito por Chuang Tzu, *Zhuangzi*, é um importante texto na história do taoismo. Por isso, vou tratá-lo como se ele tivesse existido. Veja Russell Kirkland, *Taoism: The Enduring Tradition* (Abingdon, UK: Routledge, 2004), 33-34.
3. Chuang Tzu, *The Inner Chapters,* trad. A. C. Graham (Indianápolis: Hackett Publishing, 2001), 120-21.

343

Uma história das emoções humanas

4. Confúcio, *Os analectos* (Editora L&PM, 2006). A propósito, se esses termos do idioma chinês lhe parecerem estranhos, então presumirei que você estará fazendo o que sugeri, e está lendo primeiro as partes deste livro que mais lhe interessam. Nesse caso, tudo ficarará nítido se você ler o Capítulo 9.
5. Chuang Tzu, *The Inner Chapters*, 123-24.
6. Chuang Tzu, *The Inner Chapters*, 211.
7. Laozi, *Dao de jing* (Editora Unesp, 2018).
8. Alan Watts, *Tao: O curso do rio* (Editora Pensamento, 1984).
9. Veja o capítulo 1 do Liuzi (Mestre Liu), in *Baizi Quanshu (A Complete Collection of Works by the One Hundred Masters)* (Xangai: Zhejiang Renmin Chubanshe, 1991), 6:1, conforme traduzido para o inglês em Heiner Fruehauf, "All Disease Comes from the Heart: The Pivotal Role of the Emotions in Classical Chinese Medicine", *Journal of Chinese Medicine* (2006): 2.
10. Para uma definição, veja Bob Flaws e James Lake, MD, *Chinese Medical Psychiatry: A Textbook and Clinical Manual* (Portland, OR: Blue Poppy Enterprises, 2001).
11. Lin Hse Tsu, carta para a rainha Vitória, 1839, trad. Mitsuko Iriye e Jerome S. Arkenberg, in *Modern Asia and Africa*, org. William H. McNeill e Mitsuko Iriye, *Readings in World History* 9 (Oxford, UK: Oxford University Press, 1971), 111-18.
12. Elizabeth J. Perry, "Moving the Masses: Emotion Work in the Chinese Revolution", *Mobilization* 7, no. 2 (2002): 112.
13. Edgar Snow, *Red Star over China: The Classic Account of the Birth of Chinese Communism*, ed. rev. (Londres: Grove Press, 2007), loc. 1900, Kindle.
14. Perry, "Moving the Masses", 113.
15. Mao Tsé-Tung, "The Chinese People Have Stood Up!", in *Selected Works of Mao Tse-Tung*, https://www.marxists.org/reference/archive/mao/selected-works/volume-5/mswv5_01.htm (em inglês).
16. Liang Heng e Judith Shapiro, *Son of the Revolution* (Nova York: Vintage, 1984), 77-79; também em Perry, "Moving the Masses", 122.
17. Perry, "Moving the Masses", 122.

Capítulo Treze: *O amor e a (terra) mãe*

1. "John F. Kennedy Moon Speech — Rice Stadium: September 12, 1962", NASA Space Educators' Handbook, https://er.jsc.nasa.gov/seh/ricetalk.htm (em inglês), acessado em 5 de setembro, 2019.
2. Walter Rugaber, "Nixon Makes 'Most Historic Telephone Call Ever'", *The New York Times*, 21 de julho, 1969.
3. John Lear, "Hiroshima, U.S.A.: Can Anything Be Done About It?", *Collier's*, 5 de agosto, 1950, 12, https://www.unz.com/print/Colliers-1950aug05-00011 (em inglês).
4. Mick Jackson, dir., *Threads* (BBC, 1984).
5. Howard S. Liddell, "Conditioning and Emotions", *Scientific American* 190, no. 1 (janeiro de 1954): 48.
6. Semir Zeki e John Paul Romaya, "Neural Correlates of Hate", *PLoS One* 3, no. 10 (2008): e3556, https://doi.org/10.1371/journal.pone.0003556 (em inglês).

Notas

7. Para uma das muitas discussões de Freud sobre a *ambivalenz*, veja Sigmund Freud, *Totem und Tabu* (Viena: Vienna University Press, 2013), 77-123; para uma boa versão em inglês, veja Sigmund Freud, *Totem and Taboo* (Abingdon, UK: Routledge, 2012), 21-86 e em português, Sigmund Freud, *Totem e tabu* (publicado pelo selo Penguin da editora Companhia das Letras, 2013).

8. Por favor, use uma pitada de sal. Veja Zeki e Romaya, "Neural Correlates of Hate"; Andreas Bartels e Semir Zeki, "The Neural Basis of Romantic Love", *NeuroReport* 11, no. 17 (novembro de 2000): 3829-33; Wang Jin, Yanhui Xiang e Mo Lei, "The Deeper the Love, the Deeper the Hate", *Frontiers in Psychology* 8, no. 1940 (dezembro de 2017), https://doi.org/10.3389/fpsyg.2017.01940 (em inglês), acessado em 3 de junho, 2019.

9. Kathryn J. Lively e David R. Heise, "Sociological Realms of Emotional Experience", *American Journal of Sociology* 109, no. 5 (março de 2004): 1109-36; Elizabeth Williamson, "The Magic of Multiple Emotions: An Examination of Shifts in Emotional Intensity During the Reclaiming Movement's Recruiting/Training Events and Event Reattendance", *Sociological Forum* 26, no. 1 (março de 2011): 45-70.

10. James M. Jasper, "Emotions and Social Movements: Twenty Years of Theory and Research", *Annual Review of Sociology* 37, no. 1 (agosto de 2011): 285-303.

11. William Shakespeare, *Romeu e Julieta* (publicado pelo selo Penguin da editora Companhia das Letras, 2016).

12. Para um estudo detalhado, veja Guy Oakes, *The Imaginary War: Civil Defense and American Cold War Culture* (Oxford, UK: Oxford University Press, 1994), 47.

13. Frederick Peterson, "Panic — the Ultimate Weapon?", *Collier's*, 21 de agosto, 1953, 109.

14. Kelly A. Singleton, "The Feeling American: Emotion Management and the Standardization of Democracy in Cold War Literature and Film" (tese de doutorado, Universidade de Maryland, 2017), https://drum.lib.umd.edu/bitstream/handle/1903/19372/Singleton_umd_0117E_17874.pdf (em inglês).

15. Daniel Bell, "The End of Ideology in the West", in *The New York Intellectuals Reader*, org. Neil Jumonville (Nova York: Routledge, 2007), 199.

16. Margaret Mead, *And Keep Your Powder Dry: An Anthropologist Looks at America* (Oxford, UK: Berghahn Books, 2005), 41.

17. Veja também Margaret Mead, *Soviet Attitudes Toward Authority* (Nova York: McGraw-Hill, 1951).

18. Dentre elas, Ruth Benedict, *O crisântemo e a espada: Padrões da cultura japonesa* (Editora Vozes, 2019); Geoffrey Gorer e John Rickman, *The People of Great Russia: A Psychological Study* (Londres: Cresset Press, 1949); Theodor W. Adorno et al., *Estudos sobre a personalidade autoritária* (Editora Unesp, 2019).

19. Lawrence K. Frank e Mary Frank, *How to Be a Woman* (Whitefish, MT: Literary Licensing, 2011).

20. John Bowlby, *Cuidados maternos e a saúde mental* (Editora WMF Martins Fontes, 2020).

21. Bowlby, *Cuidados mentais e a saúde mental*.

22. Y. V. Popov e A. E. Lichko, "A Somber Page in the History of the All-Union Psychiatric Association", *Bekhterev Review of Psychiatry and Medical Psychology* 3 (1991): 116-120.

Uma história das emoções humanas

23. I. Vainstajn, resenha do livro de A. Zalkind, *Ocerk kultury revoljucionnogo vremeni* [Ensaios sobre a cultura do tempo revolucionário], *Pod znamenem marksizma* [Sob a bandeira do marxismo] (1924): 4-5, 297-300. Para uma fonte em língua inglesa, veja Levy Rahmani, "Social Psychology in the Soviet Union", *Studies in Soviet Thought* 13, nos. 3-4 (setembro-dezembro de 1973): 221.

24. A. V. Zalkind, *Ocerk kultury revoljucionnogo vremeni* (Moscou: Rabotnik Prosvescenija, 1924).

25. A. V. Zalkind, "Psikhonevrologicheskie Mauki i Sotsialisticheskoe Stroitelstvo", *Pedologia* 3 (1930): 309-22; Alexander Etkind, "Psychological Culture", in *Russian Culture at the Crossroads: Paradoxes of Postcommunist Consciousness*, org. Dmitri N. Shalin (Boulder, CO: Westview Press, 1996). Traduções para o inglês encontradas em Dmitri N. Shalin, "Soviet Civilization and Its Emotional Discontents", *International Journal of Sociology and Social Policy* 16, nos. 9-10 (outubro de 1996): 26.

26. Uma leitura interessante sobre essa diferença, uma vez que ela ainda existe, é Maria A. Gartstein et al., "A Cross-Cultural Study of Infant Temperament: Predicting Preschool Effortful Control in the United States of America and Russia", *European Journal of Developmental Psychology* 6, no. 3 (maio de 2009): 337-64.

Capítulo Catorze: *O confronto das grandes emoções*

1. Isso realmente aconteceu com minha esposa.

2. Veja "In Search of Universals in Human Emotion with Dr. Paul Ekman", *Exploratorium*, 2008, https://www.exploratorium.edu/video/search-universals--human-emotion-dr-paul-ekman (em inglês), acessado em 19 de outubro, 2018.

3. Margaret Mead, *Coming of Age in Samoa: A Psychological Study of Primitive Youth for Western Civilisation* (Nova York: William Morrow, 1928).

4. Paul Ekman e Wallace V. Friesen, "Constants Across Cultures in the Face and Emotion", *Journal of Personality and Social Psychology* 17, no. 2 (1971): 124-29; Paul Ekman, E. Richard Sorenson e Wallace V. Friesen, "Pan-Cultural Elements in Facial Displays of Emotion", *Science* 164, no. 3875 (abril de 1969): 86-88.

5. "In Search of Universals in Human Emotion with Dr. Paul Ekman".

6. James Russell, "Language, Emotion, and Facial Expression" (palestra proferida na 15ª Conferência Médica de Cracóvia [The Emotional Brain: From the Humanities to Neuroscience, and Back Again], Copernicus Center for Interdisciplinary Studies, Cracóvia, Polônia, 20 de maio, 2011), https://youtu.be/oS1ZtvrgDLM (em inglês), acessado em 26 de novembro, 2011; *The Psychology of Facial Expression*, org. James A. Russell e José Miguel Fernández-Dols, Studies in Emotion and Social Interaction (Cambridge, UK: Cambridge University Press, 1997); Sherri C. Widen e James A. Russell, "Children's Scripts for Social Emotions: Causes and Consequences Are More Central Than Are Facial Expressions", *British Journal of Developmental Psychology* 28 (setembro de 2010): 565-81; James A. Russell e Beverley Fehr, "Relativity in the Perception of Emotion in Facial Expressions", *Journal of Experimental Psychology: General* 116, no. 3 (setembro de 1987): 223-37; James M. Carroll e James Russell, "Do Facial Expressions Signal Specific

Emotions? Judging Emotion from the Face in Context", *Journal of Personality and Social Psychology* 70, no. 2 (fevereiro de 1996): 205-18.

7. Lisa Feldman Barrett et al., "Emotional Expressions Reconsidered: Challenges to Inferring Emotion from Human Facial Movements", *Psychological Science in the Public Interest* 20, no. 1 (2019): 1-68; veja também Lisa Feldman Barrett, *How Emotions Are Made: The Secret Life of the Brain* (Nova York: Houghton Mifflin Harcourt, 2017), 4-12.

8. Stanley Schachter e Jerome Singer, "Cognitive, Social, and Physiological Determinants of Emotional State", *Psychological Review* 69, no. 5 (1962): 379-99.

9. Argumenta-se que a arte pós-moderna teve início muito mais cedo na Europa, possivelmente já em 1915.

10. Catherine A. Lutz, *Unnatural Emotions: Everyday Sentiments on a Micronesian Atoll and Their Challenge to Western Theory* (Chicago: University of Chicago Press, 1988), 44-45.

11. Lutz, *Unnatural Emotions*, 16.

12. Lutz, *Unnatural Emotions*, 126.

13. Lutz, *Unnatural Emotions*, 131.

14. William Ian Miller, *The Anatomy of Disgust* (Cambridge, MA: Harvard University Press, 1997), 247; George Orwell, *O caminho para Wigan Pier* (Editora Companhia das Letras, 2010).

15. Jonathan Haidt, "The Disgust Scale Home Page", New York University Stern School of Business, 2012, http://people.stern.nyu.edu/jhaidt/disgustscale.html (em inglês), acessado em 1º de agosto, 2020.

16. Simone Schnall et al., "Disgust as Embodied Moral Judgment", *Personality and Social Psychology Bulletin* 34, no. 8 (maio de 2008): 1096-1109; Jonathan Haidt, "The Moral Emotions", in *Handbook of Affective Sciences*, orgs. Richard J. Davidson, Klaus R. Scherer e H. Hill Goldsmith, Series in Affective Science (Oxford, UK: Oxford University Press, 2003), 852-70.

17. Jonathan Haidt, "The Disgust Scale, Version 1", New York University Stern School of Business, http://people.stern.nyu.edu/jhaidt/disgust.scale.original.doc (em inglês), acessado em 12 de abril, 2014.

18. Florian van Leeuwen et al., "Disgust Sensitivity Relates to Moral Foundations Independent of Political Ideology", *Evolutionary Behavioral Sciences* 11, no. 1 (junho de 2016): 92-98.

19. Julia Elad-Strenger, Jutta Proch e Thomas Kessler, "Is Disgust a 'Conservative' Emotion?", *Personality and Social Psychology Bulletin* 46, no. 6 (outubro de 2019): 896-912.

Capítulo Quinze: *Humanos sonham com ovelhas elétricas?*

1. E. Tory Higgins et al., "Ideal Versus Ought Predilections for Approach and Avoidance: Distinct Self-Regulatory Systems", *Journal of Personality and Social Psychology* 66, no. 2 (fevereiro de 1994): 276-86.

2. Lisa Feldman Barrett, *How Emotions Are Made: The Secret Life of the Brain* (Nova York: Houghton Mifflin Harcourt, 2017), 1.

Uma história das emoções humanas

3. James A. Coan Jr., "Lisa Feldman Barrett Bonus Material", in *Circle of Willis* podcast, áudio MP3, 24 minutos, http://circleofwillispodcast.com/episode/5a542806ea4a43a8/lisa-feldman-barrett-bonus-material, acessado em 16 de setembro, 2018.
4. James A. Russell, Jo-Anne Bachorowski e José-Miguel Fernández-Dols, "Facial and Vocal Expressions of Emotion", *Annual Review of Psychology* 54, no. 1 (fevereiro de 2003): 329-49.
5. *The Vault*, http://thevaultgame.com/ (em inglês), acessado em 20 de setembro, 2018.
6. Thomas Dixon, mensagem de e-mail para o autor, 28 de outubro, 2018.
7. Lisa Feldman Barrett, "Emotions Are Real", *Emotion* 12, no. 3 (junho de 2012): 413-29.
8. Consulte Antonio Damasio, *O mistério da consciência: Do corpo e das emoções ao conhecimento de si* (Editora Companhia das Letras, 2015); Antonio Damasio, *Ao encontro de Espinosa* (Editora Temas e Debate, 2012); Antonio Damasio, *O erro de Descartes: Emoção, razão e o cérebro humano* (Editora Companhia das Letras, 2012); Antonio Damasio, *A estranha ordem das coisas: As origens biológicas dos sentimentos e da cultura* (Editora Companhia das Letras, 2018).
9. A. Bresó et al., "Usability and Acceptability Assessment of an Empathic Virtual Agent to Prevent Major Depression", *Expert Systems* 33, no. 4 (agosto de 2016): 297-312.
10. Acesse o site da Affectiva, http://go.affectiva.com/auto (em inglês).
11. Lubomír Štěpánek, Jan Měšťák e Pavel Kasal, "Machine-Learning at the Service of Plastic Surgery: A Case Study Evaluating Facial Attractiveness and Emotions Using R Language", *Proceedings of the Federated Conference on Computer Science and Information Systems* (2019): 107-12.
12. Bob Marcotte, "Using Data Science to Tell Which of These People Is Lying", University of Rochester Newscenter, 22 de maio, 2018, https://www.rochester.edu/newscenter/data-science-facial-expressions-who-if-lying-321252/ (em inglês), acessado em 30 de maio, 2019.
13. Josh Chin, "Chinese Police Add Facial-Recognition Glasses to Surveillance Arsenal", *The Wall Street Journal*, 7 de fevereiro, 2018, https://www.wsj.com/articles/chinese-police-go-robocop-with-facial-recognition-glasses-1518004353 (em inglês), acessado em 3 de março, 2019.
14. A sequência, *Divertida Mente 2*, parece ter adicionado mais 11 emoções: tédio, tranquilidade, confiança, constrangimento, loucura, ciúmes, energia, ansiedade, manquini (?), genialidade e gentileza, mas essas não têm relação alguma com qualquer ciência que eu conheça. Contudo, pode ser divertido.
15. James A. Russell, "Core Affect and the Psychological Construction of Emotion", *Psychological Review* 110, no. 1 (janeiro de 2003): 145-72.
16. Gwyn Topham, "The End of Road Rage? A Car Which Detects Emotions", *The Guardian*, 23 de janeiro, 2018, https://www.theguardian.com/business/2018/jan/23/a-car-which-detects-emotions-how-driving-one-made-us-feel (em inglês), acessado em 20 de setembro, 2018.
17. Lisa Feldman Barrett, "Can Machines Perceive Emotion?", Talks at Google, 24 de maio, 2018, https://youtu.be/HlJQXfL_GeM (em inglês).

Notas

18. E. F. Loftus e J. C. Palmer, "Eyewitness Testimony", in *Introducing Psychological Research: Sixty Studies That Shape Psychology*, orgs. Philip Banyard e Andrew Grayson (Londres: Palgrave, 1996), 305-9.
19. Barrett, "Can Machines Perceive Emotion?".
20. Barrett, "Emotions Are Real", 418.

Epílogo: *Os últimos sentimentos?*

1. *Grosso modo*, diz o seguinte: "Um pequeno passo para o homem, um salto gigante para a humanidade." Bem perto disso.
2. Kohske Takahashi, Takanori Oishi e Masaki Shimada, "Is J Smiling? Cross--Cultural Study on Recognition of Emoticon's Emotion", *Journal of Cross-Cultural Psychology*, 48, no. 10 (novembro de 2017): 1578-86.
3. Qiaozhu Mei, "Decoding the New World Language: Analyzing the Popularity, Roles, and Utility of Emojis", in *Companion Proceedings of the 2019 World Wide Web Conference*, orgs. Ling Liu e Ryen White (Nova York: Association for Computing Machinery, 2019), 417-18; Hamza Alshenqeeti, "Are Emojis Creating a New or Old Visual Language for New Generations? A Socio-semiotic Study", *Advances in Language and Literary Studies*, 7, no. 6 (dezembro de 2016): 56-69.
4. Estas são as emoções básicas originais de Ekman: felicidade, raiva, tristeza, repugnância, surpresa e medo.
5. Não me faça falar sobre robôs! A menos que você queira que eu comece a falar sobre robôs, é claro.

Este livro foi composto na tipografia Adobe
Garamon Pro, em corpo 10/16, e impresso em
papel off-white no Sistema Cameron da
Divisão Gráfica da Distribuidora Record.